# 論語相長 上권

論語 相長 (上)

초판 1쇄 발행 2022년 1월 20일
옮긴이    이산(移山) 강경우 외
펴낸이    이기봉
편집      좋은땅 편집팀
표지그림   강보라
디자인    이산(移山) 강경우
펴낸곳    도서출판 좋은땅
주소      서울특별시 마포구 양화로12길 26 지월드빌딩(서교동 395-7)
전화      02)374-8616~7
팩스      02)374-8614
이메일    gworldbook@naver.com
홈페이지   www.g-world.co.kr

ISBN    979-11-388-0562-9 (04140)
         979-11-388-0561-2 (세트)

# 論語相長

공자(孔子) 지음
이산(移山) 강경우 옮김

上권

# 옮긴이의 글 ◈

## 논어상장(論語相長)과 함께 하며

늦은 나이에 책을 읽기 시작했고 지금까지 살아오면서 느껴보지 못했던 독서 삼매경(三昧境)에 빠졌다. 그러다가 '인문학이 이렇고, 고전이 저렇고'라는 책들을 접하면서 나도 '오래된 책(古典)들을 읽어야만 하는가?' 회의와 갈등에 고민하다가 동양고전 '논어(論語)'를 읽기로 정하고 첫 장을 펼쳤는데 뭔가 모를 미묘한 감정이 엄습해 왔다. 아마도 어마어마한 시간과 공간의 다름이 나를 짓눌렀다. 성인(聖人) 공자(孔子)를 뵙기 위해 타임머신을 타고 2,500년을 거슬러 고조선, 중국 춘추시대로 여행을 나는 왜 떠나려고 하는가? 우문(愚問)에 우답(愚答)을 나 자신에게 하면서 "그래, 고전을 읽으려면 이 정도는 읽어야지!" 이렇게 여행은 시작이 되었고 하지만 고행(苦行)의 여정이 기다리고 있었다. "학이시습지(學而時習之), 불역열호?(不亦說乎?)" "배우고 때때로 익히면, 또한 기쁘지 아니한가?" 알기는 알겠는데 무슨 말인지 이해가 되지 않고, 이해는 되는데 알지 못하다니, 배우고 시험치기 전날에 벼락치기로 공부하면 되는데 왜 때때로 공부해야 되는가? 그리고 공부하는 것이 어떻게 기쁠까? 또 모르는 한자들은 왜 이렇게 많은지, 결국 논어 책을 던져버리고 나 자신을 합리화했다. '역시 고물 책은 나하고는 안 맞아'. 포기하고 책장에 고이 모셔두었다.

얼마가 지났을까? 책장에서 잠자고 있던 논어(論語)가 말을 한다.

'2500여 년을 살아남아 지혜를 전하는 동양 최고의 인문고전'이라고 한다. 그 미묘한 감정, 어마어마한 시간과 공간의 다름, 시대를 뛰어넘어야 하기에 힘들었는지도 모르겠다. 그래서 2,500년 전 춘추시대를 공부하기로 하고 사마천의 사기열전과 풍몽룡의 열국지를 읽었다. 그리고 다시 논어 책을 펼쳤는데 나를 밀어내지 않았으며 덜 서먹하였다. 그리고 논어 모임인 '논어상장(論語相長)'을 만들어 선배들과 함께한 지 4년이라는 시간이 지났다. 하지만 책마다 해석이 다르고, 우리말 해석이 더 이해가 안되고, 또 의역(意譯)이 너무 심하여 헤매기를 수십 번 하였다. 의역(意譯)이 아니라 직역(直譯)에 중점을 두고 혼자서도 재미있고 쉽게 공부할 수 있는 논어(論語) 책이 있었으면 좋겠다는 생각에 원문을 '문법'에 맞춰 '직역'으로 해석하고, 문법적 해석과 내 생각을 조금 추가하여 '논어(論語)' 문장을 썼으며, 이 문장으로 논어상장(論語相長) 선배들과 함께 생각을 공유하면서 잘못된 부분을 수정하였다. 이렇게 함께 하기를 4년이 되어 드디어 '논어상장(論語相長)'이라고 책 이름을 정하고 논어((論語)를 옮기게 되었다.

이 모든 것이 나 혼자였다면 불가능했을 것이며, 선배들과 함께 하였기에 가능했으며, 특히 처음부터 끝까지 꼼꼼하게 교정에 참여했던 서경은 선배와 장호근 선배에게 감사를 드리고 싶습니다. 그리고 함께 했던 논어상장(論語相長) 모든 선배들에게 고마움을 전하며, 출간을 도와주신 분들께도 진심으로 감사드립니다.

마지막으로 미진함과 부족함이 있다면 계속해서 수정·보완할 것이며 독자들의 진심 어린 충고를 기다립니다.

2022년 1월
이산(移山) 강경우

# 차례 ◆

上권

# 일러두기 ◈

1. 논어 원문 해석을 '문법'에 맞춰 '직역'으로 해석하였다.
〈  〉내의 해석은 원문에는 없지만 예상되는 내용을 추가하여
이해를 돕고자 하였으며, (   ) 내의 해석은 원문에 있는 내용을
이해하기 쉽게 의역을 한 것이다. 〈  〉, (   )내의 해석들도
또한 원문의 내용을 크게 거스르지 않았으며, 〈  〉, (   )내의
해석을 생략하고 해석하면 '직역'으로 해석하는 것이 된다.

2. 문법적 해석은 문법에 맞춰 설명한 것으로, 1편부터 20편까지
같은 문법을 계속 반복하여 나중에는 자연스럽게 기억할 수 있다.

3. '자왈(子曰)'을 '선생님께서 말씀하셨다'라고 해석하는 대신에
글자 그대로 '자왈(子曰)'로 해석하였다.

4. 한 문장의 마지막 부분은 원문의 내용을 담고 있으면서도 유머
스럽고 간략한 문장으로 마무리하였다.

5. 부록에 '한문 문법'를 첨부하여 본문과 대조하면서 쉽게 문법을
이해할 수 있도록 하였다.

6. 참고한 주요 문헌은 아래와 같다.

> 論語集註/詩經集註/大學・中庸集註/孟子集註(성백효, 한국인문고전
> 연구소), 論語(김형찬, 홍익출판사), 논어의 문법적 이해(류종목, 문학과
> 지성사), 孟子(박경환, 홍익출판사), 詩經(심영환, 홍익출판사), 大學・
> 中庸(김미경, 홍익출판사), 史記列傳/史記本紀(사마천・김원중, 민음사)
> 孔子家語(임동석, 동서문화사), 東周列國志(김영문역, 글항아리),
> 四書集解辭典(연세대학교 사서사전편찬실, 성보사), 虛詞大辭典(연세대학교
> 허사사전편찬실, 성보사), 明心寶鑑(秋適, 池濬 譯註), 漢文文法 理解(류재윤,
> 신아사), 漢文文法(김태수, 한국학술정본 | 주 | ), 漢文文法(이상진, 전통문화
> 연구소), 老子(최재목역주, 을유문화사), 莊子(장자, 김학주 옮김, 연암서가).

# 學而

1.
## 學而篇

16章

## 1.學而篇. 1章

# 子曰 "學而時習之, 不亦說乎? 有朋自遠方來, 不亦樂乎? 人不知而不慍, 不亦君子乎?"

자왈 "학이시습지, 불역열호? 유붕자원방래, 불역락호? 인부지이불온, 불역군자호?"

자왈 "배우고 때때로 익히면, 또한 기쁘지 아니한가?
벗이 먼 곳으로부터 오면, 또한 즐겁지 아니한가? 남이 알아
주지 않더라도 성내지 아니하면, 또한 군자답지 아니한가?"

習:익힐습 說:기쁠열 朋:벗붕 遠:멀원 方:곳방/모방 慍:성낼온

### 문법(文法)적 해석

1) '學而'는 편명(篇名)으로 큰 뜻이 없고, 편(篇)의 첫머리에 나오는
글자를 따서 이름한 것이다. 단 '자왈(子曰)'은 자주 나오므로 편명
으로 삼지 않고 자왈(子曰) 다음의 '學而'를 편명으로 삼은 것이다.
2) 子:성 아래에 붙여 남자에 대한 존칭, 즉 '선생(님)'이라고 해석하며,
공자(孔子)는 공선생님이라 해석하지만, 논어는 공자의 제자들이
기록한 책이므로 그냥 '子'로 기록하여 '선생님'이라고 했으며,
옮긴이 또한 '자왈(子曰)'을 '선생님께서 말씀하셨다' 대신에 글자
그대로 '자왈(子曰)'로 해석한다.
3) 學而時習之:배우고 때때로 익히면,
 - 而:그리고, 그래서/순접 접속사로써, 단어와 구 혹은 단문을 연결
하는 역할을 하며, 해석하지 않아도 된다.
 - 時:때때로/부사.
 - 之:무엇을 꼭 지칭하기 위해 쓰인 것이 아니라, 술어 뒤에 之가
붙음으로써 그 술어를 술어답게 만들어주는 어감을 얻고, 어세를
고르게 하기 위해 쓰인다. 만약 여기서 대명사, 목적어로 쓰였다면
'學'을 가리킨다고 할 수 있으며, 해석하지 않아도 된다.
4) 不亦說乎?:또한 기쁘지 아니한가?.
 - 不亦 ~ 乎?:또한 ~하지 않는가?/반어문의 한 형태로, 의문이 아닌
강한 강조를 의미하며 긍정은 부정, 부정은 긍정을 의미하고,

앞 문장은 의미상, 문맥상 가정문일 경우가 많다.
- 說, 樂, 君子:'기쁘다, 즐겁다, 군자답다'로 형용사이다.
5) 有朋自遠方來:벗이 먼 곳으로부터 오다.
- 有:불특정한 대상을 지목할 때 붙여주는 관용어로 쓰였으며, 해석하지 않아도 되며, 첫머리에 놓일 경우에 '어떤'으로 해석할 수도 있다.
- 自:~로부터/출발 지점을 나타내는 전치사.
- 方:곳(장소)/명사.
6) 人不知而不慍:남이 알아주지 않더라도 성내지 아니하다.
- 人:남, 타인/부정칭 대명사.
- 不知:초성이 'ㄷ,ㅈ' 앞에서는 '불'은 '부'로 발음한다.
- 而:그러나, 그런데/역접 접속사이며, 해석하지 않아도 된다.
- 慍(온):성내다.


논어 20편, 498장 중에 첫 장으로 배움學의 기쁨說,
붕우朋의 즐거움樂, 남이 알아주지 않음에 대한 성내지 않음不慍,
이 모든 것이 군자다움君子이 아닌가?

論語 20篇
     498章
修身齊家治國平天下

## 1.學而篇. 2章

有子曰 "其爲人也孝弟而好犯上者, 鮮矣.
不好犯上而好作亂者, 未之有也. 君子務本,
本立而道生. 孝弟也者, 其爲仁之本與!"

유자왈 "기위인야효제이호범상자, 선의. 불호범상이호작란자, 미지유야. 군자무본,
본립이도생. 효제야자, 기위인지본여!"

유자가 말하였다. "그 사람됨이 효도하고 공경하면서 윗(사람)을
범하기를 좋아하는 자는 드물다. 윗(사람)을 범하기를 좋아하지
않고 난을 일으키기를 좋아하는 자는 (아직) 있지 않다. 군자가
근본에 힘쓰고, 근본이 서면 도가 생겨난다. 효도와 공경이라는
것은 아마도 인을 하는 근본일 것이다!"

弟:공경할제 犯:범할범 鮮:드물선 作:지을작 亂:어지러울란 務:힘쓸무

### 문법(文法)적 해석

1) 有子:노(魯)나라 사람으로 공자의 제자이며, 성은 유(有), 이름은
   약(若), 자는 자유(子有)이다. 공자보다 43세 아래였고, 공자와
   모습이 많이 닮았다고 '사기'에서 전한다. 유약을 유자로 칭한 것을
   보면 유약의 제자가 논어 편찬에 참여하여 쓴 듯하다.
2) 其爲人也孝弟而好犯上者, 鮮矣:그 사람됨이 효도하고 공경하면서
   윗(사람)을 범하기를 좋아하는 자는 드물다.
   - 其:그/3인칭 대명사
   - 爲+명사:~이 되다/자동사.
   - 也:~가(이), ~은(는)/앞 절 마지막 부분에 놓이거나, 병렬 문장의
     끝에 놓여 잠시 쉬어감을 나타내는 주격 후치사로써 해석하지
     않아도 된다.
   - 弟(제):공경하다/悌(공경할 제)와 같다.
   - ~者:의존명사(불완전명사) 또는 특수 지시대명사로 앞 문장
     '孝弟而好犯上者'를 취해서 '~하는 사람, ~하는 것'으로 해석한다.

- ~者, 鮮矣:는 자주 쓰이는 구문으로, '~하는 것이 드물다. ~하는 사람이 드물다'로 해석한다.
- 矣:서술, 단정 종결사로써 '확신'을 나타낸다.
3) 好作亂者:난을 일으키기를 좋아하는 자는
   - 好作(호작):일으키기를 좋아하다/동사가 연속 이어지는 연동사(連動詞)로 앞의 동사가 문장의 본동사이다.
   - ~者:의존명사(불완전명사) 또는 특수 지시대명사.
4) 未之有也:(아직) 있지 않다.
   - 부정문에서 대명사가 목적어(보어)로 쓰이면 강조를 위해 앞으로 도치할 수 있다. 未有之也가 도치된 것이다.
5) 孝弟也者, 其爲仁之本與!:효도와 공경이라는 것은 아마도 인을 하는 근본일 것이다!
   - 也者(야자):~는(은), ~이란/주어의 뒤에 쓰이는 주격 후치사이며, 경우에 따라 해석하지 않아도 된다.
   - 其:아마도/추측을 나타내는 부사.
   - 爲仁之本(위인지본):'之'관형격 후치사로, 수식어가 '동사(구)'이면, 해석은 '~(하)는, ~한'으로 한다. 그래서 '爲仁之'를 '인을 하는'으로 해석한다.
   - 與:일반적으로 추측을 나타내는 부사 '其'와 같이 쓰여 추측과 감탄의 어기를 나타내는 종결사이다.


인仁을 하는 근본本은 효제孝弟이구나.

유약有若이 언급한 문장이 논어에 네 번 나오는데, 1편에 세 개의 장과 12편에 한 개의 장이 나오는 것으로 보아 유약의 제자들이 논어 편찬에 참여함을 추측할 수 있다. 아마도 유자有子라고 부르며, 자기 스승님의 문장을 1편에 먼저 두고자 했으리라.

## 1.學而篇. 3章

## 子曰 "巧言令色, 鮮矣仁."

자왈 "교언영색, 선의인."

자왈 "말을 교묘하게 하고 얼굴빛을 좋게 하는 데는(사람은),
드물구나, 인(한 사람)이."

巧:교묘할교 令:좋을영, 鮮:드물선

### 문법(文法)적 해석

1) 이 문장은 17편. 양화(陽貨)편. 17장에 다시 나온다. 중출(重出).
2) 巧言令色:말을 교묘하게 하고 얼굴빛을 좋게 하는 데는(사람은),
 - 巧(교):교묘하다, 솜씨가 있다/형용사.
 - 令(영):좋다, 아름답다/형용사.
 - 色(색):얼굴빛, 기색/명사.
3) 鮮矣仁:드물구나, 인(한 사람)이.
 - 鮮矣仁은 강조를 위해 주어와 술어가 도치된 것. 즉 '仁鮮矣'이다.
 - 矣:서술, 단정 종결사로써 '확신'을 나타낸다.


입술에서 나오는 말巧言에는 진실성이 없고,
외모만 치장하니 얼굴에만 광채令色가 나는구나.

교언영색巧言令色.
'교언영색 하면서 인仁한 사람이 드물다'는 말은
교언영색 하면서도 인仁한 사람이 있다는 말이구나.
그리고 지금은 때에 따라서 교언영색巧言令色이 필요하지
않을까요?

# 1. 學而篇. 4章

## 曾子曰 "吾日三省吾身. 爲人謀而不忠乎?
## 與朋友交而不信乎? 傳不習乎?"

증자왈 "오일삼성오신. 위인모이불충호? 여붕우교이불신호? 전불습호?"

증자가 말하였다. "나는 날마다 세 가지로 내 몸(자신)을 살핀다 (반성한다). 남을 위해 〈일을〉 꾀하는 데 진심을 다하지 않았는가? 벗과 더불어 사귀는데 미덥지 않았는가? 〈스승에게서〉 전수 받은(배운) 것이 익히지 않았는가?"

吾:나오 省:살필성/반성할성 謀:꾀할모 傳:전할전

## 문법(文法)적 해석

1) 曾子(증자):노(魯)나라 사람으로 공자의 제자이며, 성은 증(曾), 이름은 삼(參), 자는 자여(子輿)이다. 공자보다 46세 아래였고, 대학(大學)을 저술하였다고 전해진다.
2) 吾日三省吾身:나는 날마다 세 가지로 내 몸(자신)을 살핀다(반성한다).
  - 吾:나, 우리, 우리들/1인칭 대명사로서 주어, 관형어, 목적어로 쓰인다. 吾身:내(관형격) 몸(자신).
  - 日:날마다, 매일/부사.
  - 三:세 가지로/부사.
  - 省(성):반성하다, 살피다.
3) 爲人謀而不忠乎?:남을 위해 일을 꾀하는 데 진심을 다하지 않았는가?
  - 爲:~위해, ~위하여/전치사.
  - 謀(모):도모(圖謀)하다, 꾀하다.
  - 乎:추측과 의문의 어기를 나타내는 종결사.
4) 與:~함께, ~와 더불어/전치사.
5) 傳:(스승이) 전수한 것, 스승이 가르친 것/명사.

우리는 매일 반성省하는가? 그렇다면 무엇에 대해서 반성省하는가?

## 1. 學而篇. 5章

# 子曰 "道千乘之國, 敬事而信, 節用而愛人, 使民以時."

자왈 "도천승지국, 경사이신, 절용이애인, 사민이시."

자왈 "(제후국의) 나라를 다스리는 데, 일을 공경(신중하게 처리)하고 〈백성들을〉 미덥게 하며, 쓰기를 절약하고 사람들을 사랑하며, 때(에 맞게)로써 백성들을 부린다(동원해야 한다)."

道:다스릴도 乘:수레승 節:마디절

### 문법(文法)적 해석

1) 道千乘之國:(제후국의) 나라를 다스리는 데,
  - 道(도):다스리다.
  - 乘(승):말 네 마리가 끄는 전투용 수레이며, 대부는 백승, 제후는 천승, 천자는 만승이므로 '千乘之國'은 '제후국'이다.
2) 敬事而信:일을 공경(신중하게 처리)하고 〈백성들을〉 미덥게 하며,
  - 敬(경):공경하다, 신중하(게 처리하다)다.
3) 節用而愛人:쓰기를 절약하고 사람을 사랑한다.
  - 人:사람 또는 남을 나타내지만, 여기서는 일반 백성(民)과 다른 의미의 사람, 즉 사대부 이상인 사람들을 뜻한다고 할 수 있다.
4) 使民以時:때(에 맞게)로써 백성들을 부린다(동원해야 한다).
  - 使(사):부리다, 시키다/(타)동사이며, 주로 보조사로 쓰이지만, 뒤에 술어가 아닌 목적어(명사/명사구)가 오면 타동사가 된다.
  - 以:~로써/동작, 수단, 방법을 나타내는 전치사로써 전치사를 수반한 부사구는 문구 뒤에 위치하는 경우가 많다.
  - 時(시):알맞은 때, 적당한 시기/명사.

춘추시대에는 사람은 사랑愛하고, 백성民은 부린다使.
지금은 힘있고 능력 있는 자는 사랑愛하고, 민중民도 사랑愛한다?

## 1.學而篇. 6章

子曰 "弟子, 入則孝, 出則弟, 謹而信,
汎愛衆而親仁, 行有餘力, 則以學文."

자왈 "제자, 입즉효, 출즉제, 근이신, 범애중이친인, 행유여력, 즉이학문."

자왈 "젊은이는 〈집에〉 들어가면 〈부모님께〉 효도하고, 〈밖으로〉
나오면 〈어른들을〉 공경하고, 〈말과 행동을〉 삼가고 미덥게 하며,
널리 사람들을 사랑하고 인(한 이)을 가깝게 하며, 〈이렇게〉
행하고도 남는 힘이 있으면 (그 남는 힘으로써) 글을 배우는
것이다."

弟:아우제/공경할제  謹:삼갈근  汎:넓을범  衆:무리중  親:친할친  餘:남을여

### 문법(文法)적 해석

1) 弟子:젊은이(젊은 사람), 청년
2) 入則孝, 出則弟:〈집에〉 들어가면 〈부모님께〉 효도하고, 〈밖으로〉
   나오면 〈어른들을〉 공경하고,
   - 則(즉):~면/가정, 조건의 접속사.
   - 弟(제):공경하다(=悌/공경할제), 존경하다.
3) 汎愛衆而親仁:널리 사람들을 사랑하고 인(한 이)을 가깝게 하며,
   - 汎(범):널리, 두루/부사.
   - 親(친):가까이 하다, 가까이 지내다/동사.
4) 則以學文:(그 남는 힘으로써) 글을 배우는 것이다.
   - 以:앞 문장 '餘力(여력)'을 가리키는 대명사 '之'가 생략되었으며,
     以다음에 之등의 대명사가 오는 경우는 생략할 수 있다.


젊은이 뿐만 아니라 누구나 효孝와 제弟가 근본本이며,
그리고 이렇게 모든 것弟, 謹, 信, 愛衆, 親仁을 행行하고도 힘이
남을까요? 그래서 학문부터 먼저 하면 잘못된 것일까요?

## 1.學而篇. 7章

子夏曰 "賢賢易色, 事父母能竭其力, 事君
能致其身, 與朋友交, 言而有信, 雖曰未學,
吾必謂之學矣."

자하왈 "현현이색, 사부모능갈기력, 사군능치기신, 여붕우교, 언이유신, 수왈미학,
오필위지학의."

자하가 말하였다. "어진 이를 어질게 대하고 여색을 쉽게(가벼이)
여기고, 부모를 섬기는데 그 힘을 다 할 수 있고, 임금을 섬기는데
자신의 몸을 바칠 수 있고, 벗과 더불어 사귀는데, 말함에 믿음이
있으면, 비록 배우지 못했다고 말하더라도, 나는 반드시 그를
배웠다고 말할 것이다."

易:쉬울이 竭:다할갈 致:바칠치/이를치 雖:비록수


## 문법(文法)적 해석

1) 子夏:공자보다 44세 아래의 제자로, 성은 복(卜)이고, 이름은
   상(商)이며, 자는 자하(子夏)이고, 위나라 사람이다.
2) 賢賢易色:어진 이를 어질게 대하고 여색을 가벼이 여기고,
   - 賢(현):앞의 賢은 어질게 여기다(대하다)/동사.
     뒤의 賢은 어진 사람, 현명한 사람/명사.
   - 易(이):쉽다, 가벼이 여기다/형용사이며 동사로 전성된 것이다.
   - 色(색):여색, 정욕/명사.
3) 事君能致其身:임금을 섬기는데 자신의 몸을 바칠 수 있고,
   - 事(사):섬기다, 모시다.
   - 致(치):바치다, 주다, 이르다, 도달하다.
   - 其:그, 자기/3인칭 대명사.
   - 身:몸, 신체, 자신, 목숨으로도 해석할 수 있다.
4) 與朋友交:벗과 더불어 사귀는데,
   - 與:~함께, ~와 더불어/전치사.
5) 言而有信:말함에 믿음이 있으면,

- 而:그리고, 그래서/앞에 명사(구,절), 부사, 동사가 와서 뒤 문장과 연결하는 순접 접속사이다. 즉 단어와 구 혹은 단문을 연결하는 역할을 하며, 해석하지 않아도 된다.
6) 雖曰未學:비록 배우지 않았다고 말하더라도,
- 雖(수):비록~ 할지라도/조건, 양보의 부사.
- 曰(왈):말하다, 이르다, 일컫다/남의 말이나 글을 인용할 때 쓴다.
7) 吾必謂之學矣:나는 반드시 그를 배웠다고 말할 것이다.
- 謂:이르다, 말하다, (논)평하다.
- 之:무엇을 꼭 지칭하기 위해 쓰인 것이 아니라, 술어 뒤에 之가 붙음으로써 그 술어를 술어답게 만들어주는 어감을 얻고, 어세를 고르게 하기 위해 쓰인다. 만약 여기서 대명사, 목적어로 쓰였다면 '賢賢易色 ~ 言而有信한 사람'을 가리킨다고 할 수 있으며, 해석하지 않아도 된다.
- 矣:서술, 단정 종결사로서 '확신'을 나타낸다.


배웠더라도 잘 실천하기가 힘들구나.
그래서 배우지 않았으나 실천한다면 배웠다고 말하는구나.
앎知보다도 실천行이라.

[ 未學 → 行 → 學 ]
앎知보다도 실천行

## 1. 學而篇. 8章

子曰 "君子不重則不威, 學則不固.
主忠信, 無友不如己者, 過則勿憚改."

자왈 "군자부중즉불위, 학즉불고. 주충신, 무우불여기자, 과즉물탄개."

자왈 "군자가 신중하지(장중하지) 않으면 위엄이 없고,
배우지만 견고하지 않다. 충성(진실된 마음)과 신의(믿음)를
주로 하고, 자기보다 못한 자를 벗하지 말며, 잘못이 있으면
고치기를 꺼리지 말라."

威:위엄위 固:견고할고 過:허물과/잘못과 憚:꺼릴탄 改:고칠개

## 문법(文法)적 해석

1) 君子不重則不威:군자가 신중하지(장중하지) 않으면 위엄이 없고,
   - 重(중):신중하다, 장중하다/사람의 됨됨이가 가볍지 않음을
     말한다.
   - 則(즉):~면/가정, 조건의 접속사.
   - 威(위):위엄(威嚴), 권위(權威).
2) 學則不固:배우지만 견고하지 않다.
   - 則:~이지만, 그러나, 오히려/접속사. 전환을 나타내며,
     앞뒤의 의미가 상반됨을 나타낸다.
   - 固:굳다, 견고하다. 튼튼하다/형용사.
3) 主忠信:충성(진실된 마음)과 신의(믿음)를 주로 하고,
   - 主(주):위주로 하다, 중시하다, 으뜸으로 삼다.
   - 忠(충):진실된 마음, 정성을(진심을) 다하다, 충성하다.
4) 無友不如己者:자기보다 못한 자를 벗하지 말며,
   - 無:~말라/금지 보조사이며, 毋(무)와 같다.
   - 友:벗하다, 사귀다/동사.
   - 不如:~보다 못하다/열등 비교.
   - 者:의존명사(불완전명사) 또는 특수 지시대명사로 앞 문장
     '不如己者'를 취해서 '~하는 사람, ~하는 것'으로 해석한다.

5) 過則勿憚改:잘못이 있으면 고치기를 꺼리지 말라.
  - 勿(물):~말라/금지 보조사.
  - 憚改(탄개):고치기를 꺼리다/동사가 연속 이어지는
    연동사(連動詞)로 앞의 동사가 문장의 본동사이다.


신중重하지 않고 무게가 없으면 위엄威뿐만 아니라
배워도學 큰 의미가 없구나. 진실된 마음忠과 신의信는 기본이며,
친구友를 사귈 때도 신중해야 하며, 잘못이 있으면 숨기지 말며,
고치고 또 고쳐야만 군자君子라 할 수 있구나.
군자君子 되기가 참 어렵고 힘들다.

君子 | 어떤
      사람일까?
군자란 한자가 논어에서 제일 많이 언급이 된다.

## 1. 學而篇. 9章

# 曾子曰 "愼終追遠, 民德歸厚矣."

증자왈 "신종추원, 민덕귀후의."

증자가 말하였다. "마지막(장례)을 신중히 하고 멂(돌아가신 조상)을 추모하면, 백성의 덕이 후(돈독)함에 돌아온다."

愼:삼갈신  終:마칠종  追:추모할추/쫓을추  歸:돌아올귀  厚:두터울후

### 문법(文法)적 해석

1) 愼終追遠:마지막(장례)을 신중히 하고 멂(돌아가신 조상)을 추모하면,
   - 의미상, 문맥상 가정문이다.
   - 愼(신):삼가다, 조심하다, 신중하다/동사.
   - 終(종):장례, 사망, 죽음, 임종/명사.
   - 追(추):추모하다, 추념하다/동사.
   - 遠(원):선조(先祖), 조상/명사.
2) 民德歸厚矣:백성의 덕이 후(돈독)함에 돌아온다.
   - 厚(후):후하다, 넉넉하다, 성대하다/형용사가 명사로 전성됨.
   - 矣:서술, 단정 종결사로써 '확신'을 나타낸다.


위정자爲政者가 먼저 솔선수범하여 장례終와 제사追에 예와 정성을 다한다면 백성들 또한 덕德과 인정이 넉넉厚할 것이다.
속담에 이르기를 '윗물이 맑아야 아랫물이 맑다源淸則流淸.'
아랫물下水이 맑으면 윗물上水 또한 맑아淸질까요?

## 1. 學而篇. 10章

子禽問於子貢曰"夫子至於是邦也,
必聞其政, 求之與, 抑與之與?"
子貢曰"夫子溫良恭儉讓以得之.
夫子之求之也, 其諸異乎人之求之與."

자금문어자공왈 "부자지어시방야, 필문기정, 구지여, 억여지여?" 자공왈 "부자온량공검양
이득지. 부자지구지야, 기저이호인지구지여."

자금이 자공에게 물었다. "선생님(공자)께서는 이(한) 나라에
이르면, 반드시 그 〈나라의〉 정치를 듣습니다. (정치 듣기를)
구했습니까? 그렇지 않으면 (정치 듣기를) 주었습니까?"
자공이 말하였다. "선생님(공자)께서는 온화하고 어질고 공손
하고 검소하며 겸양해서 (정치 듣기를) 얻었다.
선생님(공자)께서 (정치 듣기를) 구한 것은 아마도 사람들이
(정치 듣기를) 구하는 것과는 다를 것이다."

禽:새금 貢:바칠공 邦:나라방 與:어조사여/줄여 抑:누를억 溫:따뜻할온
良:어질량 恭:공손할공 儉:검소할검 讓:사양할양 異:다를이

### 문법(文法)적 해석

1) 子禽(자금):공자보다 40세 아래의 제자로, 성은 진(陳), 이름은
   항(또는 강/亢))이며, 자는 자금(子禽), 위(衛)나라 사람이고,
   자공의 제자라고도 한다.
  - 子貢(자공):위(衛)나라 사람으로 공자의 제자이며, 성은 단목(端木),
    이름은 사(賜), 자공은 그의 자(字)이고, 공자보다 31세 아래였다.
2) 夫子至於是邦也:선생님(공자)께서는 이(한/어떤) 나라에 이르면,
  - 夫子(부자):대부(大夫) 이상이 되는 벼슬 자리에 있는 사람을
    칭하는 말로 쓰였으나, 나중에는 제자가 그 스승을 칭하는 말로
    '선생님, 스승'으로 쓰였다.
  - 是:이(것), 그것, 한, 어떤/사람, 사물, 장소, 상황 등을 나타내고,
    가까운 것을 나타내는 대명사이다.

3) 求之與, 抑與之與:(정치 듣기를) 구했습니까? 그렇지 않으면
   (정치 듣기를) 주었습니까?
   - 與:첫 번째와 세 번째는 의문 종결사이고, 두 번째는
   '~을 주다'로 동사이다.
   - 抑(억):그렇지 않으면, 그러나/역접 접속사.
4) 夫子溫良恭儉讓以得之:선생님(공자)께서는 온화하고 어질고
   공손하고 검소하며 겸양해서 (정치 듣기를) 얻었다.
   - 以:명사절 다음에 이가 오면 '~하면서'의 뜻으로 접속사로 사용
   되어 而(그래서)와 유사하며, 우리말로 해석하지 않아도 된다.
5) 夫子之求之也:선생님(공자)께서 (정치 듣기를) 구한 것은
   - 之:앞의 之는 주격 후치사이고, 뒤의 之는 무엇을 꼭 지칭하기 위해
   쓰인 것이 아니라 술어 뒤에 之가 붙음으로써 그 술어를 술어답게
   만들어주는 어감을 얻고, 어세를 고르게 하기 위해 쓰인다.
   만약 여기서 대명사, 목적어로 쓰였다면 '聞其政'를 가리킨다고
   할 수 있으며, 해석하지 않아도 된다.
   - 也:앞 절 마지막 부분에 놓이거나, 병렬 문장의 끝에 놓여 잠시
   쉬어감을 나타내는 주격 후치사로써 해석하지 않는다.
6) 其諸異乎人之求之與:아마도 사람들이 (정치 듣기를) 구하는 것과는
   다를 것이다.
   - 其諸(기저):아마도, 대개/부사로써 동작이나 행위에 대한 추측이나
   예측을 나타낸다.
   - 乎:~보다, ~와(과)/전치사로써, 술어가 '異'처럼 형용사일 때
   비교를 나타내고, 보어절 '人之求之'를 취한다.
   - 之:앞의 之는 주격 후치사이며, 뒤의 之는 대명사, 목적어로 쓰였다면
   '聞其政'를 가리킨다고 할 수 있으며, 해석하지 않아도 된다.
   - 與:일반적으로 추측을 나타내는 부사 '其(諸)'와 같이 쓰여 추측과
   의문, 감탄의 어기를 나타내는 종결사이다.


공자께서는 어느 나라를 가시던 자연스럽게 정치政에 대해서 들었다.
온화溫하고 어질고良 공손恭하고 검소儉하며 겸양讓하지만 아무도
정치政를 맡겨주지 않았다. 공자께서는 어느 나라에 가시던 정치에
대해서 그냥 듣기聞만 하였구나.

## 1. 學而篇.11章

子曰 "父在, 觀其志, 父沒, 觀其行,
三年無改於父之道, 可謂孝矣."

자왈 "부재, 관기지, 부몰, 관기행, 삼년무개어부지도, 가위효의."

자왈 "부모가 (살아)계실 때는 그(자식)의 뜻을 보고, 부모가
돌아가셨을 때는 그(자식)의 행동을 보며, 삼년 (동안) 아버지의
도를 고치지 않아야 효(도) 한다고 말할 수 있다."

**觀**:볼관　**沒**:빠질몰/죽을몰　**謂**:말할위

### 문법(文法)적 해석

1) 父在, 觀其志, 父沒, 觀其行:부모가 (살아)계실 때는 그(자식)의
   뜻을 보고, 부모가 돌아가셨을 때는 그(자식)의 행동을 보며,
   - 觀(관):보다, 관찰하다, 살피다.
   - 其:그, 자기, 그 부모의 자식을 말한다/3인칭 대명사.
   - 沒(몰):죽다, 다하다, 끝나다, 마치다.
2) 三年無改於父之道:삼년 (동안) 아버지의 도를 고치지 않아야
   - 無:~하지 않다/부정 보조사로 동사 앞에 위치하며 不과 같다.
     無 뒤에 명사가 오면 존재동사로써 '~없다'로 해석한다.
   - 於:~을(를)/일반적으로 타동사 뒤에는 전치사가 놓이지 않으나,
     놓이는 경우에 목적어로 해석한다.
3) 可謂孝矣:효(도) 한다고 말할 수 있다.
   - 可:~할 수 있다/가능 보조사. 可以와 같다.
   - 矣:서술, 단정 종결사로써 '확신'을 나타낸다.

살아계시고在, 돌아가시고沒, 3년三年이 웬 말인가?
효도孝道 하는 것이 비즈니스가 된 세상이다.

## 1.學而篇.12章

有子曰 "禮之用, 和爲貴. 先王之道, 斯爲美, 小大由之. 有所不行, 知和而和, 不以禮節之, 亦不可行也."

유자왈 "예지용, 화위귀. 선왕지도, 사위미, 소대유지. 유소불행, 지화이화, 불이례절지, 역불가행야."

유자가 말하였다. "예의 쓰임은 화합(조화)이 귀중(중요)하다. 선왕의 도는, 이것이 아름다워하여 작은 일과 큰 일이 이것을 따랐다. 〈그러나〉 행해지지 않는 것이 있으니, 화합(조화)을 알고 화합(조화)하나 예로써 절제하지 않으면, 또한 행할 수 없는 것이다."

貴:귀할귀 斯:이사 由:말미암을유/따를유 節:절제할절

### 문법(文法)적 해석

1) 有子:노(魯)나라 사람으로 공자의 제자이며, 성은 유(有), 이름은 약(若), 자는 자유(子有)이다. 공자보다 43세 아래였다.
2) 禮之用:예의 쓰임은,
   - 之:~의/관형격 후치사.
3) 和爲貴:화합(조화)이 귀중(중요)하다.
   - 和(화):화합(하다), 조화(롭다), 화목(하다).
   - 爲:연계동사로써 주어와 보어 사이에 놓여 이를 연결하는 역할을 하며, 형용사 '貴'는 보어이며, 爲貴는 '귀중하다, 중요하다'의 뜻을 나타낸다고 할 수 있다.
4) 先王之道, 斯爲美:선왕의 도는 이것이 아름다워하여,
   - 先王之道:요(堯), 순(舜), 우(禹), 문왕(文王), 무왕(武王), 주공(周公) 등의 임금이 나라를 다스리는 도(道)를 가르킨다.
   - 斯(사):이(것)/지시대명사로써 '和'를 가리킨다.
   - 爲美:아름답다, 아름다워 하다/爲+형용사는 '~하다'의 뜻이며, 爲는 연계동사이다.

5) 小大由之:작은 일과 큰 일이 이것을 따랐다.
  - 由+명사(구):따르다, 좇다, 말미암다.
6) 有所不行:〈그러나〉 행해지지 않는 것이 있으니,
  - 有:존재동사로써, 뒷 문장 '所不行'을 보어로 취하며, 보어를 주어
    처럼 해석한다.
  - 所:~바(것)/所+술어가 오며, 불완전명사(의존명사) 또는
    특수 지시대명사이다.
7) 不以禮節之:예로써 절제하지 않으면,
  - 不:~면/부정 보조사 '不'로 인해, 이 절은 가정문이다.
  - 以:~로써/수단, 방법을 나타내는 전치사.
  - 節:절제하다, 조절하다, 제한하다.


조화和가 중요하나 예禮가 없으면 조화和 또한 중요하지 않고,
시끄러울擾 뿐이구나.

예가
없으면 禮
無禮
조화에 예가 없으면 시끄러울 뿐이다.
和而無禮則擾而已矣

## 1.學而篇.13章

有子曰 "信近於義, 言可復也. 恭近於禮,
遠恥辱也. 因不失其親, 亦可宗也."

유자왈 "신근어의, 언가복야. 공근어례, 원치욕야. 인불실기친, 역가종야."

유자가 말하였다. "믿음이 의에 가까우면, 말은 실천할 수 있고,
공손함이 예에 가까우면, 치욕을 멀리한다. 인접하면서(친하게
지내면서도) 그 친함을 잃지 않으면, 또한 으뜸이(지도자가)
될 수 있다."

復:실천할복 恭:공손할공 恥:부끄러울치 辱:욕될욕 因:인할인 宗:으뜸종/마루종

### 문법(文法)적 해석

1) 信近於義:믿음이 의에 가까우면,
   - ~면:의미상, 문맥상 가정문이다.
   - 於:~에/보어와 목적어 앞에 위치하며, 처소, 대상의 전치사이다.
2) 言可復也:말은 실천할 수 있고,
   - 可:~할 수 있다. 可以와 같다/가능 보조사.
   - 復(복):실천하다, 이행하다, 회복하다.
3) 因不失其親:인접하면서(친하게 지내면서도) 그 친함을 잃지 않으면,
   - 不:~면/부정 보조사 '不'로 인해, 이 절은 가정문이다.
   - 因(인):친하게 하다, 친하게 지내다, 인(접)하다, 의지하다.
4) 亦可宗也:또한 으뜸이(지도자가) 될 수 있다.
   - 宗:으뜸이 되다. 지도자(우두머리)가 되다.


의義가 없는 믿음信, 예禮가 없는 공손함恭이 있을 수 있을까?
그리고 친因하면서도 그 친함을 잃지 않을 수 있을까不失其親?

# 子曰 "君子食無求飽, 居無求安, 敏於事而愼於言, 就有道而正焉, 可謂好學也已."

자왈 "군자식무구포, 거무구안, 민어사이신어언, 취유도이정언, 가위호학야이."

자왈 "군자는 먹음에 배부름을 구하지 않고, 거처함에 편안함을 구하지 않으며, 일에 민첩하면서 말에 신중하며, 도가 있음(있는 사람)에 나아가서 〈자신의 잘못을〉 바르게 하면 배우기를 좋아한다고 말할 수 있다."

飽:배부를포　敏:민첩할민　愼:삼가할신　就:나아갈취　謂:말할위

## 문법(文法)적 해석

1) 君子食無求飽, 居無求安:군자는 먹음에 배부름을 구하지 않고, 거처함에 편안함을 구하지 않으며,
 - 無:~하지 않다/부정 보조사로, 동사 앞에 위치하며 不과 같다.
 - 求飽(구포), 求安(구안):배부름을 구하다, 편안함을 구하다/동사가 연속 이어지는 연동사(連動詞)로 앞의 동사가 문장의 본동사이다.
2) 敏於事而愼於言:일에 민첩하면서 말에 신중하며,
 - 敏(민):민첩하다.
 - 於:~에/보어와 목적어 앞에 위치하며, 처소, 대상의 전치사이다.
 - 而:그리고, 그래서/앞에 명사(구,절), 부사, 동사가 와서 뒤 문장과 연결하는 순접 접속사이다. 즉 단어와 구 혹은 단문을 연결하는 역할을 하며, 해석하지 않아도 된다.
 - 愼(신):신중하다, 삼가다, 조심하다.
3) 就有道而正焉:도가 있음(있는 사람)에 나아가서 〈자신의 잘못을〉 바르게 하면,
 - 就(취):나아가다, 가까이하다.
 - 而:(만일, 만약) ~하면/단문을 연결 시키는 가정 접속사이다.
 - 焉(언):於此, 於是와 같으며, 대명사를 포함한 종결사이다. 此은 자신의 잘못이나, 모자라는 것을 의미한다.

4) 可謂好學也已:배우기를 좋아한다고 말할 수 있다.
 - 可:~할 수 있다/가능 보조사. 可以와 같다.
 - 好學(호학)배우기를 좋아하다/동사가 연속 이어지는 연동사이다.
   好+동사/ ~하기를 좋아하다, 好+명사/~을 좋아하다.
 - 也已:긍정과 단정의 어기를 나타내는 종결사이다.


배우기學를 좋아한다는 말을 들으려면 참 힘이 들구나.
군자君子가 웬 말인가? 배 부르고 편하게 살면 안되는 것인가?

君子|好學
군자는 배우기를 좋아한다.

## 1. 學而篇. 15章

子貢曰 "貧而無諂, 富而無驕, 何如?"
子曰 "可也. 未若貧而樂, 富而好禮者也."
子貢曰 "詩云, '如切如磋, 如琢如磨.' 其斯之謂與?"
子曰 "賜也, 始可與言詩已矣. 告諸往而知來者."

자공왈 "빈이무첨, 부이무교, 하여?" 자왈 "가야. 미약빈이락, 부이호례자야."
자공왈 "시운, '여절여차, 여탁여마,' 기사지위여?" 자왈 "사야, 시가여언시이의, 고저왕이지래자."

자공이 말하였다. "가난하면서도 아첨하지 않고, 부유하면서도
교만하지 않으면, 어떻습니까?" 자왈 "괜찮구나. 〈그러나〉 아직
가난하면서도 즐거워하며, 부자이면서도 예를 좋아하는 자만
못하다." 자공이 말하였다. "시경에 '〈칼로〉 자른 것 같고,
〈줄로〉 연마하는 것 같고, 〈정으로〉 쪼는 것 같고, 〈숫돌로〉
가는 것 같다.'라고 이르렀는데, 아마도 이것을 말하는 것입니까?"
자왈 "사야, 비로소 〈너와〉 더불어 시를 말할 수 있구나.
지나간 것을 알려주니까 올 것(알려주지 않은 것)을 아는구나."

貧:가난할빈 諂:아첨할첨 驕:교만할교 切:끊을절 磋:연마할차 琢:쪼을탁 磨:갈마
賜:줄사 始:비로소시 往:갈왕

## 문법(文法)적 해석

1) 貧而無諂, 富而無驕, 何如:가난하면서도 아첨하지 않고, 부유
   하면서도 교만하지 않으면, 어떻습니까?
   - 而:그러나, 그런데/역접 접속사이며, 해석하지 않아도 된다.
   - 無:~하지 않다/부정 보조사로, 동사 앞에 위치하며 不과 같다.
   - 何如:어떻습니까?/의문사가 동사의 목적어(보어)일 경우에 동사
     앞으로 도치된다. 如何와 같다.
2) 未若貧而樂, 富而好禮者也:〈그러나〉 아직 가난하면서도 즐거워
   하며, 부자이면서도 예를 좋아하는 자만 못하다.
   - 未若:~보다(만) 못하다/열등비교. 未는 부정보조사로 '아직'이란
     뜻을 약하게 갖고 있고, 未若은 뒷문장 전체를 수식한다.

- 而:그러나, 그런데/역접 접속사이며, 해석하지 않아도 된다.
- 者:의존명사(불완전명사) 또는 특수 지시대명사로 앞 문장 '富而好禮者'를 취해서 '~하는 것, ~하는 사람'으로 해석한다.

3) 詩云, '如切如磋, 如琢如磨.' 其斯之謂與:시경에 '〈칼로〉 자른 것 같고, 〈줄로〉 연마하는 것 같고, 〈정으로〉 쪼는 것 같고, 〈숫돌로〉 가는 것 같다.'라고 이르렀는데, 아마도 이것을 말하는 것입니까?
- 詩:논어에서 詩란 시경(詩經)을 말한다. 시경의 국풍(國風)중에 위(衛)나라를 노래한 위풍(衛風)의 기욱(淇奧)의 첫 구절이다. 기욱(淇奧)은 위나라 무왕(武王)을 찬양한 노래이며, 무공은 나이가 95세가 되어서도 늘 자기 수양을 게을리 하지 않았다. 절차탁마(切磋琢磨)는 공부 또는 수양를 하는 데 비유된다.
- 如:~와 같다/비교형용사가 서술어로 쓰인 것이다.
- 其:아마도/추측을 나타내는 부사.
- 斯之謂與(사지위여):'謂斯與'가 도치된 문장으로 목적어를 강조 하기 위해 앞으로 도치시키고 목적격 후치사 '之나 是'를 목적어와 술어 사이에 쓴 것이다.
- 與:의문 종결사.

4) 賜也, 始可與言詩已矣:사야, 비로소 (너와) 더불어 시를 말할 수 있구나.
- 賜:성이 단목(端木), 이름은 사(賜), 子貢은 그의 자(字)이다. 남이나 윗사람에게 말할 때 주로 자기 이름으로 말한다.
- 也:호격 후치사.
- 與:~함께, ~와 더불어/전치사이며, 賜가 생략된 것이다.
- 已矣:강한 긍정의 어기를 나타내는 단정 종결사.

5) 告諸往而知來者:지나간 것을 알려주니까 올 것(알려주지 않은 것)을 아는구나."
- 告諸往:諸는 之於와 같으며, 之는 賜를 말한다.
- 者:의존명사(불완전명사) 또는 특수 지시대명사로 앞 문장 '來者'를 취해서 '~하는 것, ~하는 사람'으로 해석한다.

부유富하면서 교만驕하지 않고 예禮를 좋아하는 것은
쉬울 수도 있지만 가난貧하면서 아첨諂하지 않을 수는 있으나
즐거워할樂 수가 있을까요?

## 1.學而篇.16章

# 子曰 "不患人之不己知, 患不知人也."

자왈 "불환인지불기지, 환부지인야."

자왈 "남이 나를 알아주지 않음을 걱정하지 말고,
〈내가〉 남을 알지 못함을 걱정하라."

患:근심환/걱정환

## 문법(文法)적 해석

1) 不患人之不己知:남이 나를 알아주지 않음을 걱정하지 말고,
   - 이와 유사한 문장이 논어에서 1편, 4편, 14편, 15편에 4번 나온다.
   - 不:~하지 말라/금지보조사 勿과 같다.
   - 患(환):뒤 문장 전체를 목적절로 취한다.
   - 之:~가(이), ~은(는)/주격 후치사이다.
   - 不己知:부정문에서 인칭 대명사가 목적어(보어)로 쓰이면 강조를
     위해 앞으로 도치할 수 있다. '不知己'가 도치된 것이다.
2) 患不知人也:(내가) 남을 알지 못함을 걱정하라.
   - 患(환):뒤 문장 전체를 또한 목적절로 취한다.
   - 주어는 생략되었다. 앞에 나온 내용이거나 누구나 알 수 있는
     내용이면 생략할 수 있다.
   - 不知人也:남을 알지 못한다/人이 명사이기 때문에 앞으로 도치
     되지 않은 것이다.


나己를 알아주지 않으면 걱정患하기 전에 상대人를 미워惡한다.
알아줄 만한 것이 없는데도 알아주기를 바란다.
2,500년 전이나 지금이나 변함이 없는 인간의 바램이구나.

論語 | 20篇
498章

修身齊家治國平天下

# 爲政

## 2.爲政篇. 1章

# 子曰 "爲政以德, 譬如北辰, 居其所而衆星共之."

자왈 "위정이덕, 비여북신, 거기소이중성공지."

자왈 "덕으로써 정치를 하는 것은, 비유하면 북극성은 그 자리
(제자리)에 있고, 많은(모든) 별들이 그를 향하는 것과 같다."

**譬**:비유할비　辰:별신　居:살거/놓여있을거　衆:무리중　星:별성　共:향할공

### 문법(文法)적 해석

1) 爲政以德:덕으로써 정치를 하는 것은,
 - 爲:爲+명사는 '~하다'로 해석하며, 목적어의 성격에 따라 그 뜻을
   적절하게 해석할 수 있다. '爲政'은 정치를 하다.
 - 以:~로써/수단, 방법을 나타내는 전치사로써, 전치사를 수반한
   부사구는 문구 뒤에 위치하는 경우가 많다.
2) 譬如北辰:비유하면 북극성은 ~과 같다.
 - 譬如(비여):비유하면~와 같다/如 뒤 문장 전체를 수식한다.
3) 居其所而衆星共之:그 자리(제자리)에 있고 많은(모든) 별들이
   그를 향한다.
 - 居(거):~에 (놓여) 있다.
 - 其:그, 자기, 자기 자신/지시 대명사, 3인칭 대명사이다.
 - 所(소):자리, 곳, 장소, 위치, 처소 등으로 해석한다.
 - 共(공):향(向)하다, 둘러싸다.
 - 之:해석하지 않아도 되지만 대명사, 목적어로 본다면 '北辰'을
   가리킨다고 할 수 있다.

덕德으로써 정치政를 한다는 것이 정말 어려운가 보다.
어찌 북극성北辰이 될 수 있단 말인가?

## 2.爲政篇. 2章

# 子曰 "詩三百, 一言以蔽之, 曰 '思無邪'."

자왈 "시삼백, 일언이폐지, 왈 '사무사'."

자왈 "(시경에 있는) 시 삼백 편, 한마디로써 총괄할(이야기 할) 수 있으니, '생각에 간사함이 없다.'는 것이다."

蔽:총괄할폐/덮을패　邪:간사할사

## 문법(文法)적 해석

1) 詩三百:(시경에 있는) 시 삼백 편,
  - 詩三百, 또는 詩란 詩經을 말하며, 시경에는 311편의 시가 있고 그 중 6편은 제목만 남아 있다. 본래는 3,000편이었다고 전하나 공자에 의해 305편으로 간추려졌으며, 풍(風), 아(雅), 송(頌), 세 부분으로 나누어진다. 풍(風)은 국풍(國風)이라고도 하며, 여러 제후국에서 채집한 민요, 민가이다. 아(雅)는 소아(小雅)와 대아(大雅)로 나누며, 궁궐에서 연주되는 것이 대부분이다. 송(頌)은 종묘의 제사에 쓰이던 악가(樂歌)로 주송(周頌), 노송(魯頌), 상송(商頌)이 있다.
2) 一言以蔽之:한마디로써 총괄할(이야기 할) 수 있으니,
  - 以:~로써/수단, 방법을 나타내는 전치사로써 '以一言'이 도치된 것으로, 강조 효과를 위하여 목적어를 전치사 앞에 놓은 것이다.
  - 蔽(폐):총괄(總括)하다, 개괄(槪括)하다, 통틀어 말하다.
3) 曰 '思無邪':'생각에 간사함이 없다'는 것이다.
  - 曰:~이다/연계동사로써 주어와 보어 '思無邪'사이에 놓여 이를 연결하는 역할을 하며, 주어 '詩三百'은 생략된 것이다.
  - 無:존재동사로써, '邪'을 보어로 취하며, 보어를 주어처럼 해석한다.

시경詩經은 공자孔子께서 논어에서 읽으라고 추천한 책이다.
하지만 시경詩經은 너무 어렵고 왜 읽어야 되는지, 생각思에 간사함邪이 막 일어나는구나.

## 2. 爲政篇. 3章

子曰 "道之以政, 齊之以刑, 民免而無恥.
道之以德, 齊之以禮, 有恥且格."

자왈 "도지이정, 제지이형, 민면이무치. 도지이덕, 제지이례, 유치차격."

자왈 "정치로써 인도하고, 형벌로써 다스리면, 백성들이
〈형벌을〉 면하지만 부끄러움이 없다. 덕으로써 인도하고,
예로써 다스리면 〈백성들이〉 부끄러움이 있고
또 (잘못을) 바로잡게 된다."

道:인도할도 齊:다스릴제 刑:형벌형 免:면할면 恥:부끄러울치 格:격식격/바로잡을격

### 문법(文法)적 해석

1) 道之以政, 齊之以刑:정치로써 인도하고, 형벌로써 다스리면,
 - 의미상, 문맥상 가정문이다.
 - 道:인도하다, 이끌다/導(인도할도)와 같다.
 - 之:술어 '道, 齊' 뒤에 '之'가 붙음으로써 술어를 술어답게 만들어
   주며, 해석하지 않아도 된다.
 - 以:~로써/수단, 방법을 나타내는 전치사로서, 전치사를 수반한
   부사구는 문구 뒤에 위치하는 경우가 많다.
 - 齊(제):다스리다, 가지런하다, 단정하다, 재계하다.
2) 民免而無恥:백성이 (형벌을) 면하지만 부끄러움이 없다.
 - 而:그러나, 그런데/역접 접속사이며, 해석하지 않아도 된다.
3) 有恥且格:(백성들이) 부끄러움이 있고 또 (잘못을) 바로잡게 된다.
 - 且(차):또(한), ~와/접속사로써 구, 절, 단문을 연결시킨다.
 - 格(격):바로잡다, 바르게 하다, 고치다.


덕德으로써 인도하고道 예禮로써 백성들을 다스릴齊 수 있을까?
"인간은 법과 정의가 없으면 가장 사악하고 위험한 동물이다."
- 아리스토텔레스 -

## 2. 爲政篇. 4章

子曰 "吾十有五而志于學, 三十而立,
四十而不惑, 五十而知天命,
六十而耳順, 七十而從心所欲不踰矩."

자왈 "오십유오이지우학, 삼십이립, 사십이불혹, 오십이지천명, 육십이이순,
칠십이종심소욕불유구."

자왈 "나는 열하고도 또 다섯(열다섯) 살에 학문에 뜻을
두었고, 서른 살에 자립하였고, 마흔 살에 미혹되지 않았고,
쉰 살에 천명을 알았고, 예순 살에 귀가 순조로웠고(듣는
대로 순조롭게 이해했고), 일흔 살에 마음이 하고자하는
바를 따라도 법도를 넘지 않았다."

有:있을유/또유  志:뜻지  惑:미혹할혹  順:순할순  踰:넘을유  矩:법도구

### 문법(文法)적 해석

1) 吾十有五而志于學:나는 열하고도 또 다섯(열다섯 살)에 학문에
   뜻을 두었고,
  - 吾:나, 우리, 우리들/1인칭 대명사로서 주어, 관형어, 목적어로
    쓰인다.
  - 十有五:옛날에 15세에 大學에 입학하였다.
  - 有:수와 수 사이에 쓰여지는 접속사로써, 우(又)의 용법과 같으며,
    해석하지 않아도 된다.
  - 而:그리고, 그래서/앞에 명사(구,절), 부사, 동사가 와서 뒤 문장과
    연결하는 순접 접속사이다. 즉 단어와 구 혹은 단문을 연결하는
    역할을 하며, 해석하지 않아도 된다.
  - 于:~에서/보어와 목적어 앞에 위치하며, 처소, 대상의 전치사이다.
2) 三十而立:서른 살에 자립하였고,
  - 立:서다. 자립하다.
3) 六十而耳順:예순 살에 귀가 순조로웠고(듣는 대로 순조롭게
   이해했고)

- 耳順(이순):귀가 순조로웠다는 것은 앎이 지극하여 생각지
  않아도 아는 것이다. 順(순)은 '순하다, 온순하다'의 의미이다.
4) 七十而從心所欲不踰矩:일흔 살에 마음이 하고자하는 바를
   따라도 법도를 넘지 않았다.
 - 所:~바(것)/所+술어가 오며, 불완전명사(의존명사) 또는
   특수 지시대명사로, 주어는 대체로 所앞에 온다.
 - 踰(유):넘다, 뛰어넘다, 넘어서다.
 - 矩(구):원래는 직각의 곱자를 가리키는데, 전의되어 '법도'의
   뜻으로 쓰인다.


정자程子가 말하길 "공자께서는 태어나면서부터 아는 사람,
즉 천재天才였으며, 이런 말씀을 하신 것은 제자들과 후학자들에게
권면하여 나아가게 하기 위해서였다."

人
百歲까지
健康하게

志于學(志學) 15세
弱冠 20세
而立 30세
不惑 40세
知天命 50세
耳順 60세
從心所欲不踰矩(古稀) 70세
傘壽 80세
卒壽 90세
上壽 100세

## 2. 爲政篇. 5章

孟懿子問孝, 子曰 "無違."
樊遲御, 子告之曰 "孟孫問孝於我,
我對曰 '無違.'" 樊遲曰 "何謂也?"
子曰 "生, 事之以禮, 死, 葬之以禮, 祭之以禮."

맹의자문효, 자왈 "무위." 번지어, 자고지왈 "맹손문효어아, 아대왈 '무위.'" 번지왈 "하위야?"
자왈 "생, 사지이례, 사, 장지이례, 제지이례."

맹의자가 효를 묻자, 자왈 "어기지 않는 것입니다."
번지가 수레를 몰고 있었는데, 공자께서 말씀하셨다.
"맹손씨가 나에게 효를 묻기에, 나는 대답했다. '어기지 않는
것입니다.'" 번지가 말하였다. "무엇을 말합니까?" 자왈 "살아
계실 때는 예로써 섬기고, 돌아가신 후에는, 예로써 장사 지내고,
예로써 제사 지내는 것이다."

孟:맏맹 懿:아름다울의 違:어길위 樊:울타리번 遲:더딜지 御:거느릴어/말몰어
葬:장사지낼장 祭:제사제

### 문법(文法)적 해석

1) 孟懿子(맹의자):노(魯)나라의 대부이며, 성은 중손(仲孫), 이름은
   하기(何忌)이다. 그의 아버지 맹희자(孟僖子)는 유언으로 공자에게
   예를 배우라고 했다.
2) 無違:어기지 않는 것입니다.
 - 無:~하지 않다/부정 보조사로, 동사 앞에 위치하며 不과 같다.
   만약 존재동사로 본다면, 보어를 취하며, 보어를 주어처럼 해석
   하는데 즉 '어김이 없다'로 해석한다. 옮긴이는 전자에 따라 해석
   하며, 즉 도리에 위배되지 않음을 의미한다.
3) 樊遲御:번지가 수레를 몰고 있었는데,
 - 樊遲(번지):공자보다 36세 아래의 제자로 성은 번(樊)이고,
   이름은 수(須)이며, 자는 자지(子遲)이다. 성의 번(樊)과 자의
   마지막 자인 지(遲)가 결합해서 樊遲라고 부른다. 대부분 이처럼

성과 자의 뒤 자를 결합해서 부르는데, 예외도 있다. 안회(顔回)는 자가 자연(子淵)이고, 그래서 안연(顔淵)이라고 부른다.

- 御(어):말을 몰다, 수레를 몰다.

4) 何謂也:무엇을 말합니까?

- 何:무엇/의문사가 동사의 목적어일 경우에 동사 앞으로 도치된다. 즉 '謂何'가 도치된 것이다.
- 也:의문사와 서술 종결사를 사용하여 의문의 뜻을 나타내는 경우이며, 여기서 也는 의문 종결사이다.

5) 生, 事之以禮:살아 계실 때는 예로써 섬기고,

- 事:섬기다. 모시다.
- 以:~로써/수단, 방법을 나타내는 전치사로써, 전치사를 수반한 부사구는 문구 뒤에 위치하는 경우가 많다.

아무리 부모님을 잘 섬기더라도 예禮에 어긋나면 효孝를 어기는 것違이다. 살아서도, 돌아가신 후에도 예禮로써 해야만 하는구나.

"나무는 고요하고자 하나 바람이 그치지 않고, 樹欲靜而風不止
자식이 봉양하고자 하나 부모는 기다려주지 않네. 子欲養而親不待"
- 孔子家語 -

生, 死 + 禮 = 孝

## 2.爲政篇. 6章

# 孟武伯問孝, 子曰 "父母, 唯其疾之憂."

맹무백문효, 자왈 "부모, 유기질지우."

맹무백이 효를 묻자, 자왈 "부모는 오직 그(자식)의 병을
(병나지 않을까) 근심한다."

唯:오직유　疾:병질　憂:근심할우

### 문법(文法)적 해석

1) 孟武伯(맹무백):맹의자(孟懿子)의 아들이며, 이름은 체(彘)이고
   무(武)는 시호이다.
2) 唯其疾之憂:오직 그(자식)의 병을(병나지 않을까) 근심한다.
   - 唯(유):오직, 행여/부사.
   - 其:그, 자기, 자기 자신/지시 대명사, 3인칭 대명사이다.
   - 其疾之憂(기질지우):'憂其疾'이 도치된 문장으로 목적어를 강조
     하기 위해 앞으로 도치시키고 목적격 후치사 '之'를 목적어와 술어
     사이에 쓴 것이라고 할 수 있다.
3) 주희(朱熹)에 따르면 "옛 해석에 '부모로 하여금 자식이 不義에
   빠짐을 근심하게 하지 않고, 오직 자식의 질병을 근심하게 할 수
   있으면 이내 孝가 될 수 있다.'하였으니 또한 통한다"고 하였다.


부모에게 걱정을 끼치지 않는 것,
특히 건강, 이것이 효孝의 첫걸음이구나.
신체발부수지부모身體髮膚受之父母.

## 2. 爲政篇. 7章

# 子游問孝, 子曰 "今之孝者, 是謂能養.
# 至於犬馬, 皆能有養, 不敬, 何以別乎?"

자유문효, 자왈 "금지효자, 시위능양. 지어견마, 개능유양, 불경, 하이별호?"

자유가 효를 묻자, 자왈 "지금의 효라는 것은, 봉양할 수 있음을
말하는 것이다. 〈그러나〉 개와 말에 이르기까지, 모두 길러줌이
있을 수 있으니, 공경하지 않으면, 무엇으로써 구별하겠는가?"

**游**:헤엄칠유 **養**:기를양/봉양할양 **犬**:개견 **皆**:다개 **別**:나눌별/구별별

### 문법(文法)적 해석

1) 子游:공자보다 45세 아래의 제자로, 성은 언(言)이고,
   이름은 언(偃)이며, 자는 자유(子游)이고, 오(吳)나라 사람이다.
2) 今之孝者, 是謂能養:지금의 효라는 것은, 봉양할 수 있음을
   말하는 것이다.
 - 者:의존명사(불완전명사) 또는 특수 지시대명사로 앞 문장
   '今之孝者'를 취해서 '~하는 사람, ~하는 것'으로 해석한다.
 - 是:~이다/연계동사이며, 지시대명사로써 문장의 주어로는 거의
   쓰지 않으며, 주어인 '이것'의 뜻도 아니다. 주어와 보어 사이에
   놓여 이를 연결하는 역할을 하며, 보어가 명사(구)만 있는 것이
   아니라, 서술절 '謂能養'을 받기도 한다.
3) 至於犬馬:〈그러나〉 개와 말에 이르기까지
 - 문맥상, 의미상 역접, 즉 '그러나'로 해석.
 - 於:~에서/보어와 목적어 앞에 위치하며, 처소, 대상의 전치사이다.
4) 不敬, 何以別乎?:공경하지 않으면, 무엇으로써 구별하겠는가?
 - 不:~면/부정 보조사 '不'로 인해, 이 절은 가정문이다.
 - 何以:무엇으로써/의문사가 전치사의 목적어로 도치된 것이다.

공경敬이 빠진 효도孝도 잘못되었지만 물질養이 빠진 효도孝가 있을
수 있을까? 물질養 또한 중요하지 않을까요?

## 2. 爲政篇. 8章

子夏問孝, 子曰 "色難. 有事, 弟子服其勞,
有酒食, 先生饌, 曾是以爲孝乎?"

자하문효, 자왈 "색난. 유사, 제자복기로, 유주사, 선생찬, 증시이위효호?"

자하가 효를 묻자, 자왈 "얼굴빛이 〈온화하게 하기〉 어렵다.
일이 있으면, 제자(아랫사람, 자식)가 그 수고로움을 행하고,
술과 밥이 있으면 선생(손윗사람, 부모님)이 〈먼저〉 드시는
것을, 설마(어찌) 이것으로써 효라고 여기는가?"

色:얼굴빛색 難:어려울난 服:일할복 勞:수고로 食:밥사 饌:먹을찬 曾:일찍증

### 문법(文法)적 해석

1) 子夏:공자보다 44세 아래의 제자로, 성은 복(卜)이고, 이름은
   상(商)이며, 자는 자하(子夏)이고, 위(衛)나라 사람이다.
2) 色難:얼굴빛이 〈온화하게 하기〉 어렵다.
   - 色(색):얼굴빛, 기색.
3) 有事, 弟子服其勞:일이 있으면, 제자(아랫사람, 자식)가
   그 수고로움을 행하고,
   - 의미상, 문맥상 가정문이다.
   - 弟子:자식이나 아랫 사람.
   - 服(복):일하다, 행(行)하다, 섬기다, 모시다.
4) 有酒食, 先生饌:술과 밥이 있으면 선생(손윗사람, 부모님)이
   〈먼저〉 드시는 것을,
   - 의미상, 문맥상 가정문이다.
   - 食(사):밥/동사로써 '먹이다', 명사로써 '밥, 곡식을 익힌 음식'일
     경우에는 '사'로 읽는다.
   - 先生:부모나 손윗사람.
5) 曾是以爲孝乎?:설마(어찌) 이것으로써 효라고 여기는가?
   - 曾:설마(어찌) ~ 하겠는가?/강한 반문의 어기를 나타내는 의문
     부사로써 일반적으로 乎와 호응하여 '曾~乎'의 형식으로 쓰인다.

- 是以:이것으로써/대명사가 전치사의 목적어로 도치된 것이다.
  즉 以是가 도치된 것이다.
- 以爲:~라고 여기다, ~라고 생각하다, ~로 삼다.
  以~爲~ 또한 같은 의미이다.
- 乎:의문, 반문의 어기를 나타내는 의문 종결사.

근엄한 얼굴色보다는 온화함溫이 더 부모님을 편안하게 하지 않을까?
하지만 얼굴빛色을 온화하게溫 하기 어렵구나色難.

[ 色難 = 不孝 ]
효도를 하지 않다.

## 2. 爲政篇. 9章

## 子曰 "吾與回言終日, 不違, 如愚. 退而省其私, 亦足以發, 回也不愚."

자왈 "오여회언종일, 불위, 여우. 퇴이성기사, 역족이발, 회야불우."

자왈 "내가 회와 더불어 하루 종일 이야기를 했는데, 〈내 말을〉 어기지 않고(이의를 제기하지 않고), 어리석은 것(사람) 같았다. 돌아간 뒤에 그의 사사로움(사생활)을 살펴보니, 또한 충분히 드러내니(실천하니), 회는 어리석지 않았다."

回:돌회 終:마칠종 違:어길위 愚:어리석을우 退:물러날퇴 省:살피성 發:드러낼발

### 문법(文法)적 해석

1) 回:공자보다 30세 아래의 제자로, 성은 안(顔)이고, 이름은 회(回) 이며, 자는 자연(子淵)이고 노(魯)나라 사람이다. 성의 안(顔)과 자의 뒤 자인 연(淵)을 합쳐서 안연(顔淵)이라고도 한다.
2) 吾與回言終日:내가 안회와 더불어 하루 종일 이야기를 했는데,
 - 與:~함께, ~와 더불어/전치사.
3) 如愚:어리석은 것(사람) 같았다.
 - 如~와 같다, ~듯 하다/비교 형용사로써 보어 '愚'를 취한다.
 - 愚(우):어리석은 것(사람)/형용사가 명사로 전성된 것이다.
4) 亦足以發:또한 충분히 드러내니(실천하니),
 - 足以:충분히(족히) ~하다. ~할 수 있다/보조사.
 - 發(발):드러내다, 실천하다.
5) 回也不愚:회는 어리석지 않았다.
 - 也:~가(이), ~은(는)/주격 후치사.

공자 또한 문답식 가르침과 배움을 좋아했는데 안회는 왜 스승님께 묻지違 않았을까? 하나를 듣고 열을 알았기 때문이었을까聞一以知十?

## 2. 爲政篇.10章

# 子曰 "視其所以, 觀其所由, 察其所安,
# 人焉廋哉, 人焉廋哉?"

자왈 "시기소이, 관기소유, 찰기소안, 인언수재, 인언수재?"

자왈 "그가 하는 것을 보고, 그가 말미암은(지나온) 것을 보며,
그가 편안하게 여기는 것을 살피면, 사람이 어찌 〈자신을〉
숨기겠는가? 사람이 어찌 〈자신을〉 숨기겠는가?"

**視**:볼시 **觀**:볼관 **察**:살필찰 **焉**:어찌언 **廋**:숨길수

## 문법(文法)적 해석

1) 視其所以, 觀其所由, 察其所安:그가 하는 것을 보고, 그가 말미암은
(지나온) 것을 보며, 그가 편안하게 여기는 것을 살피면,
- 의미상, 문맥상 가정문이다.
- 視보다 觀이 더 자세하게 보는 것이고, 觀보다 察이 더 자세하게
살피는 것이다.
- 其:그, 자기, 자기 자신/3인칭 대명사.
- 所: ~ 바(것)/所+술어가 오며, 불완전명사(의존명사) 또는
특수 지시대명사로, 주어는 대체로 所앞에 온다.
- 以/하다, 由/말미암다, 지나다, 경유하다, 安/편안히 여기다.
2) 人焉廋哉:사람이 어찌 〈자신을〉 숨기겠는가?
- 焉:어찌, 어떻게/반어(의문) 부사.
- 哉:반문을 나타내는 부사 焉와 함께 쓰이는 반어 종결사이다.

공자께서는 어떤 사람이 하는 것以, 지나온 것由, 편안하게 여기는
것安을 보시고 그 사람에 대해서 모두 아셨구나.
모든 것을 꿰뚫어 볼 수 있다니, 일이관지一以貫之이구나.

## 2. 爲政篇. 11章

# 子曰 "溫故而知新, 可以爲師矣."

자왈 "온고이지신, 가이위사의."

자왈 "옛 것을 익히고 새로운 것을 알면, 스승이 될 수 있다."

溫:따뜻할온/익힐온  故:옛고  師:스승사

## 문법(文法)적 해석

1) 溫故而知新:옛 것을 익히고, 새로운 것을 알면,
   - 溫(온):익히다, 학습하다, 복습하다.
   - 而(만일, 만약) ~하면/단문을 연결 시키는 가정 접속사이다.
   - 故(고):옛날에 들은 것이나 배운 것.
   - 新(신):지금 새로 터득한 것.
2) 可以爲師矣:스승이 될 수 있다.
   - 可以(가이):~할 수 있다/가능 보조사.
   - 爲:爲+명사, ~이 되다/불완전 자동사로 보어를 취한다.
     '爲師'는 스승이 되다.
   - 矣:서술, 단정 종결사로써 '확신'을 나타낸다.


누군가의 스승師이 된다는 것은 참 기쁜 일이지만
참 힘든 일이기도 하다. 스승師으로 인해 한 사람弟子의 인생人生이
바뀔 수도 있기 때문이다.

## 2.爲政篇.12章

# 子曰 "君子不器."

자왈 "군자불기."

자왈 "군자는 그릇(그릇처럼 하나의 기능에만 국한된
사람)이 아니다."

器:그릇기

## 문법(文法)적 해석

1) 君子不器:군자는 그릇(그릇처럼 하나의 기능에만 국한된
   사람)이 아니다.
   - 器(기):그릇은 크기와 모양에 따라 그 용도에만 적합하고
     한두 가지 용도에만 능숙한 기능인을 말한다.
     이에 비해 군자(君子)는 학식과 덕망은 물론 세상의 이치와
     도리를 널리 알고 현명하고 슬기롭게 살아가는 사람이다.

군자는 그릇器이 아니다? 그럼 무엇이란 말입니까?
노자老子 선생님이 말씀하신 대기만성大器晚成의 그릇은
그릇器입니까?

자왈子曰을 뺀다면 논어에서 '君子不器' 이 네자가 가장 짧은 두 문장
중의 한 문장이다. (15편. 위령공편. 38장. 子曰 "有敎無類.")

## 2. 爲政篇. 13章

# 子貢問君子, 子曰 "先行其言, 而後從之."

자공문군자, 자왈 "선행기언, 이후종지."

자공이 군자에 대해서 묻자, 자왈 "먼저 그 말을 행하고,
이후에 〈남으로 하여금〉 따르게 하는것이다.

貢:바칠공/이바지할공  從:따를종

## 문법(文法)적 해석

1) 先行其言:먼저 그 말을 행하고,
 - 先:먼저, 우선/부사.
 - 其:그, 자기, 자기 자신/3인칭 대명사이며, '君子'를 가리킨다.
2) 而後從之:이후에 〈남으로 하여금〉 따르게 하는 것이다.
 - 而後:~이후에/접속사이며, 이후(以後)와 같다.
 - 從(종):따르다. 따르게 하다.
 - 之:무엇을 꼭 지칭하기 위해 쓰인 것이 아니라, 술어 뒤에 之가
   붙음으로써 그 술어를 술어답게 만들어주는 어감을 얻고, 어세를
   고르게 하기 위해 쓰이고, 해석하지 않아도 된다.


먼저 솔선수범率先垂範하며, 앞장서서 모범을 보이면 진심으로 따를
것인데, 행동行이 아닌 말言로만 하는구나.

## 2. 爲政篇. 14章

# 子曰 "君子周而不比, 小人比而不周."

자왈 "군자주이불비, 소인비이부주."

자왈 "군자는 두루 〈조화를 이루어〉 가까이 하면서 당파를
이루지 않으며, 소인은 당파를 이루면서 두루 〈조화를 이루어〉
가까이 하지 않는다."

周:두루주/친할주/가까이할주   比:견주비/비교할비

### 문법(文法)적 해석

1) 周而不比:군자는 두루 〈조화를 이루어〉 가까이 하면서 당파를
   이루지 않으며,
   - 周(주):두루 가까이 하다, 두루 사귀다. 周는 公적이다.
   - 比(비):당파를 이루다. 比는 私적이다.


군자君子는 두루두루周, 소인小人은 끼리끼리比.
우리는 두루두루周, 끼리끼리比.

君子周周 小人比比
군자는 두루두루   소인은 끼리끼리

## 2. 爲政篇. 15章

## 子曰 "學而不思則罔, 思而不學則殆."

자왈 "학이불사즉망, 사이불학즉태."

자왈 "배우기만 하고 생각(사색)하지 않으면 〈얻음이〉 없고,
생각(사색)만 하고 배우지 않으면 위태롭다."

罔:없을망/그물망  殆:위태할태

### 문법(文法)적 해석

1) 學而不思則罔:배우기만 하고 생각(사색)하지 않으면
   〈얻음이〉 없고,
   - 而:그러나, 그런데/역접 접속사이며, 해석하지 않아도 된다.
   - 則:~면/가정, 조건의 접속사.
   - 罔(망):(얻음이)없다.
2) 思而不學則殆:생각(사색)만 하고 배우지 않으면 위태롭다.
   - 殆(태):위태롭다, 위험하다.


배우면서 동시에 생각하면 (헷갈려서) 얻음이 없다學而同思則罔?
생각하면서 동시에 배우면 (헷갈려서) 위태롭다思而同學則殆?

## 2. 爲政篇. 16章

# 子曰 "攻乎異端, 斯害也已."

자왈 "공호이단, 사해야이."

자왈 "이단을 전공하면(연구하고 공부하면), 해롭다."

攻:칠공/연구할공  端:끝단  斯:이사  害:해로울해

### 문법(文法)적 해석

1) 攻乎異端:이단을 전공하면(연구하고 공부하면),
   - 攻(공):연구하다, 전공하다.
   - 乎:~을(를)/일반적으로 타동사 뒤에는 전치사가 놓이지 않으나,
     놓이는 경우에 목적어로 해석한다.
   - 異端(이단):인(仁)을 기반으로 한 공자의 사상과 상반되는 학문
     이나 사상들을 말한다.
2) 斯害也已:~면 해롭다.
   - 斯(사):~면/가정, 조건의 접속사.
   - 也已:긍정과 단정의 어기를 나타내는 종결사이다.

일단一旦은 이단異端이 나쁘고 해롭다害는 공자님의 말씀.

## 2. 爲政篇. 17章

# 子曰 "由! 誨女知之乎?
# 知之爲知之, 不知爲不知, 是知也."

자왈 "유! 회여지지호? 지지위지지, 부지위부지, 시지야."

자왈 "유야! 너에게 안다는 것을 가르쳐줄까? 아는 것을 안다고 말하고, 모르는 것은 모른다고 말하는 것이, 아는 것이다."

誨:가르칠회 女:너여

## 문법(文法)적 해석

1) 由:공자보다 9세 아래의 제자로, 성은 중(仲)이고, 이름은 유(由)이며, 자는 자로(子路) 또는 계로(季路)이다.
2) 誨女知之乎?:너에게 안다는 것을 가르쳐줄까?
 - 女:너. 汝(여)와 같다/2인칭 대명사.
 - 之:술어 '知' 뒤에 '之'가 붙음으로써 술어를 술어답게 만들어주며 해석하지 않아도 된다.
 - 乎:의문, 반문의 어기를 나타내는 의문 종결사.
3) 知之爲知之:아는 것을 안다고 말하고,
 - 知之爲:아는 것을 ~ 말하다/'爲知'가 도치된 문장이다.
   목적어를 강조하기 위해 앞으로 도치시키고 목적격 후치사 '之'를 목적어와 술어 사이에 쓴 것이다. 爲는 말하다, 謂의 의미이다.
4) 不知爲不知:모르는 것은 모른다고 말하는 것이,
 - 不知:모르는 것은/목적격 후치사 '之'가 없으므로 주어로 해석한다.
5) 是知也:아는 것이다.
 - 是:~이다/주어와 보어 사이에 놓여 둘을 연결하는 동사인 '연계(連契)동사'이다. 주어는 앞 문장이므로 생략된 것이다.

안다知는 것, "무지無知를 아는 것이 곧 앎知의 시작이다." - 소크라테스 -

## 2. 爲政篇. 18章

子張學干祿, 子曰 "多聞闕疑, 愼言其餘, 則寡尤.
多見闕殆, 愼行其餘, 則寡悔. 言寡尤, 行寡悔,
祿在其中矣."

자장학간록, 자왈 "다문궐의, 신언기여, 즉과우. 다견궐태, 신행기여, 즉과회.
언과우, 행과회, 록재기중의."

자장이 녹봉을 구하는 것(방법)을 배우려고 하자, 자왈 "많이
듣고서 의심나는 것을 빼놓고, 그 나머지를 삼가해서 말하면
허물이 적다. 많이 보고서 위태로운 것을 빼놓고, 그 나머지를
삼가해서 행하면 후회가 적다. 말에 허물이 적고, 행동에 후회가
적으면, 녹봉은 그 가운데 있다."

張:베풀장 干:구할간 祿:녹봉록 闕:대궐궐/빠뜨릴궐 疑:의심할의 愼:삼가할신
餘:남을여 寡:적을과 尤:허물우 殆:위태할태 悔:뉘우칠회

### 문법(文法)적 해석

1) 子張:공자보다 48세 아래의 제자로, 성은 전손(顓孫)이고, 이름은
   사(師)이며, 자는 자장(子張)이고 진(陳)나라 사람이다.
2) 多聞闕疑, 愼言其餘, 則寡尤:많이 듣고서 의심나는 것을 빼놓고,
   그 나머지를 삼가해서 말하면 허물이 적다.
   - 多聞, 愼言:많이 듣다, 삼가해서 말하다/多, 愼는 부사.
   - 則:~면/가정, 조건의 접속사.
   - 寡(과):적다, 작다/특수형용사로써 술어로 쓰이는 경우에 보어를
     취하며, 보어를 주어처럼 해석한다.
3) 祿在其中矣:녹봉은 그 가운데 있다.
   - 其:言寡尤, 行寡悔를 가르키는 지시대명사이며, 其+명사는 그의
     (관형어), 其+동사는 '그가, 그것이(대명사)'의 뜻으로 쓰인다.

말言에 허물尤이 적고, 행동行에 후회悔가 적으면 일자리를 구할干祿
수 있단 말인가? 지금은 스펙(Spec)도 필요할 텐데?

## 2. 爲政篇. 19章

# 哀公問曰 "何爲則民服?" 孔子對曰
# "擧直錯諸枉, 則民服, 擧枉錯諸直, 則民不服."

애공문왈 "하위즉민복?" 공자대왈 "거직조저왕, 즉민복, 거왕조저직, 즉민불복."

애공이 물었다. "어떻게 하면 백성들이 복종합니까?"
공자께서 대답하셨다. "곧은 것(사람)을 들어서 굽은 것(사람)
위에 놓으면, 백성들이 복종하고, 굽은 것(사람)을 들어서
곧은 것(사람) 위에 놓으면, 백성들이 복종하지 않습니다."

哀:슬플애 服:복종할복 擧:들거 錯:둘조/버릴조 諸:모두제/어조사저 枉:굽을왕

## 문법(文法)적 해석

1) 哀公(애공):노(魯)나라의 임금(BC 494 ~ BC468년)으로 성은 희(姬),
   이름은 장(蔣)이며, 애는 시호(諡號)이고 정공(正公)의 아들이다.
2) 何爲則民服:어떻게 하면 백성들이 복종합니까?
  - 何爲:어떻게 하다/何:의문 대명사로, 동사의 목적어이므로
    동사 앞으로 도치된 것이다.
  - 則:~면/가정, 조건의 접속사.
3) 孔子對曰:대체로 임금의 물음에 '孔子對曰'이라고 칭하는 것은
   임금을 높인 것이다.
4) 擧直錯諸枉, 則民服:곧은 것(사람)을 들어서 굽은 것(사람) 위에
   놓으면 백성들이 복종하고,
  - 擧(거):들다, 등용하다, 선발하다.
  - 直(직):곧은 것(사람), 정직한 사람.
  - 枉(왕):굽은 것(사람), 사악한 사람, 그릇된 사람.
  - 錯諸枉(조저왕):'錯'는 '두다와 버리다'로 해석할 수 있는데,
    錯(조)를 '두다'로 해석하면 諸는 '어조사저(之於)'로 해석하여,
    錯諸枉(조저왕)은 '굽은 것(사람) 위에 두다'가 되지만, 錯를
    '버리다'로 해석하면 諸는 '모두제'로 해석하여, 錯諸枉(조제왕)은

'모든 굽은 것(사람)을 버리다'가 된다. 옮긴이는 전자의 해석을
따른다.
- 則:~면/가정, 조건의 접속사.
- 服(복):복종(服從)하다, 따르다, 굴복시키다.


군주의 인재 등용擧에 따라 나라가 망하고 흥하는구나.
"자고로 흥하고 망한 나라를 보면 모든 원인은 당시에 어진直 신하를
등용했느냐, 아니면 간신枉을 등용했느냐에 따라서 판가름 났도다."
- 풍몽룡의 '열국지' 마지막 글귀 中에서 -

## 2. 爲政篇.20章

季康子問 "使民敬忠以勸, 如之何?"
子曰 "臨之以莊則敬, 孝慈則忠,
舉善而敎不能則勸."

계강자문 "사민경충이권, 여지하?" 자왈 "임지이장즉경, 효자즉충, 거선이교불능즉권."

계강자가 물었다. "백성으로 하여금 공경하게 하고 진심으로
따르게 하면서 부지런하게 하려면 어떻게 해야 합니까?
자왈 "장엄함으로써 그들(백성들)을 임하면 공경할 것이고,
〈부모에게〉 효도하고 〈아랫 사람을〉 사랑하면 진심으로 따를
것이고, 선한(훌륭한) 자를 들어(등용하여) 불능한 자를
가르치면 부지런해집니다."

勸:권할권/부지런할권  臨:임할림(임)  莊:장엄할장  慈:사랑할자  敎:가르칠교

### 문법(文法)적 해석

1) 季康子(계강자):노(魯)나라의 대부인 계손비(季孫肥)로 당시 노나라의
   실권을 쥔 삼환 중에 한 가문의 사람이다. 康(강)은 그의 시호이다.
2) 使民敬忠以勸, 如之何:백성으로 하여금 공경하게 하고 진심으로
   따르게 하면서 부지런하게 하려면 어떻게 해야 합니까?
 - 使(사):~하여금 ~하게 하다/사동 보조사 + 대상 + 술어.
 - 忠(충):진심을 다하다, 정성을 다하다, 충성하다.
 - 以:명사절 다음에 이가 오면 '~하면서'의 뜻으로, 접속사로 사용되어
   而(그래서)와 유사하며, 굳이 우리말로 해석하지 않아도 된다.
 - 勸(권):권(勸)하다, 권면(勸勉)하다, 권하고 격려하여 힘쓰게 하다.
 - 如 ~ 何:관용어로써 술어로는 '~는 어떻게 할 것인가?', 부사어로
   '어찌, 어떻게'로 해석한다.
3) 臨之以莊則敬:장엄함으로써 그들(백성들)을 임하면 공경할 것이고,
 - 臨(임):임(臨)하다, 다스리다, 통치(統治)하다.
 - 以:~로써/수단, 방법을 나타내는 전치사이다.

- 則:~하면/가정 접속사.
- 莊(장):(언행, 분위기) 장중하다, 정중하다, 엄숙하다.
4) 孝慈則忠:〈부모에게〉 효도하고 〈아랫 사람을〉 사랑하면
   진심으로 따를 것이고,
- 孝慈 앞에 '臨之以'가 생략된 것이다/없어도 알 수 있는 것,
   혹은 앞에 나온 것 등을 생략할 수 있다.
5) 擧善而教不能則勸:선한(훌륭한) 자를 들어(등용하여) 불능한
   자를 가르치면 부지런해집니다.
- 擧(거):들다, 등용하다, 선발하다.
- 善(선):선, 선함, 훌륭한 사람.


아랫사람이 아닌 윗사람 자신부터의 변화莊, 孝慈, 擧善가 필요한데
자꾸 아랫사람만 탓하는구나.

## 2. 爲政篇. 21章

或謂孔子曰 "子奚不爲政?"
子曰 "書云 '孝乎! 惟孝, 友于兄弟, 施於有政.'
是亦爲政, 奚其爲爲政?"

혹위공자왈 "자해불위정?" 자왈 "서운 '효호! 유효, 우우형제, 시어유정.'
시역위정. 해기위위정?"

어떤 이가 공자에게 말하였다. "선생께서는 어찌하여 정치를
하지 않습니까?" 자왈 "서경에 이르기를 '효로다! 효도하므로
형제간에 우애가 있으며, 〈나아가 이를〉 정치에 베푼다(반영
한다).'라고 했으니, 또한 정치하는 것인데, 어찌 〈꼭 관직에
나아가야만〉 정치를 하는 것입니까?"

或:혹혹  謂:말할위  奚:어찌해  施:베풀시/반영할시

### 문법(文法)적 해석

1) 或謂孔子曰 "子奚不爲政?":어떤 이가 공자에게 말하였다.
   "선생께서는 어찌하여 정치를 하지 않습니까?"
   - 或(혹):어떤 이(사람, 자), 특정 대상을 가리키지 않고 막연한
     사람을 가리킨다/부정칭 인칭대명사.
   - 子(자):너, 당신, 그대/2인칭 대명사이며, 남자에 대한 존칭으로는
     '선생'으로 해석한다.
   - 奚(해):어찌(하여)/의문 부사.
   - 爲(위):爲+명사는 '~하다'로 해석하며, 목적어의 성격에 따라
     그 뜻을 적절하게 해석할 수 있다. '爲政'은 정치를 하다.
2) 書(서):서경(書經)을 말하며, 유교 경전의 하나이고
   저자는 고대의 사관(史官)인데, 공자가 정리하였다고 한다.
3) 孝乎! 惟孝, 友于兄弟, 施於有政:효로다! 효도하므로, 형제간에
   우애가 있으며, 〈나아가 이를〉 정치에 베푼다(반영한다).
   - 서경(書經)의 '주서·군진'(周書·君陳)에 유사한 구절이 있다.
   - 乎:~이구나/감탄의 어기를 나타내는 감탄 종결사이다.

- 惟(유):조사(후치사)로써, 문장의 맨 앞에 쓰일 때는 해석하지 않는다.
- 于, 於:~에/보어와 목적어 앞에 위치하며, 처소, 대상의 전치사이다.
- 施(시):베풀다, 반영하다, 실시하다, 널리 퍼지다.
- 有:문장의 맨 앞이나 중간, 즉 명사, 형용사 앞에 쓰이며, 해석하지 않는다. 주희(朱熹)는 '有政'을 '爲政'으로 해석하였다.
4) 是亦爲政. 奚其爲政?:또한 정치하는 것인데, 어찌 〈꼭 관직에 나아가야만〉정치를 하는 것입니까?
- 是:~이다/연계동사이며, 지시대명사로써 문장의 주어로는 거의 쓰지 않으며, 주어인 '이것'의 뜻도 아니다. 주어와 보어 사이에 놓여 이를 연결하는 역할을 하며, 보어가 명사(구)만 있는 것이 아니라, 서술절 '亦爲政'을 받기도 한다.
- 其:어기를 완만하게 해주며 해석하지 않는 어조사, 즉 후치사이며 주로 의문사 뒤에 온다.
- 爲:앞의 것은 '~이다' 즉 주어와 보어 사이에 놓여 이를 연결하는 역할을 하는 연계동사이며, 뒤의 것은 '~하다' 즉 타동사이다.
5) 주희(朱熹)에 따르면 "서경(書經)에 이르기를 '군진(君陳)이 어버이에게 효도할 수 있고, 형제간에 우애하며, 또 이 마음을 미루어 넓힐 수 있어서 한 집안의 정치를 했다.'고 하였다. 공자께서 이를 인용하여 '이와 같으면 이 또한 정치를 하는 것이니, 어찌 반드시 지위에 있어야만 이내 정치를 하는 것이 되겠는가.'"라고 하신 것이다.


평천하平天下를 하려고 한다. 치국治國도 못하면서,
치국治國을 하려고 한다. 집안齊家도 못 다스리면서,
집안齊家을 다스리려고 한다. 자신修身도 못 다스리면서,
그리고 남人을 다스리려고 한다. 세상이 웃을笑 일이다.

"수신제가치국평천하修身齊家治國平天下라.
성의정심격물치지誠意正心格物致知라." - 대학大學 -

子曰 "人而無信, 不知其可也.
大車無輗, 小車無軏, 其何以行之哉?"

자왈 "인이무신, 부지기가야. 대거무예, 소거무월, 기하이행지재?"

자왈 "사람이 만약 믿음이 없으면, 그(것이)가 옳은지 알지
못한다. 큰 수레에 〈소의〉 멍에를 맬 데가 없고, 작은 수레에
〈말의〉 멍에를 맬 데가 없으면, 장차 무엇으로써 가도록
하겠는가?"

輗:끌채끝쐐기예  軏:끌채끝월

## 문법(文法)적 해석

1) 人而無信:사람이 만약 믿음(신의)이 없으면,
 - 而:(만일, 만약) ~하면/단문을 연결시키는 가정 접속사이다.
 - 信:믿음, 신의(信義).
2) 大車無輗, 小車無軏:큰 수레에 〈소의〉 멍에를 맬 데가 없고,
   작은 수레에 〈말의〉 멍에를 맬 데가 없으면,
 - 大車:소가 끄는 큰 수레로 짐을 싣는 수레. 小車:말이 끄는 작은
   수레로 兵車, 乘車이며, 사람을 태우는 수레를 말한다.
 - 輗(예), 軏(월):輗(예)는 수레의 끌채 끝에 가로로 댄 나무이며,
   소에 멍에를 거는 곳이고, 軏(월)은 수레의 끌채 끝에 위로 굽은
   것이며, 말에 멍에를 거는 곳이다.
3) 其何以行之哉?:장차 무엇으로써 가겠는가?
 - 其:장차, 곧/부사로써 동작이나 행위 등이 곧 발생함을 나타낸다.
 - 何以:무엇으로써/의문사가 전치사의 목적어로 도치된 것이다.
 - 哉:의문종결사로써 의문대명사 何 등과 함께 쓰이기도 한다.

믿음信이 있는 사람과 믿음信이 없는 사람.
믿음信이란 과연 무엇이란 말인가? 사람과 말.  人+言=信.

## 2.爲政篇.23章

子張問"十世可知也?"子曰"殷因於夏禮,
所損益可知也, 周因於殷禮, 所損益可知也.
其或繼周者, 雖百世可知也."

자장문 "십세가지야?" 자왈 "은인어하례, 소손익가지야, 주인어은례, 소손익가지야.
기혹계주자, 수백세가지야."

자장이 물었다. "열 세대(왕조)는 알 수 있습니까?"
자왈 "은나라는 하나라의 예를 이어받았으니, 만약 빼거나
더하면 알 수 있으며, 주나라는 은나라의 예를 이어받았으니,
만약 빼거나 더하면 알 수 있다. 장차 어떤 이가 주나라를
잇는다면 비록 백 세대(왕조 이후)라도 알 수 있다."

殷:은나라은 因:이어받을인/인할인 損:덜손 益:더할익 繼:이을계 雖:비록수

## 문법(文法)적 해석

1) 子張:공자보다 48세 아래의 제자로, 성은 전손(顓孫)이고, 이름은
   사(師)이며, 자는 자장(子張)이고 진(陳)나라 사람이다.
2) 十世可知也?:열 세대(왕조)는 알 수 있습니까?
   - 世(세):한 세대는 약 30년 정도의 말하는 데, 공자는 하(夏),
     은(殷), 주(周) 등 왕조를 단위로 '世'를 말하고 있다.
   - 可:~할 수 있다. 可以와 같다/가능 보조사.
3) 殷因於夏禮, 所損益可知也:은나라는 하나라의 예를 이어받았으니,
   만약 빼거나 더하면 알 수 있으며,
   - 因(인):이어받다, 답습하다, 따르다, 인습하다.
   - 於:~을(를)/일반적으로 타동사 뒤에는 전치사가 놓이지 않으나,
     놓이는 경우에 목적어로 해석한다.
   - 所:만약 ~면/접속사로써 단문을 연결시키며 가설을 나타낸다.
4) 其或繼周者, 雖百世可知也:장차 어떤 이가 주나라를 잇는다면
   비록 백 세대(왕조 이후)라도 알 수 있다.
   - 其:장차, 곧/부사로써 동작이나 행위 등이 곧 발생함을 나타낸다.

- 或(혹):어떤 이(사람, 자), 특정 대상을 가리키지 않고 막연한 사람을 가리킨다/부정칭 인칭대명사.
- 繼(계):계승하다, 승계하다.
- 者:~한다면/가설을 나타내는 복문의 앞 단문 끝에 쓰이는 어기를 나타내는 후치사이다.
- 雖:비록 ~일지라도/가정, 조건, 양보를 나타내는 부사.


한 왕조·世가 약 오백五百여 년, 백 왕조百世면 약 오만五萬여 년인데, 공자께서는 오만五萬여 년을 알 수 있다? 오만五萬, 오만傲慢.

百世可知也
孔子非人也

- 聖人 -

## 2. 爲政篇. 24章

# 子曰 "非其鬼而祭之, 諂也. 見義不爲, 無勇也."

자왈 "비기귀이제지, 첨야. 견의불위, 무용야."

자왈 "그 (자기) 귀신이 아닌데 제사 지내는 것은 아첨이다.
의로움 (의로운 일)을 보고 하지 않는 것은 용기가 없는 것이다."

鬼:귀신귀  祭:제사제  諂:아첨할첨  勇:날랠용/용감할용

### 문법(文法)적 해석

1) 非其鬼而祭之, 諂也:그(자기) 귀신이 아닌데 제사 지내는 것은
   아첨이다.
   - 非:~아니다/연계동사로써 뒤에 술어가 오면 부정 보조사로 쓰이지만,
     명사(구/절)이 오면 이를 부정하는 형태로, 주어와 보어 사이에
     놓여 이를 연결하는 역할을 한다. 주어는 일반적인 사람으로
     생략된 것이다.
   - 其:그, 자기, 자기 자신/3인칭 대명사이다.
   - 之:술어 '祭' 뒤에 '之'가 붙음으로써 술어를 술어답게 만들어주며
     해석하지 않아도 된다.
2) 見義不爲, 無勇也:의로움 (의로운 일)을 보고 하지 않는 것은
   용기가 없는 것이다.
   - '不+술어(爲)+之'와 같이 부정을 하는 구문은 대체로 어세(語勢)
     가 좋지 못하므로 특별한 경우가 아니면 '之'를 쓰지 않는다.
   - 無:존재동사로써, 뒤 문장을 보어로 취하며, 보어를 주어처럼 해석한다.
3) 3편. 팔일(八佾)편. 6장에 대한 한탄이다. 즉 천자나 제후만이
   태산에 제사를 지낼 수 있는데 계씨가 태산에 제사를 지내려고
   하자 그의 가신이었던 염유에게 말리라고 했지만 할 수 없다고
   하여 한탄한 말씀이라 할 수 있다.


의義를 보고 행동爲으로 옮기지 않는 것은 용기勇가 없는 자의 처세이고,
아첨諂은 약하고 비겁한 자의 처세가 아닐까요?

# 八佾

3.八佾篇

26章

## 3. 八佾篇. 1章

# 孔子謂季氏 "八佾舞於庭, 是可忍也, 孰不可忍也?"

공자위계씨 "팔일무어정, 시가인야, 숙불가인야?"

공자께서 계씨를 평하셨다. "〈천자의 악무인〉 팔일무를
뜰에서 추다니, 참을 수가 있으면(참고 봐줄 수 있다면),
무엇을 참지(참고 봐 주지) 못하겠습니까?

佾:춤추는줄일 舞:춤출무 庭:뜰정 忍:참을인/차마할인 孰:누구숙/무엇숙

### 문법(文法)적 해석

1) 孔子謂季氏:공자께서 계씨를 평하셨다.
   - 謂(위):말하다, 평(론)하다.
   - 季氏:노(魯)나라 소공(昭公) 때 세도가인 대부였던 계평자
     (季平子)를 말한다.
2) 八佾舞於庭:〈천자의 악무인〉 팔일무를 뜰에서 추다니,
   - 八佾舞(팔일무):일(佾)은 춤추는 열이며, 天子는 8열로 64명,
     諸候는 6열로 36명, 大夫는 4열로 16명, 士는 2열로 4명이며,
     각 열의 인원수는 이처럼 그 열의 수와 같다고 하나 혹자는
     매 열마다 8명이라고 하니 어느 것이 옳은지는 자세하지 않다.
   - 於:~에/보어와 목적어 앞에 위치하며, 처소, 장소의 전치사이다.
     전치사를 수반한 부사구는 문구 뒤에 위치하는 경우가 많다.
3) 是可忍也:참을 수가 있으면(참고 봐줄 수 있다면),
   - 是:~이다/연계동사이며, 주어와 보어 사이에 놓여 이를 연결한다.
   - 也:주격 후치사이며, 간혹 '~면'으로 해석하기도 한다.
4) 孰不可忍也?:무엇을 참지 (참고 봐 주지) 못하겠습니까?
   - 孰:무엇/의문사가 동사의 목적어일 경우에 동사 앞으로 도치된다.
   - 也:의문사와 서술 종결사를 사용하여 의문의 뜻을 나타내는 경우
     이며, 也는 의문 종결사이다.

여자 악공女樂 64명八佾이 춤舞을 춘다. 쾌지나 칭칭나네.

三家者以雍徹, 子曰 " '相維辟公, 天子穆穆,'
奚取於三家之堂?"

삼가자이옹철, 자왈 " '상유벽공, 천자목목,' 해취어삼가지당?"

삼가들이 옹(시경의 옹을 노래함)으로써 철상(제기를 치움)을
하였는데, 자왈 " '돕는 사람은 제후이고, 천자는 엄숙하시도다'
〈라는 시경 '옹'의 제3·4구의 노래를〉, 어찌 삼가의 사당에서
취하는가(취하여 쓰는가)?"

雍:화할옹 徹:거둘철 相:도울상 辟:임금벽 穆:화목할목 奚:어찌해 堂:집당

## 문법(文法)적 해석

1) 三家者以雍徹:삼가들이 옹(시경의 옹을 노래함)으로써
   철상(제기를 치움)을 하였는데,
 - 三家:맹손씨, 숙손씨, 계손씨를 말하며 노환공(魯桓公, B.C.711~
   694 재위)의 아들인 중경보(仲慶父)·숙아(叔牙)·계우(季友)의
   집안이며 이들을 삼환(三桓)이라 한다.
 - 者:주어 뒤나, 문장의 중간이나 끝에 쓰여 어기를 부드럽게 하며,
   해석하지 않는다/어기사, 즉 후치사라고 할 수 있다.
 - 以:~로써/수단, 방법을 나타내는 전치사.
 - 雍(옹):시경, 주송(周頌)의 편명(篇名)인 옹(雍)을 말하며, 무왕이
   문왕에게 제사지낼 때 부르던 노래라고 한다. 그 후 천자가 종묘
   에서 제사를 지낸 후 제기를 거둘 때 부르던 노래로 쓰였다.
 - 徹(철):(제기, 밥상 따위를) 물리다, 치우다, 거두어들이다.
   즉 제사를 끝낸 후 제기를 거두는 것이며, 撤(철)과 같은 뜻이다.
2) 相維辟公, 天子穆穆:'돕는 사람은 제후이고, 천자는 엄숙하시도다'
   〈라는 시경 '옹'의 제3·4구의 노래를〉,
 - 시경, 주송(周頌) '옹(雍)'의 제3·4구이다.
 - 相(상):돕다. 돕는 사람.
 - 維(유):~이다/동사이며, '惟'와 같다.

- 辟公(벽공):제후를 뜻한다.
- 穆穆(목목):장엄하면서도 엄숙한 모양이다.
3) 奚取於三家之堂?:어찌 삼가의 사당에서 취하는가(취하여 쓰는가)?
  - 奚(해):어찌(하여)/의문 부사.
  - 於:~에서/보어와 목적어 앞에 위치하며, 처소, 대상의 전치사이다.
  - 堂(당):사당, 정치를 행하는 방.

할 수 있다 해도 세상에는 해서는 안 되는 것不爲들이 있는데,
어찌 행하고行, 취하는가取?

天子穆穆
천자는 엄숙하시도다!

三家穆穆
삼가는 엄숙하시도다?

## 3. 八佾篇. 3章

# 子曰 "人而不仁, 如禮何? 人而不仁, 如樂何?"

자왈 "인이불인, 여례하? 인이불인, 여악하?"

자왈 "사람이 인하지 않으면, 예를 어떻게 할 것인가(예를 해서 무엇하랴)? 사람이 인하지 않으면, 음악을 어떻게 할 것인가 (음악을 해서 무엇하랴)?"

禮:예절예(례)  樂:음악악/즐길락/좋아할요

## 문법(文法)적 해석

1) 人而不仁, 如禮何?:사람이 인하지 않으면, 예를 어떻게 할 것인가 (예를 해서 무엇하랴)?
   - 而:(만일, 만약) ~하면/단문을 연결시키는 가정 접속사이다.
   - 如~何: 관용어로써 술어로는 '어떻게 할 것인가, 어떠하다'이며, 부사어로 '어찌, 어떻게'로 해석한다.
2) 如樂何?:음악을 어떻게 할 것인가(음악을 해서 무엇하랴)?
   - 樂(악):음악.

인仁하지 않으면 어떤 것도 소용이 없다.
먼저 인간仁間, 인간人間이 되란 말인가?

## 3. 八佾篇. 4章

# 林放問禮之本, 子曰 "大哉問! 禮, 與其奢也,
# 寧儉. 喪, 與其易也, 寧戚."

임방문예지본, 자왈 "대재문! 예, 여기사야, 녕검. 상, 여기이야, 녕척."

임방이 예의 근본을 묻자, 자왈 "훌륭하구나, 질문이! 예는
사치스럽기보다는, 차라리 검소한 것이 낫고, 상례는 〈형식을 잘〉
다스려지기보다는(갖추기보다는), 차라리 슬퍼하는 것이 낫다."

放:놓을방 奢:사치할사 寧:차라리녕 儉:검소할검 喪:잃을상 易:쉬울이/다스릴이
戚:슬플척

### 문법(文法)적 해석

1) 林放(임방):노나라 사람이며, 사적(私跡)은 자세하지 않다.
2) 大哉問!:훌륭하구나, 질문이!
   - 大哉問:강조를 위해 주어와 술어가 도치된 것으로, 주로 의문문과
     감탄문에서 이루어진다. 哉는 감탄 종결사이다.
3) 禮, 與其奢也, 寧儉:예는 사치스럽기보다는 차라리 검소한 것이 낫고,
   - 與其~, 寧~:~하기보다 차라리 ~하는 것이 낫다/선택형 비교이며,
     與其는 접속사로써 단문을 연결시키는 역할을 하며, 두 상황 중
     에서 선택하는 것을 나타낸다.
   - 寧(녕):차라리 ~ 하는 것이 낫다/선택을 나타내는 접속사이다.
4) 喪, 與其易也, 寧戚:상례는 〈형식을 잘〉 다스려지기보다는
   (갖추기보다는) 차라리 슬퍼하는 것이 낫다.
   - 易(이):다스리다, 즉 '형식을 잘 갖추다'의 의미이다.


예禮. 검소儉하면서도, 사치奢를 조금 부리면 안되는 것인가?
상喪. 장례식喪도 잘 치르면서도, 슬퍼하戚면 안되는 것인가?
왜 둘 중에 하나만을 선택해야만 하는가? 항상 이분법적인 선택이
문제이구나.

## 3. 八佾篇. 5章

# 子曰 "夷狄之有君, 不如諸夏之亡也."

자왈 "이적지유군, 불여제하지무야."

자왈 "오랑캐의 나라도 군주가 있으니, 여러 중원의 나라가 없는
것(군주가 있는지 없는지 모르는 것)과 같지 않다(보다 낫다)."

**夷**:오랑캐이 **狄**:오랑캐적 **諸**:모두제 **夏**:클하/여름하 **亡**:없을무/망할망

### 문법(文法)적 해석

1) 夷狄之有君:오랑캐의 나라도 군주가 있으니,
 - 夷狄(이적):夷은 동쪽 오랑캐, 狄은 북쪽 오랑캐이며, 夷狄은
   오랑캐 전체를 말한다. 융(戎)은 서쪽 오랑캐, 만(蠻)은 남쪽
   오랑캐를 말한다.
 - 之(~가(이), ~은(는)/주격 후치사.
2) 不如諸夏之亡也:여러 중원의 나라가 없는 것(군주가 있는지 없는지
   모르는 것)과 같지 않다(보다 낫다).
 - 不如:'못하다'의 열등 비교가 아니고, 때로는 '같지 않다'의 원급
   으로 쓰일 때도 있다. 뒤 문장은 보어(절)이다.
 - 諸夏(제하):주(周)나라 천자로부터 분봉 받은 각 제후국을 말한다.
   즉 '중원의 여러 나라들'이다.
 - 夏(하):춘추 전국시대에 중원의 모든 국가들은 스스로를 하(夏)
   라고 칭하였다. '중원, 중화' 등으로 해석한다.
 - 亡(무):~없다/無와 통한다. 여러 중원의 나라들이 참람하고
   어지러워 도리어 上, 下 구분이 없으며, 군주가 있는지 없는지
   모르는 상태이다.


위아래上下 구분이 없으면亡 모두가 왕君이고, 모두가 신하臣이다.
그러면 평등平等한 세상인가? 아니면 오랑캐 나라夷狄인가?

## 3. 八佾篇. 6章

# 季氏旅於泰山, 子謂冉有曰 "女弗能救與?"
# 對曰 "不能." 子曰 "嗚呼! 曾謂泰山不如林放乎?"

계씨려어태산, 자위염유왈 "여불능구여?" 대왈 "불능." 자왈 "오호! 증위태산불여림방호?"

계씨가 태산에서 산신제를 지내려하자, 공자께서 염유에게
말씀하셨다. "네가 막을 수 없겠는가?" 〈염유가〉 대답하였다.
"할 수 없습니다." 자왈 "아! 설마(어찌) 태산이 〈예의 근본을
물은〉 임방보다 못하겠는가(못하단 말인가)?"

旅:(산신에게)제사지낼려 冉:나아갈염 救:막을구 嗚:슬플오 呼:부를호 曾:일찍증

## 문법(文法)적 해석

1) 季氏旅於泰山:계씨가 태산에서 산신제를 지내려하자,
  - 季氏:노(魯)나라의 대부인 계손씨(季孫氏)로 당시 노나라의 실권을
    쥔 삼환 중의 한 가문의 사람이었다.
  - 旅(려):산신제, 제사 이름이며 천자와 제후만이 영내의 산천에
    지내는 제사이다.
  - 於:~에/보어와 목적어 앞에 위치하며, 처소, 장소의 전치사이다.
  - 泰山(태산):옛날 노(魯)나라 경내에 있는 높고 유명한 산이며,
    지금의 산동(山東) 태안시(泰安市) 북쪽에 위치하고 있다.
2) 子謂冉有曰:자께서 염유에게 말씀하셨다.
  - 冉有(염유):노(魯)나라 사람으로 공자의 제자이며, 성은 염(冉),
    이름은 구(求), 자유(子有)는 그의 자(字)이고, 공자보다 29세
    아래였다. 정사(政事)에 능했으며, 당시에 계씨의 가신(家臣)으로
    있었고, 이 때문에 공자가 계씨의 잘못을 막아보라고 한 것이다.
3) 女弗能救與?:네가 막을 수 없겠는가?
  - 弗(불):부정보조사로 不보다 더 강한 부정을 나타낸다.
  - 救(구):막다, 저지하다, 말리다.
  - 與:의문의 어기를 내포한 의문 종결사.

4) 嗚呼! 曾謂泰山不如林放乎?:아! 설마(어찌) 태산이 〈예의 근본을
   물은〉임방보다 못하겠는가(못하단 말인가)?
  - 이 구절은 앞의 4장에서 예(禮)의 근본을 물은 임방에 빗대서,
    태산의 산신들이 이처럼 외람된 제사를 받고 좋아하지 않을
    것이라는 뜻이다.
  - 嗚呼!:아! /슬픔이나 탄식의 감탄사.
  - 曾:설마(어찌) ~ 하겠는가/부사로써 강한 반문의 어기를 나타
    내며, 일반적으로 '乎'와 호응하여 '曾 ~ 乎'로 쓰인다.
  - 不如:~보다 못하다/열등 비교이며, 뒤 문장은 보어이다.
  - 乎:의문, 반문의 어기를 나타내는 의문 종결사.
5) 이 문장에 대한 한탄하는 공자의 심정과 염구를 꾸짖는 것이라
   할 수 있는 문장을 2편, 위정(爲政)편, 24장에서 볼 수 있다.


세상에는 할 수 있으나能 하지 말아야 할不能 일들이 너무나 많다.
지금 우리는 하지 말아야 할 일들을 하고 있지는 않는가?

能 할 수 있으나
  할 수 없는 일.
세상에는 이런 일들이 너무나 많다.

## 3. 八佾篇. 7章

子曰 "君子無所爭, 必也射乎! 揖讓而升,
下而飲, 其爭也君子."

자왈 "군자무소쟁, 필야사호! 읍양이승, 하이음, 기쟁야군자."

자왈 "군자는 다투는 것(경쟁하는 것)이 없으나, 〈있다면〉
반드시 활쏘기일 것이다! 읍하고 사양하며 〈활 쏘는
자리에〉오르고, 〈활을 쏜 후에〉내려와서는 〈벌주를〉
마시니, 그 다툼이 군자답다."

爭:다툴쟁 射:쏠사 揖:읍할읍 讓:사양할양 升:오를승 飮:마실음

## 문법(文法)적 해석

1) 君子無所爭:군자는 다투는 것(경쟁하는 것)이 없으나,
   - 無:존재동사로써, '所爭'을 보어로 취하며, 보어를 주어처럼 해석한다.
   - 所:~바(것)/所+술어가 와서 명사구를 이루고, 불완전명사(의존
     명사) 또는 특수 지시대명사이다.
2) 必也射乎!:〈있다면〉 반드시 활쏘기일 것이다!
   - 也:부사 뒤에 위치하여 부사를 강조하는 부사격 후치사이다.
   - 乎:~일 것이다/추측, 감탄의 어기를 나타내는 종결사이다.
3) 其爭也君子:그 다툼이 군자답다.
   - 其:그, 자기, 자기 자신/3인칭 대명사이다.
   - 也:~가(이), ~은(는)/주격 후치사.
   - 君子:군자답다, 군자 같다/명사가 형용사로 전성된 것이다.

군자君子들은 활射쏘기 때문에 경쟁爭을 했다.
진정한 경쟁爭이란 자기 자신과의 경쟁爭이 아닐까요?

## 3. 八佾篇. 8章

子夏問曰 " '巧笑倩兮, 美目盼兮, 素以爲絢兮.'
何謂也?" 子曰 "繪事後素." 曰 "禮後乎?"
子曰 "起予者, 商也! 始可與言詩已矣."

자하문 "'교소천혜, 미목반혜, 소이위현혜,' 하위야?" 자왈 "회사후소." 왈 "예후호?"
자왈 "기여자, 상야! 시가여언시이의. "

자하가 물었다. " '예쁜 웃음에 보조개가 예쁘고, 아름다운
눈에 눈동자가 또렷하며, 흰 비단(바탕)에 무늬를 〈더〉하였네.'
무엇을 말하는 것입니까?" 공자왈 "〈그림을〉 그리는 일은 흰 비단
(바탕) 후(흰 비단이 있은 다음)이다." 자하가 말하기를 "예가
나중입니까?" 자왈 "나를 일으켜 주는 자는 상이로구나!
비로소 〈너와〉 더불어 시를 말할 수 있겠구나."

巧:공교할교 笑:웃음소 倩:예쁠천 兮:어조사혜 盼:눈예쁠반 素:흰비단소/바탕소
絢:무늬현 繪:그림회 起:일으킬기 商:장사상

### 문법(文法)적 해석

1) 巧笑倩兮, 美目盼兮, 素以爲絢兮 : 예쁜 웃음에 보조개가 예쁘고,
   아름다운 눈에 눈동자가 또렷하며, 흰 비단(바탕)에 무늬를
   〈더〉하였네.
   - 두 구절은 시경의 위풍(衛風), 석인(碩人)의 제2장 6구, 7구로
     위나라 장강(莊姜)의 아름다움을 노래한 시라 한다. 그러나 당시
     높은 신분에 있는 여자를 노래한 시라고 볼 수 있다.
     세 번째 구절(素以爲絢兮)은 시경에 전해지지 않는다.
   - 倩(천):보조개가 예쁜 모양을 가리킨다.
   - 兮:주로 명사(구) 뒤에 붙여 감탄의 어기를 돕는 감탄 종결사로
     쓰이며, 대부분 운문에 쓰인다.
   - 盼(반):검은 눈동자와 흰자위가 또렷한 것, 눈동자가 선명한
     것이다.

- 素(소):흰빛, 근본, 바탕 등을 나타내지만 여기서는 흰색의
  견직물 '비단'을 의미한다.
- 以爲:'~라고 여기다, ~라고 생각하다, ~로 삼다.' 로 해석하지만
  여기서는 따로 以만을 해석하며, 순접 접속사 而와 유사하고
  해석하지 않아도 된다.
- 爲(위):爲+명사는 '~하다'로 해석하며, 목적어의 성격에 따라
  그 뜻을 적절하게 해석할 수 있다. '爲絢'은 무늬를 〈더〉하다.
2) 何謂也?:무엇을 말하는 것입니까?
- 何:무엇/의문사가 동사의 목적어일 경우에 동사 앞으로 도치된다.
3) 繪事後素:〈그림을〉 그리는 일은 흰 비단(바탕) 후(흰 비단이
  있은 다음)이다.
- 繪(회):(그림) 그리다.
- 後(후):뒤에 하다, 나중에 하다/동사.
4) 起予者, 商也!:나를 일으켜 주는 자는 상이로구나!
- 予(여):나. 我(아)와 같다/1인칭 대명사.
- 者:의존명사(불완전명사) 또는 특수 지시대명사로 앞 문장
  '起予者'를 취해서 '~하는 사람, ~하는 것'으로 해석한다.
- 商:자하(子夏)의 이름이다. 복상(卜商).
5) 始可與言詩已矣:비로소 〈너와〉 더불어 시를 말할 수 있겠구나.
- 與(여):~와 더불어/전치사. 다음에 商, 또는 인칭 대명사 女가
  생략되었다.
- 詩:논어에서 詩는 시경(詩經)을 말한다.
- 已矣:강한 긍정의 어기로써 이미 발생하였거나 새로운 상황이
  발생할 가능성이 있음을 나타내는 종결사.


모든 일은 바탕素이 있고 난 후後이구나.
스승과 제자가 서로서로 교학상장教學相長이네.

## 3. 八佾篇. 9章

子曰 "夏禮吾能言之, 杞不足徵也, 殷禮吾能言之,
宋不足徵也. 文獻不足故也. 足則吾能徵之矣."

자왈 "하례오능언지, 기부족징야, 은례오능언지, 송부족징야. 문헌부족고야. 족즉오능징지의."

자왈 "하나라의 예는 내가 말할 수 있지만, 〈하나라의 후손인〉
기나라는 증명하기에 부족하며, 은나라의 예는 내가 말할 수 있지
만, 〈은나라의 후손인〉송나라는 증명하기에 부족하다. 문헌이
부족한 까닭이다. 〈문헌이〉충분하다면 내가 증명할 수 있을
것이다."

杞:나라이름기 徵:부를징/증명할징 殷:성할은/은나라은 宋:성씨송/송나라송
獻:드릴헌/문헌헌 故:연고고

### 문법(文法)적 해석

1) 夏(하):순(舜)임금으로부터 나라를 물려받은 우(禹)임금은 홍수를
   잘 다스렸고, 하(夏, BC 2070년경 ~ BC 1600년)나라를 세웠으며,
   중국 역사상 첫 왕조이다.
2) 杞(기):夏(하)나라가 망하고 殷나라가 세워지면서 선왕의 제사를
   지내기 위해 夏왕조의 자손, 동루공(東樓公)이 봉해진 나라이다.
3) 殷(은):시조 성탕(成湯)이 하나라 걸왕을 쳐서 새 왕조를 건국한 후
   상(商)이라 하였고, 10대에 수도를 은(殷)으로 천도하면서 국호를
   은(殷)이라 칭하게 되었다. 그래서 상(商) 또는 은(殷)나라라고 한다.
4) 宋(송):殷(은)나라가 망하고 周(주)나라가 세워지면서 선왕의 제
   사를 지내기 위해 殷왕조의 자손, 미자(微子)가 봉해진 나라이다.
5) 足則吾能徵之矣:〈문헌이〉충분하다면 내가 증명할 수 있을 것이다.
   - 則:~하면/가정, 조건의 접속사.
   - 徵(징):증명하다, 증거를 대다.

문헌文獻만 있었다면 시간, 공간을 초월할 수 있는 공자였다.
공자님의 도道는 아마도 일이관지一以貫之였구나.

## 3. 八佾篇. 10章

# 子曰 "禘, 自旣灌而往者, 吾不欲觀之矣."

자왈 "체, 자기관이왕자, 오불욕관지의."

자왈 "체 제사〈를 지낼 때〉, 〈술을 땅에 부으며 신의 강림을 청하는〉
강신제가 끝나고부터 이후의 것은, 나는 보고 싶지 않다."

禘:제사체  旣:이미기/끝날기  灌:강신제지낼관

## 문법(文法)적 해석

1) 禘(체):시조에게 제사 지내는 나라의 큰 제사이며, 천자만이 지낼
   수 있는데 성왕(成王)이 魯나라 시조인 주공(周公)에게 큰 공로가
   있다 하여 魯나라에게 체제사를 허락하였다. 그리하여 주공(周公)의
   묘(廟)에 체제사를 지낼 수 있었으나, 예(禮)가 아니었다.
2) 自旣灌而往者:〈술을 땅에 부으며 신의 강림을 청하는〉 강신제가
   끝나고부터 이후의 것은,
   - 自:~부터, ~에서/전치사. 동작이나 행위가 발생하는 장소, 기점,
     방위 등을 나타낸다.
   - 旣:끝나다, 끝내다, 다하다, 마치다/동사.
   - 而往:~이후/접속사로써 而(以)後와 같다.
   - 者:의존명사(불완전명사) 또는 특수 지시대명사로 앞 문장를
     취해서 명사구가 되며, '~하는 사람, ~하는 것'으로 해석한다.
3) 吾不欲觀之矣:나는 보고 싶지 않다.
   - 노나라의 체제사는 예(禮)가 아니며 공자가 마땅해하지
     않으셨고, 예식만 끝나면 사람들이 성의가 없었으므로 이렇게
     탄식을 하였다.
   - 矣:서술, 단정 종결사로써 '확신'을 나타낸다.


공자께서도 예禮가 아니지만 어쩔 수 없이 할 수 밖에 없는 일禘이
있었구나.

## 3. 八佾篇. 11章

或問禘之說, 子曰 "不知也.
知其說者之於天下也, 其如示諸斯乎!" 指其掌.

혹문체지설, 자왈 "부지야. 지기설자지어천하야, 기여시저사호!" 지기장.

어떤 사람이 체제사의 이론(내용)을 묻자, 자왈 "알지 못합니다.
그 이론(내용)을 아는 자는 천하에 있어서(는) 아마도 여기에
이것을 보여주는 것과 같을 것이오!" 하시며, 자신의 손바닥을
가리키셨다.

示:보일시 指:가리킬지 掌:손바닥장

### 문법(文法)적 해석

1) 或問禘之說:어떤 사람이 체제사의 이론(내용)을 묻자,
 - 或(혹):어떤 이(사람, 자), 특정 대상을 가리키지 않고 막연한
   사람을 가리킨다/부정칭 인칭대명사.
 - 說(설):이론, 학설, 내용/명사.
2) 不知也:알지 못합니다.
 - 천자가 아니면 체제사를 지낼 수 없는데 노(魯)나라에서도
   마땅히 지내지 말아야 하거늘, 그리하여 공자께서 모른다고
   한 것이다.
3) 知其說者之於天下也:그 이론(내용)을 아는 자는 천하에 있어서(는)
 - 其:그(것)/지시 대명사.
 - 者:의존명사(불완전명사) 또는 특수 지시대명사로 앞 문장을
   취해서 명사구가 되며, '~하는 사람, ~하는 것'으로 해석한다.
 - 之:~가(이), ~은(는)/주격 후치사.
 - 於:~에/보어와 목적어 앞에 위치하며, 처소, 장소의 전치사이다.
 - 也:~가(이), ~은(는)/주격 후치사.
4) 其如示諸斯乎!:아마도 여기에 이것을 보여주는 것과 같을 것이오!
 - 其:아마도/추측을 나타내는 부사.
 - 如(여):~와 같다/비교 형용사로써 뒤 문장 전체가 보어절이다.

- 示:보여주다, 보이다, 보다, 알리다.
- 諸(저):'之於'이고, 여기서 之는 일반적인 사물을 나타낸다고
  할 수 있다.
- 斯(사):이, 이것, 여기/지시대명사로써 '其掌'를 가리킨다.
- 乎:추측을 나타내는 부사인 '其, 或' 등과 추측의 어기를 돕는
  종결사이다.
5) 指其掌:자신의 손바닥을 가리키셨다.
- 其:그, 자기, 자기 자신/3인칭 대명사.


공자께서도 모르시는 것不知이 있었단 말인가?
말씀하시기 싫으시면 싫다고 하시지, 손바닥掌을 보여주시며
천하天下가 어떻고 저떻고 하셨구나.

## 3. 八佾篇. 12章

# 祭如在, 祭神如神在. 子曰 "吾不與祭, 如不祭."

제여재, 제신여신재. 자왈 "오불여제, 여부제."

제사는 〈선조가 앞에〉 계신 것과 같이 하고, 〈다른〉 신에게
제사는 그 신이 〈앞에〉 계신 것과 같이 한다. 자왈 "내가
제사에 참여하지 않으면, 제사를 지내지 않은 것과 같다."

**祭**:제사제 **神**:귀신신/신령신 **與**:참여할여

## 문법(文法)적 해석

1) 祭如在, 祭神如神在:제사는 〈선조가 앞에〉 계신 것과 같이 하고,
   〈다른〉 신에게 제사는 그 신이 〈앞에〉 계신 것과 같이 한다.
   - 祭(제):(조상에게) 제사, 제사를 지내다.
   - 如:~와 같다, ~듯 하다/비교 형용사로써 보어 '在'를 취한다.
   - 祭神(제신):(조상, 선조 외에) 다른 신에게 제사를 지는 것이다.
2) 吾不與祭, 如不祭:내가 제사에 참여하지 않으면, 제사를 지내지
   않은 것과 같다.
   - 앞 절(조건절) 부정, 뒤 절(결과절) 부정의 형태로, '~ 하지 않으면,
   ~ 하지 않는다.'로 해석한다.
   - 與:참여하다, 관여하다.
   - 祭:앞의 '祭'는 명사로 보어로 쓰였고, 뒤의 '祭'는 동사로 '제사를
   지내다'로 해석한다.


지금은 제사祭를 간소화하거나 지내지 않는 사람들이 많다.
제사를 안 지내면不祭 선조님, 조상님들이 서운해하실까요?

## 3. 八佾篇.13章

# 王孫賈問曰 "與其媚於奧, 寧媚於竈, 何謂也?"
# 子曰 "不然. 獲罪於天, 無所禱也."

왕손가문왈 "여기미어오, 녕미어조, 하위야?" 자왈 "불연. 획죄어천, 무소도야."

왕손가가 물었다. "아랫목〈신〉에게 아첨하기(잘 보이기)보다,
차라리 부엌〈신〉에게 아첨하는(잘 보이는) 것이 낫다는 것은,
무엇을 말하는 것입니까?" 자왈 "그렇지 않습니다. 하늘에서
죄를 얻으면, 빌 곳이 없습니다."

賈:값가 媚:아첨할미 奧:아랫목오 寧:차라리녕 竈:부엌조 獲:얻을획
罪:허물죄/죄죄 禱:빌도

## 문법(文法)적 해석

1) 王孫賈(왕손가):위(衛)나라 영공(靈公) 때 대부(大夫)로 왕손이
   성이고, 가는 이름이다.
2) 與其媚於奧, 寧媚於竈:아랫목〈신〉에게 아첨하기(잘 보이기)보다,
   차라리 부엌〈신〉에게 아첨하는(잘 보이는) 것이 낫다는 것은,
   - 與其~, 寧~:~하기보다 차라리 ~하는 것이 낫다/선택형 비교이며,
   與其는 접속사로써 단문을 연결시키는 역할을 하며, 두 상황 중
   에서 선택하는 것을 나타낸다.
   - 媚(미):잘 보이다, 아첨하다, 비위를 맞추다.
   - 奧(오):방의 서남쪽 모퉁이로써 고대에 제사를 지낼 때 신주
   (神主)를 놓거나, 가장 윗사람이 있는 곳을 뜻하는데 여기서는
   '위령공(衛靈公)'을 의미한다.
   - 寧(녕):차라리 ~ 하는 것이 낫다/선택을 나타내는 접속사이다.
   - 竈(조):부엌을 맡은 신(神)을 가리킨다. '부엌의 신, 조왕신' 등
   으로 해석하는데 여기서는 '왕손가' 자신을 의미한다.
3) 何謂也?:무엇을 말하는 것입니까?
   - 何謂:의문사가 동사의 목적어일 경우에 동사 앞으로 도치된다.
4) 不然:그렇지 않습니다.

- 然:그러한(하다), 그처럼, 그렇게/상황이나 성질, 상태 등을 대신
  나타내는 대명사이다.
5) 獲罪於天:하늘에서 죄를얻으면,
- 於:~에/보어와 목적어 앞에 위치하며, 처소, 장소의 전치사이다.
6) 無所禱也:빌 곳이 없습니다.
- 無:존재동사로써, '所禱'을 보어로 취하며, 보어를 주어처럼
  해석한다.
- 所:~바(것)/所+술어가 오며, 불완전명사(의존명사) 또는
  특수 지시대명사이다.


왕손가는 부드럽게 그리고 은근히 비유해서 말하였거늘,
공자께서는 너무 직설적으로 그리고 까칠하게 대답하셨구나.
"그렇지 않습니다不然." 과연 왕손가가 그 뜻不然을 몰랐을까?

[ 媚, 不然 ]
아첨        그렇지 않습니다.

## 3. 八佾篇. 14章

# 子曰 "周監於二代, 郁郁乎文哉! 吾從周."

자왈 "주감어이대, 욱욱호문재! 오종주."

자왈 "주나라는 〈하나라, 은나라〉이 대(두 나라)를 본받아,
빛나구나 문화가(문화여)! 나는 주나라를 따르겠다."

監:볼감  郁:성할욱/빛날욱

## 문법(文法)적 해석

1) 周監於二代:주나라는 〈하나라, 은나라〉이 대(두 나라)를 본받아,
   - 周(주):무왕이 은나라를 멸망시키고 호경에 수도로 하여 세운
     나라이다.(BC 1046년)
   - 監(감):본받다, 귀감으로 삼다, 거울삼다.
   - 於:~을(를)/일반적으로 타동사 뒤에는 전치사가 놓이지 않으나,
     놓이는 경우에 목적어로 해석한다.
2) 郁郁乎文哉!:빛나구나 문화가(문화여)!
   - '文哉郁郁乎'가 도치된 감탄문이며, 주어와 술어의 도치이며,
     주로 감탄문과 의문문에서 이루어진다.
   - 郁(욱):빛나다, 찬란하다, 화려하다.
   - 乎:~이구나/감탄의 어기를 나타내는 감탄 종결사이다.
   - 哉:~이여, 로구나/감탄문의 끝에 쓰여 찬양, 비통, 감개 등의
     어기를 나타내는 감탄 종결사이다.
3) 吾從周:나는 주나라를 따르겠다.
   - 吾:나, 우리, 우리들/1인칭 대명사로서 주어, 관형어, 목적어로
     쓰인다.
   - 從(종):따르다, 좇다, 따르게 하다.


주나라뿐만 아니라 하나라와 은나라의 문화까지
두루 섭렵하신 공자께서 더욱 빛나십니다 郁郁乎!

# 子入大廟, 每事問. 或曰 "孰謂鄹人之子知禮乎? 入大廟, 每事問." 子聞之曰 "是禮也."

자입태묘, 매사문. 혹왈 "숙위추인지자지례호? 입태묘, 매사문." 자문지왈 "시례야."

공자께서 태묘에 들어가 매사를 물으셨다. 어떤 이가 말하기를 "누가 추 〈땅〉 사람의 아들이 예를 안다고 말하였는가? 태묘에 들어가 매사를 묻는구나." 공자께서 들으시고 말씀하시기를 "〈이것이〉 바로 예이다."

大:큰대/클태  廟:사당묘  每:매양매  孰:누구숙  鄹:나라이름추

## 문법(文法)적 해석

1) 子入大廟, 每事問:공자께서 태묘에 들어가 매사를 물으셨다.
 - 入:~에 들어가다.
 - 大廟(태묘):노(魯)나라 시조인 주공(周公)의 사당이다.
   대(大)는 태(太)와 통용되어 '태'로 읽는다.
 - 每事問(매사문):모든 일을 물으셨다/목적어를 강조하기 위해
   도치된 것으로 每는 대명사로써 '매, 모든' 등으로 해석한다.
2) 孰謂鄹人之子知禮乎?:누가 추 〈땅〉 사람의 아들이 예를 안다고
   말하였는가?
 - 孰:누구(가)/의문 대명사.
 - 謂:~을 말하다로, '鄹人之子知禮'가 목적절이다.
 - 鄹人之子(추인지자):추(鄹)땅 사람의 아들은 공자를 말한다.
   추는 노나라의 읍이름으로 공자의 아버지 숙량흘(叔梁紇)이 이 읍의
   대부였기 때문에 공자를 이렇게 부른 것이다. 공자를 낮추는
   의미가 담겨 있다.
 - 之:~의/관형격 후치사.
 - 乎:의문의 어기를 나타내는 의문 종결사.
3) 是禮也:〈이것이〉 바로 예이다.
 - 是:연계동사로 '~이다'의 뜻이며, 지시대명사로써 주어인 '이것이'의

뜻이 아니다. 주어는 문맥상 앞 문장이므로 굳이 써주지 않아도
된다. 다만, 우리말로 옮기는 과정에서는 우리말의 어감에 맞게
'이것이'란 주어를 붙여준 것 뿐이며, "바로 예이다."로 해석할 수 있다.
是가 지시대명사로 쓰일 경우에 문장의 주어로는 거의 쓰지 않고,
주로 목적어로서의 지시대명사로 사용된다. 주어로 쓰이는 지시
대명사는 주로 此가 쓰이고, 是는 쓰이지 않는다.
4) 주희(朱熹)는 "공자께서 '이것이 예(禮)라는 것이다.'라고 말씀하신
것은 공경과 삼가함이 지극한 것이 바로 예를 행하는 이유이다."
라고 하였다.


예禮, 참 힘드는구나. 매번 알면서도 물어야만 하는가每事問?
그리고 모든 일에 물어야問만 하는가?
아, 태묘大廟에 들어갈 때만 알면서도 물으면問 됩니다.

每事問
매사
알면서도
물어야 하는 가?

## 3. 八佾篇. 16章

# 子曰 "射不主皮, 爲力不同科, 古之道也."

자왈 "사부주피, 위력부동과, 고지도야."

자왈 " 활쏘기가 〈과녁의〉가죽〈뚫기〉에 주력한 것이 않는 것은,
힘씀에 등급이 같지(동등하지) 않았기 때문이니, 〈이것이〉
옛날의 〈활 쏘는〉 도이다."

射:쏠사  皮:가죽피  科:과목과/등급과

## 문법(文法)적 해석

1) 射不主皮:활쏘기가 〈과녁의〉가죽〈뚫기〉에 주력한 것이 않는 것은,
 - 主(주):주력하다, 위주로 하다, 중시하다, 으뜸으로 삼다.
 - 皮(피):가죽, 과녁, 과녁에 있는 가죽.
2) 爲力不同科:힘씀에 등급이 같지(동등하지) 않았기 때문이니,
 - 爲:~때문에/전치사로써, 동작이나 행위가 발생한 원인을 나타낸다.
 - 同(동):특수형용사로써 술어로 쓰이는 경우에 보어 '科'를 취하며
   주어처럼 해석한다.
 - 科(과):등급, 부류.


활을 쏘아射 명중하기도 힘드는데 힘力 조절까지,
도道, 너무 힘들고 어렵습니다.

### 3. 八佾篇.17章

# 子貢欲去告朔之餼羊.
# 子曰"賜也, 爾愛其羊, 我愛其禮."

자공욕거곡삭지희양. 자왈 "사야, 이애기양, 아애기례."

자공이 초하룻날에 〈태묘에〉 청하는(청하면서 바치는)
희생양을 없애려고 하자, 자왈 "사야, 너는 그 양을 아끼느냐,
나는 그 예를 아낀다."

告:고할고/청할곡　朔:초하루삭　餼:보낼희/희생희

## 문법(文法)적 해석

1) 子貢欲去告朔之餼羊:자공이 초하룻날에 〈태묘에〉 청하는
   (청하면서 바치는) 희생양을 없애려고 하자,
   - 去(거):버리다, 없애다/동사.
   - 告(곡):청(請)하다, 뵙고 청(請)하다, 알리다(고).
   - 告朔(곡삭):매월 초하루에 사당에 제사를 지내며 그 달의 할 일이
     담긴 달력을 청하는 의식이다. 노(魯)나라는 문공(文公) 때부터
     초하루를 알리는 의식은 폐지했지만 양을 바치는 일은 계속 했다.
   - 之:관형격 후치사로, 수식어가 '동사(구)'이면, 해석은 '~(하)는,
     ~한'으로 한다. 그래서 '告朔之'를 '초하룻날에 청하는'으로 해석한다.
   - 餼羊(희양):희생물로 쓰는 양을 말한다.
2) 賜也, 爾愛其羊:사야, 너는 그 양을 아끼느냐,
   - 也:호격(呼格) 후치사다.
   - 爾:너, 汝(여)와 같다/2인칭 대명사.
   - 愛:아끼다, 아까워하다, 아깝게 여기다.

양羊이 무슨 죄가 있다고 죽이고 살리고 하는지?
하지만 형식이 중요할 때도 있으며 형식 자체가 예禮일 때도 있구나.
죽이지도 살리지도 않으면서 예禮를 행할 수는 없는 것일까?

### 3. 八佾篇. 18章

# 子曰 "事君盡禮, 人以爲諂也."

자왈 "사군진례, 인이위첨야."

자왈 "임금을 섬김에 예를 다하니까, 사람들은 아첨한다고 여긴다."

事:섬길사  盡:다할진  諂:아첨할첨

## 문법(文法)적 해석

1) 事君盡禮:임금을 섬김에 예를 다하니까,
  - 事(사):섬기다, 모시다, 받들다.
  - 盡(진):다하다, 진력하다.
2) 人以爲諂也:사람들은 아첨한다고 여긴다.
  - 以爲:~라고 여기다, ~라고 생각하다, ~로 삼다.
  - 諂(첨):아첨(阿諂)하다, 알랑거리다, 비위를 맞추다.

섬김事에 아첨諂 하는 것과 아첨諂 하지 않는 것의 차이는 무엇일까? 섬기고 난 뒤에 바라는 것欲, 아무 것도 바라지 않는 것不欲이 아닐까?

## 3. 八佾篇.19章

# 定公問 “君使臣, 臣事君, 如之何?”
# 孔子對曰 “君使臣以禮, 臣事君以忠.”

정공문 “군사신, 신사군, 여지하?” 공자대왈 “군사신이례, 신사군이충.”

정공이 물었다. “임금이 신하를 부리며, 신하가 임금을 섬기는
일은, 어떻게 합니까?” 공자께서 대답하셨다. “임금은 예로써
신하를 부리고, 신하는 충으로써 임금을 섬겨야 합니다.”

**使:부릴사 事:섬길사 對:대답할대**

## 문법(文法)적 해석

1) 定公(정공):노(魯)나라의 임금(BC 509~BC 495)으로서 이름은
   송(宋)이고, 소공(昭公)의 동생이다.
2) 君使臣, 臣事君, 如之何?:임금이 신하를 부리며, 신하가 임금을
   섬기는 일은, 어떻게 합니까?
   - 使:부리다, 시키다/(타)동사이며, 주로 보조사로 쓰이지만,
     뒤에 술어가 아닌 목적어(명사/명사구)가 오면 타동사가 된다.
   - 如 ~ 何:관용어로서 술어로는 '~는 어떻게 할 것인가?', 부사어로
     '어찌, 어떻게'로 해석한다.
   - 之:'君使臣, 臣事君'을 가리킨다.
3) 君使臣以禮:임금은 예로써 신하를 부리고,
   - 以:~로써/수단, 방법을 나타내는 전치사이며, 전치사를 수반한
     부사구는 문구 뒤에 오는 경우가 많다.

임금은 예禮가 아닌 충忠으로써, 신하는 충忠이 아닌 예禮로써
한다면 어떻게 될까? 그러면 세상이 뒤집히는가?

## 3. 八佾篇. 20章

# 子曰 "關雎, 樂而不淫, 哀而不傷."

자왈 "관저, 낙이불음, 애이불상."

자왈 "〈시경의〉 관저는 즐거우면서도 지나치지 않고,
슬프면서도 〈마음을〉 해치지 않는다."

**關**:관계할관 **雎**:물수리저 **淫**:음란할음/지나칠음 **傷**:다칠상/해칠상

### 문법(文法)적 해석

1) 關雎(관저):시경의 국풍(國風) 중에 주공(周公)이 남쪽에서 모은
   노래인 주남(周南)의 첫 번째 작품명이다. 즉 시경의 맨 첫 번째
   작품명이며 관저(關雎)는 물수리로 물에 사는 수리이며 일명 왕저
   (王雎)라고도 한다. 비파나 북이 나오는 것으로 보아 일반 서민이
   아닌 귀족의 젊은이가 아가씨를 그리워하는 노래이다.
2) 樂而不淫, 哀而不傷:즐거우면서도 지나치지 않고, 슬프면서도
   〈마음을〉 해치지 않는다.
   - '樂而不淫, 哀而不傷'는 관저(關雎) 내용에 대해 공자가 평을 한
     것이지, 관저에 나오는 문장이 아니다.
   - 而:그러나, 그런데/역접 접속사이며, 해석하지 않아도 된다.
   - 淫(음):지나치다, 과도하다, 지나치게 빠지다/형용사.
   - 傷(상):해(害)가 되다, 상처를 입히다, 다치다, 상하다.

시경詩의 첫 작품인 '관저'關雎는
젊은이가 아가씨를 그리워하는 노래이다.
그리워하면서 지나치지 않고, 슬퍼하면서도 마음이 다치지 않을
수가 있을까?

## 3. 八佾篇. 21章

哀公問社於宰我. 宰我對曰 "夏后氏以松,
殷人以柏, 周人以栗, 曰使民戰栗."
子聞之曰 "成事不說, 遂事不諫, 既往不咎."

애공문사어재아. 재아대왈 "하후씨이송, 은인이백, 주인이률, 왈사민전률."
자문지왈 "성사불설, 수사불간, 기왕불구."

애공이 재아에게 사에 대해 물었다. 재아가 대답하였다.
"하나라 왕조는 소나무를 썼고, 은나라 사람들은 잣나무를
썼고, 주나라 사람들은 밤나무를 썼습니다. 〈밤나무를 사용한
이유는〉 백성들로 하여금 전율하게 하려는 것이었습니다."
공자께서 이를 들으시고 말씀하셨다. "이루어진 일은 말하지
않으며, 끝난 일은 간하지 않으며, 이미 지나간 일은 꾸짖지
않는다."

社:토지신사 宰:재상재 后:임금후 柏:측백나무백/잣나무백 栗:밤률(율)/두려워할률(율)
戰:싸움전/두려워할전 遂:끝날수/드디어수 諫:간할간 咎:허물구/꾸짖을구

## 문법(文法)적 해석

1) 哀公(애공):노(魯)나라의 임금(BC 494 ~ BC 468년)으로 성은
   희(姬), 이름은 장(蔣), 애는 시호(諡號)이며 정공(正公)의 아들이다.
2) 社(사):토지를 관장하는 신, 지신(地神)을 제사 지내는 곳이다.
   여기서는 지신의 신주(神主), 즉 사주(社主)를 말하며, 제사를
   지낼 때 나무로 만든 신주를 사용하였다. 삼 대의 사(社)가 똑같지
   않은 것은 각각 그 토질에 적당한 나무를 심었기 때문이다.
3) 宰我(재아):노(魯)나라 사람으로 공자의 제자이며, 성은 재(宰),
   이름은 여(予), 자는 자아(子我)이다. 자공과 더불어 언변에
   뛰어났다.
4) 夏后氏以松:하나라 왕조는 소나무를 썼고,
   - 夏后氏(하후씨):하나라 왕조를 말하며, 은나라 사람들(殷人),

주나라 사람들(周人)이라고 한 것과 달리 '夏后氏'라고 한 것은
하나라를 특별히 높인 것이다.

- 以:쓰다, 사용하다, 하다, 행하다/동사.

5) 曰使民戰栗:백성들을 전율하게 하려는 것이었습니다.

- 曰:~이다/주어와 보어(구/절) 사이에 놓여 연결하는 역할을 하는
  연계동사이다.

- 使(사):~로 하여금 ~하게 하다/사동 보조사.

- 戰栗(전률):전율하다, 부들부들 떨다/동사. 옛날에는 각각 토질에
  적당한 나무를 심었고, 나무로써 뜻을 취한 것은 아니었는데 전율
  (戰慄)의 慄과 栗이 발음이 같기에 재아가 임의로 해석한 것이다.

6) 成事不說, 遂事不諫, 旣往不咎:이루어진 일은 말하지 않으며, 끝난
   일은 간하지 않으며, 이미 지나간 일은 꾸짖지 않는다.

- 모두 뜻이 유사하며, 차례로 말씀하시어 깊이 꾸짖으신 것이다.

- 遂(수):끝나다, 다하다, 이루다, 성취하다.

- 咎(구):꾸짖다, 책망(責望)하다.

- 주희(朱熹)에 따르면 "재아(宰我)가 알지 못하면서 함부로 대답
  하였고, 그러므로 부자(夫子)께서 꾸짖으신 것이다."라 하였다.


공문십철孔門十哲의 제자 중에 언어言語에 재아宰我.
말 잘하는 것은 그 스승에 그 제자이다.
不說, 不諫, 不咎. 이보다 더한 꾸짖음이 있을까?

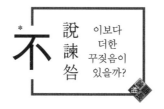

* 不
說諫咎   이보다
         더한
         꾸짖음이
         있을까?

## 3.八佾篇.22章

子曰 "管仲之器小哉!" 或曰 "管仲儉乎?"
曰 "管氏有三歸, 官事不攝, 焉得儉?" "然則
管仲知禮乎?" 曰 "邦君樹塞門, 管氏亦樹塞門,
邦君爲兩君之好, 有反坫, 管氏亦有反坫.
管氏而知禮, 孰不知禮?"

**자왈 "관중지기소재!" 혹왈 "관중검호?" 왈 "관씨유삼귀, 관사불섭, 언득검?" "연즉관중지례호?"
왈 "방군수색문, 관씨역수색문, 방군위양군지호, 유반점, 관씨역유반점. 관씨이지례, 숙부지례?"**

자왈 "관중의 그릇이 작구나!" 어떤 이가 말하였다. "관중은
검소했습니까?" 자왈 "관씨는 삼귀가(세 곳의 돌아갈 곳이)
있었고, 가신의 일은 〈가신의 수가 많아〉 겸하지 않았는데,
어찌 검소하다고 할 수 있는가?" 〈어떤 이가 말하였다.〉
"그러면 관중은 예를 알았습니까?" 자왈 "나라의 임금이(라야)
대문을 가리는 벽을 세웠는데, 관씨 또한 대문을 가리는 벽을
세웠고, 나라의 임금이(라야) 두 나라 임금의 우호를 위해
술잔을 되돌려 놓는 자리(잔대)를 두는데, 관중 역시 술잔을
되돌려 놓는 자리(잔대)를 두었다. 관씨가 예를 안다면, 누가
예를 알지 못하겠는가?"

**管:대롱관 儉:검소할검 歸:돌아갈귀 攝:다스릴섭/겸할섭 樹:나무수/세울수
塞:막을색 反:돌이킬반 坫:잔대점**

### 문법(文法)적 해석

1) 管仲之器小哉!:관중의 그릇이 작구나!
   - 管仲:제(齊)나라 대부(大夫)로 이름은 이오(夷吾), 자는 경중(敬仲)
     이다. 제환공(齊桓公)을 도와 제후의 패자(覇者)가 되게 하였다.
     공자는 그의 공적은 높이 평가했지만 사람됨은 별로 대단치 않게
     생각한다. (약 BC 723년, 혹은 BC 716년 ~ BC 645년 추정)
   - 哉:~(로)구나/감탄문의 끝에 쓰여 찬양, 비통, 감개 등의 어기를

나타내는 감탄 종결사이다.

2) 管氏有三歸:관씨는 삼귀가(세 곳의 돌아갈 곳이) 있었고,
- 三歸:세 성(姓)씨의 여자에게 장가든 것이라고도 하고, 지명으로도 보았고, 주희(朱熹)는 대(臺)의 이름으로 보았다. 집이 세 곳이라서 돌아갈 곳이 세 곳이나 있었을 만큼 사치스러웠다는 의미로 해석할 수 있다.

3) 官事不攝:가신의 일은 〈가신의 수가 많아〉겸하지 않았는데,
- 官事(관사):'관직'을 의미하는데, 즉 가신이 맡은 일을 말한다.
- 不攝(불섭):'겸하지 않다'의 뜻이다.
- 경대부의 가신은 한 사람이 몇 가지 일을 겸하는데 관중은 그렇지 않았으니 모두 그 사치함을 말한 것이라 할 수 있다.

4) 焉得儉:어찌 검소하다고 할 수 있는가?
- 焉(언):어찌/의문 부사.
- 得(득):~할 수 있다/가능 보조사.

5) 然則:그러면, 그렇다면/순접 접속사.

6) 邦君樹塞門:나라의 임금이(라야) 대문을 가리는 벽을 세웠는데,
- 邦君(방군):나라의 임금.
- 樹(수):세우다, 막다, 담을 쌓다.
- 塞門(색문):고대 제후들이 사용하던 '대문을 가리는 벽'으로써 밖에서 대문 안이 들여다보이지 않도록 벽을 세웠다.

7) 邦君爲兩君之好, 有反坫:나라의 임금이(라야) 두 나라 임금의 우호를 위해 술잔을 되돌려 놓는 자리(잔대)를 두는데,
- 爲:~위해, ~위하여/전치사.
- 好(호):우호, 우의, 친선의 정.
- 反坫(반점):술을 마시고 술잔을 그 위에 되돌려 놓는 자리, 잔대이다.

8) 管氏而知禮, 孰不知禮?:관씨가 예를 안다면, 누가 예를 알지 못하겠는가?
- 而:(만일, 만약) ~하면/단문을 연결시키는 역할을 하며, 가설을 나타내는 가정 접속사이다.
- 孰:누구(가)/의문 대명사.

관포지교管鮑之交의 사귐일지언정, 관중管仲에 대한 공자의 평가는 냉정하면서도 잘못한 것과 아닌 것은 아니구나.管仲之器小哉!

## 3. 八佾篇. 23章

子語魯大師樂曰 "樂其可知也. 始作, 翕如也,
從之, 純如也, 皦如也, 繹如也, 以成."

자어노태사악왈 "악기가지야. 시작, 흡여야, 종지, 순여야, 교여야, 역여야, 이성."

공자께서 노나라 태사에게 음악을 말씀하셨다. "음악은 알  수
있다. 연주하기를 시작할 때는 〈여러 소리가〉 합한 듯 하고,
따를 때는(풀어놓을 때는), 순수한 듯 화합하여 조화를 이루며,
〈음이〉 또렷하고 분명하면서, 이어지다가 〈한 곡이〉 완성되는
것이지요(끝나지요)."

作:지을작/연주할작  翕:합할흡  從:따를종/풀어놓을종  純:순수할순
皦:또렷할교/분명할교  繹:풀역/이을역

### 문법(文法)적 해석

1) 子語魯大師樂:공자께서 노나라 태사에게 음악을 말씀하셨다.
  - 語(어):~에게 ~을 말하다/고시(告示)동사이며, 간접목적어와
    직접목적어를 취한다.
  - 大師(태사):음악을 관장하는 관리이며, '大'는 태(太)와 같이
    '태'로 읽으며, 주로 장님이다.
2) 樂其可知也:음악은 알 수 있다.
  - 其:문장의 중간에 쓰여 어기를 완만하게 해주며 해석하지 않는
    어조사, 즉 주격 후치사다.
  - 可:~할수 있다/가능 보조사. 可以와 같다.
3) 始作, 翕如也:연주하기를 시작할 때는 〈여러 소리가〉 합한 듯 하고,
  - 始(시):시작(始作)하다.
  - 作(작):연주하다.
  - 始作(시작):연주하기를 시작하다/동사가 연속 이어지는 연동사
    (連動詞)로 앞의 동사가 문장의 본동사이다.
  - 翕如(흡여):여러 악기의 소리가 일제히 울려 나는 모양이며
    즉 합한 듯 하고, 如는 모양이나 상태를 나타내는 의태어로써

형용사 접미사이다.
4) 從之, 純如也:따를 때는(풀어놓을 때는), 순수한 듯 화합하여
   조화를 이루며,
   - 從(종):풀어놓다, 놓아주다, 내보내다/동사.
   - 純(순):순수한 듯 다양한 소리가 화합하여 조화를 이루다.
5) 皦如也, 繹如也, 以成:〈음이〉 또렷하고 분명하면서, 이어지다가
   〈한 곡이〉완성되는 것이지요(끝나지요).
   - 皦(교):또렷하면서 분명하다.
   - 繹(역):소리가 끊기지 않고 이어지다.
   - 以:명사절 다음에 이가 오면 '~하면서'의 뜻으로, 접속사로 사용되어
     而(그래서)와 유사하며, 굳이 우리말로 해석하지 않아도 된다.


공자께서는 음악樂에도 대단한 능력을 갖고 있었구나.
일이관지一以貫之의 힘, 무섭고 대단합니다.

하나로써 모든 것을 꿰뚫다.

## 3. 八佾篇. 24章

儀封人請見曰 "君子之至於斯也,
吾未嘗不得見也." 從者見之.
出曰 "二三子何患於喪乎?
天下之無道也久矣, 天將以夫子爲木鐸."

의봉인청현왈 "군자지지어사야, 오미상부득견야." 종자현지. 출왈 "이삼자하환어상호?
천하지무도야구의, 천장이부자위목탁."

의⟨땅⟩의 봉인이 뵙기를 청하면서 말하였다. "군자가 이곳에
오시면, 내가 일찍이 만나보지 못한 적이 없습니다."
종자(공자의 제자)가 뵙게 해주자, ⟨뵙고⟩ 나와서 말하였다.
그대들은 어찌 ⟨공자께서 벼슬⟩ 잃음을 걱정합니까? 천하에
도가 없어진 지가 오래되었습니다. 하늘은 장차 선생님을
목탁으로 삼으실 것입니다."

**儀**:거동의 **封**:봉할봉/경계봉 **見**:뵐현 **嘗**:일찍이상 **喪**:잃을상 **鐸**:방울탁

### 문법(文法)적 해석

1) 儀封人請見曰:의⟨땅⟩의 봉인이 뵙기를 청하면서 말하였다.
   - 儀(의):위(衛)나라의 읍 이름.
   - 封人(봉인):국경을 관장하는 관리이며, 아마도 어질면서 낮은
     벼슬 자리에 숨어 지내는 자일 것이다.
   - 請見(청현):뵙기를 청하다/동사가 연속 이어지는 연동사
     (連動詞)로 앞의 동사가 문장의 본동사이다.
   - 見(현):뵙다, 알현하다, 대면하다.
2) 君子之至於斯也:군자가 이곳에 오시면,
   - 之:~가(이), ~은(는)/주격 후치사.
   - 於:~에/보어와 목적어 앞에 위치하며, 처소, 장소의 전치사이다.
3) 吾未嘗不得見也:내가 일찍이 만나보지 못한 적이 없습니다.
   - 未嘗不:일찍이 ~하지 않은 적이 없다/嘗는 경험, 즉 과거의

시제를 나타내는 부사이며, '未~不'은 강조를 위한 이중부정이다.
4) 從者見之:종자(공자의 제자)가 뵙게 해주자,
  - 從者(종자):공자를 모시며 수행하던 제자들.
5) 二三子何患於喪乎?:그대들은 어찌 〈공자께서 벼슬을〉 잃음을
   걱정 합니까?
  - 二三子:그대들은, 너희들/2인칭 복수 대명사.
  - 何:어찌/의문 부사.
  - 於:~을(를)/일반적으로 타동사 뒤에는 전치사가 놓이지 않으나,
   놓이는 경우에 목석어로 해석한다.
  - 乎:의문, 반문의 어기를 나타내는 의문 종결사.
6) 天下之無道也久矣:천하에 도가 없어진 지가 오래되었습니다.
  - 之:~에(서)/주격 후치사지만, 존재동사 '無'로 인해 보어처럼
   해석한다.
  - 也:~가(이), ~은(는)/앞 절 마지막 부분에 놓이거나, 병렬 문장의
   끝에 놓여 잠시 쉬어감을 나타내는 주격 후치사로써 해석하지
   않아도 된다.
  - 矣:서술, 단정 종결사로써 '확신'을 나타낸다.
7) 天將以夫子爲木鐸:하늘은 장차 선생님을 목탁으로 삼으실
   것입니다.
  - 將:장차/차(且)와 함께 미래를 나타내는 시간 부사이다.
  - 以 ~爲 ~: ~을 ~로 삼다, ~을 ~라고 여기다, ~을 ~라고 생각하다.
  - 夫子(부자):대부(大夫) 이상이 되는 벼슬 자리에 있는 사람을
   칭하는 말로 쓰였으며, 공자가 노(魯)나라의 대부를 지냈기에
   그의 제자들이 공자를 대부(大夫)라고 했으며, 나중에는 제자가
   그 스승을 칭하는 말로 '선생님, 스승'으로 쓰였다.
  - 木鐸(목탁):옛날 관청에서 사람들의 주목을 끌기 위해 쓰였으며,
   천하의 도리를 깨우치게 하는 사람을 의미한다.


공자께서는 장차 목탁木鐸이라. 나무아미타불, 관세음보살!

## 3. 八佾篇. 25章

子謂韶, "盡美矣, 又盡善也."
謂武 "盡美矣, 未盡善也."

자위소 "진미의, 우진선야." 위무 "진미의, 미진선야."

공자께서 소〈순임금의 음악〉를 평하시기를, "지극히 아름답고
또 지극히 선하다."고 하셨고, 무〈왕의 음악〉를 평하시기를,
"지극히 아름답지만, 아직 지극히 선하지는 않다."고 하셨다.

**謂**:이를위/논평할위 **韶**:순임금음악소 **盡**:다할진/지극할진

### 문법(文法)적 해석

1) 子謂韶:공자께서 소〈임금의 음악〉를 평하시기를
   - 謂(위):말하다, 비평(批評)하다, 논평(論評)하다.
   - 韶(소):순(舜)임금의 음악이며, 요(堯)임금을 이어 왕위를 선양
     받아 훌륭한 정치를 하였고, 그리하여 천하를 얻었기에 음악의
     내용 또한 선하다고 하신 것이다.
2) 盡美矣, 又盡善也:극진히 아름답고 또 극진히 선하다.
   - 盡(진):지극히, 매우, 몹시/부사.
   - 美:소리와 모양의 성대함, 즉 형식의 아름다움이다.
   - 又:또. 또한/且와 같이, 구와 구, 절과 절을 연결하는 접속사.
   - 善:아름다움의 실제이며, 즉 내용의 아름다움이다.
3) 謂武:무〈왕의 음악〉를 평하시기를,
   - 武(무):주(周)나라 무왕(武王)의 음악이며, 은(殷)나라 주왕(紂王)을
     정벌하여 백성들을 구제하였으나, 무력에 의해서 천하를 얻었기에
     음악의 내용은 선하지 않다고 하신 것이다.

공자께서 소韶 음악이 극진히 아름답고美 선하였기善 때문에
제나라에서 배우는 3개월 동안 고기맛을 모르셨구나三月不知肉味.

## 3. 八佾篇.26章

# 子曰 "居上不寬, 爲禮不敬, 臨喪不哀, 吾何以觀之哉?"

자왈 "거상불관, 위례불경, 임상불애, 오하이관지재?"

자왈 "윗자리에 있으면서 너그럽지 않고, 예를 행하는데
공경스럽지 않으며, 상례에 임하여 슬퍼하지 않는다면,
내가 무엇으로써 〈이런 사람을〉 관찰하겠는가(살피겠는가)?"

寬:너그러울관  臨:임할임  喪:잃을상/상례상  觀:볼관

## 문법(文法)적 해석

1) 居上不寬:윗자리에 있으면서 너그럽지 않고,
 - 居(거):~있다, (처지에)놓여 있다.
 - 上:윗(자리)/명사로써 보어 역할을 한다.
 - 寬(관):너그럽다, 관대하다.
2) 爲禮不敬:예를 행하는데 공경스럽지 않으며,
 - 爲(위):爲+명사는 '~하다'로 해석하며, 목적어의 성격에 따라
   그 뜻을 적절하게 해석할 수 있다. '爲禮'은 예를 (행)하다.
3) 吾何以觀之哉:내가 무엇으로써 〈이런 사람을〉 관찰하겠는가
   (살피겠는가)?
 - 何以:무엇으로써/의문사가 전치사의 목적어로 도치된 것이다.
 - 觀(관):보는 것보다 좀 더 '자세히 관찰하다'의 의미다.
 - 哉(재):의문이라기보다는 '반문'을 뜻하는 반어 종결사이다.


윗上자리에서 너그럽지 않고, 상례喪에서 슬퍼하지 않는다.
아마도 공경敬이 빠진 예禮일 것이다. 곤경困에 빠진 예禮일 것이다.

不
說
諫
咎

이보다
더한
꾸짖음이
있을까?

# 里仁

4. 里仁篇

26章

## 4.里仁篇. 1章

# 子曰 "里仁爲美. 擇不處仁, 焉得知?"

자왈 "리인위미. 택불처인, 언득지?"

자왈 "마을이 〈마을의 풍속이〉 인한 것은 아름다운 것이다.
가려서 인에(인한 마을에) 거처하지 아니하면,
어찌 지혜롭다 할 수 있는가?"

**擇**:가릴택  **處**:곳처/거주할처  **焉**:어찌언

### 문법(文法)적 해석

1) 里仁爲美:마을이 〈마을의 풍속이〉 인한 것은 아름다운 것이다.
   - 爲:~이(하)다/연계동사로써 주어와 보어 사이에 놓여 이를 연결
     하는 역할을 하며, 형용사 '美'는 보어이며, 爲美는 '아름답다'의
     뜻을 나타낸다고 할 수 있다.
2) 擇不處仁:子가려서 인에(인한 마을에) 거처하지 아니하면,
   - 不:~면/부정 보조사 '不'로 인해, 이 절은 가정문이다.
   - 處(처):~에 거처하다, ~에 살다/동사.
3) 焉得知:어찌 지혜롭다 할 수 있는가?
   - 焉:어찌/의문 부사.
   - 得:~할 수 있다/가능 보조사.
   - 知:지혜롭다, 슬기롭다/형용사가 술어로 쓰였고 智의 의미이며,
     논어에는 智가 쓰이지 않지만, 맹자(孟子)에서 '지혜롭다'의
     의미는 知가 아니라 智가 쓰인다.

주위 환경 선택擇이 중요하구나.
주위 환경, 맹모삼천孟母三遷의 가르침이구나.

## 4. 里仁篇. 2章

# 子曰 "不仁者不可以久處約, 不可以長處樂.
# 仁者安仁, 知者利仁"

자왈 "불인자불가이구처약, 불가이장처락. 인자안인, 지자리인."

자왈 "인하지 못한 사람은 오랫동안 곤궁함에 처할 수 없으며,
오랫동안 즐거움에 처할 수 없다. 인한 사람은 인을 편안히
여기고, 지혜로운 사람은 인을 이롭게 여긴다."

久:오랠구  約:맺을약/곤궁할약  樂:즐길락

## 문법(文法)적 해석

1) 不仁者不可以久處約, 不可以長處樂:인하지 못한 사람은 오랫
   동안 곤궁함에 처할 수 없으며, 오랫동안 즐거움에 처할 수 없다.
   - 可以:~할 수 있다/가능 보조사.
   - 久(구), 長(장):오랫동안, 장구하게/의미상 시간을 나타내는
     자(字)가 술어 앞에 오면 부사가 된다.
   - 約(약):곤궁, 고생, 빈곤.
2) 仁者安仁, 知者利仁:인한 사람은 인을 편안히 여기고, 지혜로운
   사람은 인을 이롭게 여긴다."
   - 安, 利:편안히 여긴다, 이롭게 여긴다/전성동사.


우리는 인자仁者인가? 아니면 지자知者인가?
제대로 된 인자人者 라도 되면 좋으련만.

## 4.里仁篇. 3章

# 子曰 "惟仁者能好人, 能惡人."

자왈 "유인자능호인, 능오인."

자왈 "오직 인한 사람만이 사람을 〈제대로〉 좋아할 수 있고, 〈제대로〉 미워할 수 있다."

惟:오직유  惡:미워할오/악할악

## 문법(文法)적 해석

1) 惟仁者能好人:오직 인한 사람만이 사람을 〈제대로〉 좋아할 수 있고,
  - 惟(유):오직 ~만/가정 부사.
  - 能:~할 수 있다/가능 보조사.
2) 能惡人:〈제대로〉 미워할 수 있다.
  - 惡(오):미워하다.

오직 인자仁者만이 사람을 좋아할好 수 있고, 미워할惡 수 있다면 세상에 사람을 좋아할好 수도, 미워할惡 수도 있는 사람이 얼마나 될까요?

## 4.里仁篇. 4章

# 子曰 “苟志於仁矣, 無惡也.”

자왈 “구지어인의, 무악야.”

자왈 “진실로 인에 뜻을 두면, 악〈함〉이 없을 것이다.”

苟:진실로구/만약구

## 문법(文法)적 해석

1) 苟志於仁矣:진실로 인에 뜻을 두면,
   - 苟:진실로 ~면/가정, 조건의 부사.
   - 志於:~에 뜻을 두다/‘志’는 명사로는 ‘뜻’, 동사로는 於와 붙어서
     ‘~에 뜻을 두다’의 뜻이다.
   - 矣(의):문장의 중간이나 복문 앞쪽 단문의 끝에 쓰여 어기를 완화
     하는 역할을 하는 후치사이며, 해석하지 않아도 된다.
2) 無惡也:악〈함〉이 없을 것이다.
   - 無:~이 없다/존재동사로써, ‘惡’을 보어로 취하며,
     보어를 주어처럼 해석한다.
3) 주희(朱熹)에 따르면 “양시(楊時)는 ‘진실로 仁에 뜻을 두었지만
   반드시 지나친 행동이 없지는 않으나, 악(惡)을 행하는 일은 없을
   것이다.’ ”라고 하였다.

진실로 인仁에 뜻을 두면 악함惡이 없다.
인자무악仁者無惡, 인자무적仁者無敵이구나.

## 4. 里仁篇. 5章

子曰 "富與貴, 是人之所欲也, 不以其道得之, 不處也.
貧與賤, 是人之所惡也, 不以其道得之, 不去也.
君子去仁, 惡乎成名? 君子無終食之間違仁,
造次必於是, 顚沛必於是."

자왈 "부여귀, 시인지소욕야, 불이기도득지, 불처야. 빈여천, 시인지소오야, 불이기도득지,
불거야. 군자거인, 오호성명? 군자무종식지간위인, 조차필어시, 전패필어시."

자왈 "부유함과 고귀함은 사람들이 바라는 것이지만,
그 도로써(올바른 방법으로써) 얻지 않았으면 처하지 않는다.
가난함과 비천함은 사람들이 싫어하는 것이지만, 그 도로써
(올바른 방법으로써) 얻지 않았다 하더라도 버리지 않는다.
군자가 인을 버리고 어찌 이름(명성)을 이루겠는가? 군자는
밥을 마치는(먹는) 순간에도 인을 어김이 없으며, 갑자기
(급박할 때)에도 반드시 이것에(인에) 근거하고, 넘어질 때
(위태로운 순간)에도 이것에(인에) 근거해야 한다."

處:곳처/거주할처  貧:가난할빈  賤:천할천  去:버릴거  惡:어찌오  違:어긋날위
造:지을조/갑자기조  次:버금차  顚:넘어질전  沛:넘어질패

## 문법(文法)적 해석

1) 富與貴, 是人之所欲也:부유함과 고귀함은 사람들이 바라는
   것이지만
 - 與: ~와/단어와 단어를 연결하는 일반 접속사.
 - 是:~이다/연계동사이며, 지시대명사로써 문장의 주어로는 거의
   쓰지 않으며, 주어인 '이것'의 뜻도 아니다. 주어와 보어 사이에
   놓여 이를 연결하는 역할을 하며, 보어가 명사(구)만 있는 것이
   아니라, 서술절을 받기도 한다. 주어는 '富與貴'이다.
 - 之:~가(이), ~은(는)/주격 후치사.
 - 所:~바(것)/所+술어가 오며, 불완전명사(의존명사) 또는
   특수 지시대명사이다.

2) 不以其道得之, 不去也:그 도로써(올바른 방법으로써) 얻지
   않았다 하더라도 버리지 않는다.
   - 以:~로써/수단, 방법을 나타내는 전성 전치사.
   - 其道:그 도란 올바른 방법, 도리를 의미한다.
   - 去(거):버리다, 없애다.
3) 惡乎成名?:어찌 이름(명성)을 이루겠는가?
   - 惡(오):어찌/의문 부사.
   - 乎:부사 뒤에서 부사를 강조한다/부사격 후치사.
4) 君子無終食之間違仁:군자는 밥을 마치는(먹는) 순간에도 인을
   어김이 없으며,
   - 無:존재동사로써, 뒷 문장 전체(終食之間違仁)를 보어로 취하며,
   보어를 주어처럼 해석한다.
   - 之:관형격 후치사로, 수식어가 '동사(구)'이면, 해석은 '~(하)는,
   ~한'으로 한다. 그래서 '終食之'를 '밥을 마치는(먹는)'으로
   해석한다.
   - 終食之間:'밥 한끼 먹는 짧은 시간'을 의미한다.
5) 造次必於是:갑자기(급박할 때)에도 반드시 이것에(인에)
   근거하고,
   - 造次(조차):급작스럽다, 황급하다, 황망하다.
   - 於:~에 따르다, ~의거하다/동사.
   - 是(시):이것/지시대명사로써 '仁'을 가리킨다.
6) 顚沛必於是:넘어질 때(위태로운 순간)에도 이것에 (인에) 근거
   해야 한다.
   - 顚沛(전패):위급하다, 위태롭다, 위험하다,
   즉 위급하고 위태로운 순간를 의미한다.


인仁하면 정말로 부富를 얻을 수 있을까?
그리고 인仁과 부富를 한 포대에 담을 수 있을까?
담을 수 없다면 우리는 무엇을 택할 것인가? 인仁?, 부富?

## 4. 里仁篇. 6章

子曰 "我未見好仁者, 惡不仁者. 好仁者, 無以尙之,
惡不仁者, 其爲仁矣, 不使不仁者加乎其身.
有能一日用其力於仁矣乎? 我未見力不足者.
蓋有之矣, 我未之見也."

자왈 "아미견호인자, 오불인자. 호인자, 무이상지, 오불인자, 기위인의, 불사불인자가호기신.
유능일일용기력어인의호? 아미견력부족자. 개유지의, 아미지견야."

자왈 "나는 아직 인함을 좋아하는 사람〈과〉, 인하지 않음을
미워하는 사람을 보지 못했다. 인함을 좋아하는 사람은 더할
수(더할 나위가) 없겠지만, 인하지 않음을 미워하는 사람은,
그가 인을 행하는 데에, 인하지 않는 것으로 그 자신에게 가하지
못하게 한다. 하루〈라도〉 인에 그 힘을 쓸 수가 〈있는 사람이〉
있는가? 나는 아직 〈그런〉 힘이 부족한 사람을 보지 못했다.
아마도 〈그런 사람이〉 있겠지만, 나는 아직 보지 못했다."

尙:더할상/오히려상  蓋:덮을개/아마도개

### 문법(文法)적 해석

1) 我未見好仁者, 惡不仁者:나는 아직 인함을 좋아하는 사람〈과〉,
   인하지 않음을 미워하는 사람을 보지 못했다.
   - 未見(미견):(아직)~보지 못했다/뒤 문장 전체를 목적절로 취한다.
   - 者:의존명사(불완전명사) 또는 특수 지시대명사로 앞 문장
     '好仁者, 惡不仁者'를 취해서 '~하는 사람, ~하는 것'으로 해석한다.
   - 惡(오):미워하다.
2) 無以尙之:더할 수(더할 나위가) 없겠지만,
   - 無以:'~할 수 없다'로 관용적으로 쓰인다.
   - 尙(상):더하다, 보태다/동사.
3) 其爲仁矣:그가 인을 행하는 데에,
   - 其:그, 자기, 자기 자신/3인칭 대명사이며, '惡不仁者'를 가리킨다.

- 爲(위):爲+명사는 '~하다'로 해석하며, 목적어의 성격에 따라
  그 뜻을 적절하게 해석할 수 있다. '爲仁'은 인을 (행)하다.
- 矣(의):문장의 중간이나 복문 앞쪽 단문의 끝에 쓰여 어기를 완화
  하는 역할을 하는 후치사이며, 해석하지 않아도 된다.
4) 不使不仁者加乎其身:인하지 않는 것으로 그 자신에게 가하지
  못하게 한다.
- 使:~로 하여금 ~하게 하다/사동 보조사.
- 不仁者:'인하지 않는 것'으로 해석하며, '인하지 않는 사람'으로도
  해석할 수 있으며, 者는 의존명사(불완전명사) 또는 특수 지시
  대명사이다.
- 乎:~에(게)/보어와 목적어 앞에 위치하며, 처소, 대상의 전치사이다.
- 其:그, 자기, 자기 자신/3인칭 대명사이며, '惡不仁者'를 가리킨다.
5) 有能一日用其力於仁矣乎?:하루〈라도〉 인에 그 힘을 쓸 수가
  〈있는 사람이〉 있는가?
- 有:존재동사로써, 뒤 문장 전체를 보어절로 취하며, 보어절를
  주어처럼 해석한다.
- 能(능):~할 수 있다/가능 보조사.
- 一日:하루/때, 시간을 나타내는 명사가 동사 앞에 와서 부사로
  전성된 것이다.
- 矣乎:의문 종결사로써 앞뒤 문맥에 따라 적절하게 해석한다.
6) 蓋有之矣:아마도 〈그런 사람이〉 있겠지만,
- 蓋:아마도, 대체로, 대략/추측의 부사.
7) 我未之見也:나는 아직 보지 못했다.
- 부정문에서 대명사가 목적어(보어)로 쓰이면 강조를 위해 앞으로
  도치할 수 있다. 我未見之也가 도치된 것이다. 之는 '力不足者'을
  가리킨다.


인仁을 행함에 힘力이 부족한 사람이 없을까?
의지志만 부족한 사람만이 있을 뿐일까?

## 4. 里仁篇. 7章

# 子曰 "人之過也, 各於其黨. 觀過, 斯知仁矣."

자왈 "인지과야, 각어기당. 관과, 사지인의."

자왈 "사람의 허물은, 각각 그 〈어울리는〉 무리에 따른다.
〈그〉 허물을 보면, 인(한 지)을 안다."

**過**:허물과　**黨**:무리당　**觀**:볼관

### 문법(文法)적 해석

1) 人之過也:사람의 허물은,
   - 之:~의/관형격 후치사.
   - 也:~가(이), ~은(는)/주격 후치사.
2) 各於其黨:각각 그 〈어울리는〉 무리에 따른다.
   - 各:각각/부정칭 대명사.
   - 於:~에 따르다, ~의거하다/동사.
   - 黨(당):무리, 부류, 집단.
3) 觀過, 斯知仁矣:〈그〉 허물을 보면, 인(한 지)을 안다.
   - 觀(관):보는 것보다 좀 더 '자세히 관찰하다'의 의미다.
   - 斯(사):~면/가정, 조건의 접속사.
   - 矣:서술, 단정 종결사로써 '확신'을 나타낸다.

친구를 보면 그 사람을 안다. 유유상종類類相從이라.
하지만 속단은 금물禁物.

## 4. 里仁篇. 8章

# 子曰 "朝聞道, 夕死可矣."

자왈 "조문도, 석사가의."

자왈 "아침에 도를 들으면(들어 깨우치면), 저녁에 죽어도
괜찮다."

**朝**:아침조  **夕**:저녁석

### 문법(文法)적 해석

1) 朝聞道:아침에 도를 들으면(들어 깨우치면),
 - 의미상, 문맥상 가정문이다.
 - 朝:아침에/때, 시간을 나타내는 명사가 동사 앞에 와서
   부사로 전성된 것이다.
 - 聞:들어서 알게 되고 깨우치다.
2) 夕死可矣:저녁에 죽어도 괜찮다.
 - 夕:저녁에/부사. 夕死는 '저녁에 죽는다' 로 해석할 수 있으며,
   주어 역할을 한다.
 - 可:옳다, 괜찮다/보조사가 아니라 형용사이며, 서술어다.
 - 矣:서술, 단정 종결사로써 '확신'을 나타낸다.

만약 저녁에 죽어야 한다夕死면
아침에 도道를 듣고 깨우치지 않으리라?

## 4. 里仁篇. 9章

## 子曰 "士志於道, 而恥惡衣惡食者, 未足與議也."

자왈 "사지어도, 이치악의악식자, 미족여의야."

자왈 "선비가 도에 뜻을 두고서, 나쁜 옷과 나쁜 음식을
부끄러워하는 사람은, 더불어 〈도를〉 의논할 수 없다."

恥:부끄러울치　惡:악할악/나쁠악　議:의논할의

### 문법(文法)적 해석

1) 而恥惡衣惡食者:나쁜 옷과 나쁜 음식을 부끄러워하는 사람은,
   - 而:순접의 접속사로써, 문장이 길어서 띄어쓰기를 할 경우에는
     而 앞에서 끊는다. 그러나 띄어쓰기를 하지 않은 문장은 읽을 때는
     而 다음에서 끊어 읽는다.
   - 者:의존명사(불완전명사) 또는 특수 지시대명사로 앞 문장을
     취해서 명사구가 되며, '~하는 사람, ~하는 것'으로 해석한다.
2) 未足與議也:더불어 〈도를〉 의논할 수 없다.
   - 足:~할 수 있다/가능 보조사.
   - 與:~함께, ~와 더불어/전치사이며, 앞 문장을 가리키는 목적어
     之가 생략된 것이다.
   - 議(의):의논하다, 논의하다.
3) 주희(朱熹)에 따르면 "정자(程子)는 '道에 뜻을 두었으나 마음이
   밖의 외물에 움직인다면 어찌 더불어 의논할 수 있겠는가.' "라고
   하였다.

도道에 뜻을 둔다는 것은 참으로 어렵구나.
나쁜 옷衣과 나쁜 음식食을 누가 좋아하리오.

## 4. 里仁篇. 10章

子曰 "君子之於天下也, 無適也, 無莫也,
義之與比."

자왈 "군자지어천하야, 무적야, 무막야, 의지여비."

자왈 "군자는 천하에 〈일에〉 있어, 마땅히 해야만 하는 것도
없고, 안되는 것도 없으며, 의로움(만)을 더불어 따른다."

適:맞을적/마땅할적  莫:없을막  比:견줄비/따를비

### 문법(文法)적 해석

1) 君子之於天下也:군자는 천하에 〈일에〉 있어,
   - 之:~가(이), ~은(는)/주격 후치사.
   - 於: ~에 있다. 존재하다/동사.
   - 也:'君子之於天下'가 주어절이 되게 하는 주격 후치사.
2) 無適也, 無莫也:마땅히 해야만 하는 것도 없고, 안되는 것도
   없으며,
   - 適(적):마땅히 반드시 해야 되는 것/명사로 전성된 것이다.
   - 莫(막):불가하여 안 되는 것/명사로 전성된 것이다.
3) 義之與比:의로움(만)을 더불어 따른다.
   - 之:목적어 義를 강조를 위해 앞으로 도치시키고 목적격 후치사
     '之'를 목적어와 술어 사이에 쓴 것이다.
   - 與:~함께, ~와 더불어/전치사이며, 목적어가 생략되었다고
     볼 수도 있다.
   - 比(비):따르다, 좇다.

군자君子가 되면 천하天下의 일에 있어서 두려움이 없는가?
오직 의로움義만 있으면 되는가? 의로움義이라!

## 4. 里仁篇. 11章

# 子曰 "君子懷德, 小人懷土, 君子懷刑, 小人懷惠."

자왈 "군자회덕, 소인회토, 군자회형, 소인회혜."

자왈 "군자는 덕을 생각하고, 소인은 땅(편안히 살 곳)을 생각하며, 군자는 법을 생각하고, 소인은 은혜(이익)를 생각한다."

懷:품을회/생각할회  刑:형벌형/법형  惠:은혜혜

### 문법(文法)적 해석

1) 君子懷德, 小人懷土:군자는 덕을 생각하고, 소인은 땅(편안히 살 곳)을 생각하며,
   - 君子:위정자(爲政者)를 의미하는 듯하다.
   - 懷(회):생각하다. 품다.
   - 小人:일반 백성을 의미하는 듯하다.
   - 土:땅, 즉 편안히 살 곳을 말한다.
2) 君子懷刑, 小人懷惠:군자는 법을 생각하고, 소인은 은혜(이익)를 생각한다."
   - 刑(형):형법, 법도를 의미한다.
   - 惠:은혜, 즉 혜택, 이익을 의미한다.

군자君子는 좋은 사람이고, 소인小人은 이기적인 사람일까?
그냥 남에게 피해 주지 않고 편안히 사는 것도 좋지 않을까?

## 4. 里仁篇. 12章

# 子曰 "放於利而行, 多怨."

자왈 "방어리이행, 다원."

자왈 "이익에 따라서 행동하면, 원망이 많다."

放:놓을방/따를방/의지할방  怨:원망할원

## 문법(文法)적 해석

1) 放於利而行:이익에 따라서 행동하면,
   - 放(방):따르다, 의지하다, 근거하다.
   - 而:(만일, 만약) ~하면/단문을 연결시키는 역할을 하며, 가설을 나타내는 가정 접속사이다.
2) 多怨:원망이 많다.
   - 多:~이 많다/특수 형용사로써 술어로 쓰이는 경우에 보어 '怨'을 취하며 주어처럼 해석한다.

이익利을 추구하는 것이 문제인가? 남에게 피해를 주지 않으면 되지 않는가? 하지만 수단과 방법을 가리지 않고 이익만 추구하는 것이 문제多怨이구나.

## 4. 里仁篇. 13章

# 子曰 "能以禮讓爲國乎? 何有?
# 不能以禮讓爲國, 如禮何?"

자왈 "능이례양위국호? 하유? 불능이례양위국, 여례하?"

자왈 "예와 겸양으로써 나라를 다스릴 수 있는가?
〈다스릴 수 없다면〉 무엇이(무슨 문제가) 있는가? 예와
겸양으로써 나라를 다스릴 수 없다면, 예는 어떻게 할
것인가(해서 무엇 하겠는가)?

**讓**:사양할양/겸손할양

## 문법(文法)적 해석

1) 能以禮讓爲國乎:예와 겸양으로써 나라를 다스릴 수 있는가?
 - 以:~로써/수단, 방법을 나타내는 전치사.
 - 爲:爲+명사(목적어)는 '~하다'로 해석하며, 목적어의 성격에 따라
   그 뜻을 적절하게 해석할 수 있다. '爲國'은 나라를 다스리다.
 - 乎:의문, 반문의 어기를 나타내는 의문 종결사.
2) 何有:〈다스릴 수 없다면〉 무엇이(무슨 문제가) 있는가?
 - 何有:무엇이 있는가/何:의문 대명사로, 동사의 목적어이므로
   동사 앞으로 도치된 것이다.
3) 不能以禮讓爲國:예와 겸양으로써 나라를 다스릴 수 없다면,
 - 不:~면/부정 보조사 '不'로 인해, 이 절은 가정문이다.
4) 如禮何:예는 어떻게 할 것인가(해서 무엇하겠는가)?
 - 如 ~ 何:관용어로써 술어로는 '~는 어떻게 할 것인가?', 부사어로
   '어찌, 어떻게'로 해석한다.


정말로 예禮와 겸양讓으로만 나라를 다스릴爲國 수 있을까?

## 4. 里仁篇.14章

子曰 "不患無位, 患所以立, 不患莫己知,
求爲可知也."

자왈 "불환무위, 환소이립, 불환막기지, 구위가지야."

자왈 "자리가 없음을 걱정하지 말고, 〈자리에〉 설 수 있는
까닭(방법)을 걱정하며, 자기를 알아주는 사람이 없는 것을
걱정하지 말고, 〈남이〉 알 수 있게 되기를 구하라."

患:근심환 位:자리위

### 문법(文法)적 해석

1) 不患無位:자리가 없음을 걱정하지 말고,
 - 不:~말라/금지 보조사 毋와 같은 의미로 해석한다.
 - 患(환):근심하다, 걱정하다/뒤 문장을 목적어로 취한다.
2) 患所以立:〈자리에〉 설 수 있는 까닭(방법)을 걱정하며,
 - '所以+술어'를 한 단어로 보며, 까닭, 방법 또는 이유로 해석한다.
3) 不患莫己知:자기를 알아주는 사람이 없는 것을 걱정하지 말고,
 - 莫:~한 사람이 없다, ~한 것(곳)이 없다/대명사로써 사람이나
   사물을 가르킨다.
 - 己知:'知己'가 도치된 것/부정문에서 대명사가 목적어(보어)로
   쓰이면 강조를 위해 앞으로 도치할 수 있다.
 - 이와 유사한 문장이 논어에서 1편, 4편, 14편, 15편에 4번 나온다.
4) 求爲可知也:알 수 있게 되기를 구하라.
 - 求爲:~되기를 구하라/동사가 연속 이어지는 '연동사(連動詞)'로
   앞의 동사가 문장의 본동사이다.
 - 爲:~이 되다/자동사

우리는 '자리位도 없고 알아주지도 않고不知'라고 불평을 한다.
소크라테스 왈曰 "너 자신을 알라自知."

## 4.里仁篇.15章

子曰"參乎! 吾道一以貫之." 曾子曰"唯"
子出, 門人問曰"何謂也?"
曾子曰"夫子之道, 忠恕而已矣."

자왈 "삼호! 오도일이관지." 증자왈 "유" 자출, 문인문왈 "하위야?"
증자왈 "부자지도, 충서이이의."

자왈 "삼아! 나의 도는 하나로써 〈모든 것을〉꿰뚫는다."
증자가 "예"하고 대답하였다. 공자께서 나가시자, 문인들이
"무슨 말씀입니까?" 증자가 말했다."선생님의 도는 충과
서일 뿐입니다."

參:석삼 貫:꿸관 唯:오직유/대답할유 曾:일찍증 恕:용서할서

## 문법(文法)적 해석

1) 參乎! 吾道一以貫之:삼아! 나의 도는 하나로써
   〈모든 것을〉꿰뚫는다.
   - 參(삼):증자(曾子)의 이름이며, 자는 자여(子輿)이다.
   - 乎:호격(呼格) 후치사다.
   - 以:~로써/수단, 방법을 나타내는 전치사로써 도치된 것이다.
   - 之:무엇을 꼭 지칭하기 위해 쓰인 것이 아니라, 술어 뒤에 之가
     붙음으로써 그 술어를 술어답게 만들어주는 어감을 얻고, 어세를
     고르게 하기 위해 쓰이고, 해석하지 않아도 된다.
2) 唯(유):예/대답을 하고 바로 응하는 것이다. '낙(諾)'은 예, 라고
   대답만 하고 바로 응하지 않는 것을 뜻한다.
3) 何謂也:무슨 말씀입니까?
   - 何謂:의문사가 동사의 목적어일 경우에 동사 앞으로 도치된다.
   - 何 ~ 也:의문사 ~ 서술 종결사를 사용하여 의문의 뜻을 나타내는
     경우이며, 간혹 의문사가 없을지라도 문맥상, 의미상으로 서술
     종결사가 의문 종결사로 의문문을 이룰 수도 있으며, 여기서
     也는 의문 종결사로 쓰인다.

4) 夫子之道, 忠恕而已矣:선생님의 도는 충과 서일 뿐입니다.
  - 夫子(부자):대부(大夫) 이상이 되는 벼슬 자리에 있는 사람을
    칭하는 말로 쓰였으나, 나중에는 제자가 그 스승을 칭하는 말로
    '선생님, 스승'으로 쓰였다.
  - 忠恕(충서):충(忠)은 진실된 마음을 말하고, 서(恕)는 자기가
    하고자 하지 않는 것을 남에게 베풀지 않는 것이며, 입장을
    바꾸어 생각하여 남의 처지를 이해하며 대하는 것을 뜻한다.
    즉 기소불욕 물시어인(己所不欲, 勿施於人)이다.
  - 而已矣:~(일) 뿐이다/한정 종결사.


공자님, 참 무섭습니다.
하나로써 모든 것을 꿰뚫어 보시다니—以貫之.

忠 恕
一以貫之
하나로써 모든 것을 꿰뚫다.

## 4. 里仁篇. 16章

## 子曰 "君子喩於義, 小人喩於利."

자왈 "군자유어의, 소인유어리."

자왈 "군자는 의리에 밝고(밝게 알고), 소인은 이익에 밝다."

喩:깨달을유/밝을유

### 문법(文法)적 해석

1) 君子喩於義:군자는 의리에 밝고(밝게 알고)
 - 喩(유):깨닫다, 깨우치다, 밝게 알다.
 - 於:~에/보어와 목적어 앞에 위치하며 대상, 처소의 전치사이다.


의義, 이利.
모두 밝으면 안되는 것인가?

## 4. 里仁篇. 17章

# 子曰 "見賢思齊焉, 見不賢而內自省也."

자왈 "견현사제언, 견불현이내자성야."

자왈 "어진 이를 보고는 그와 같아질 것을 생각하고,
어질지 못한 이를 보고는 안으로 자신을 살핀다(반성한다)."

齊:가지런할제/같을제　省:살필성

### 문법(文法)적 해석

1) 見賢思齊焉:어진 이를 보고는 그와 같아질 것을 생각하고,
 - 思齊(사제):같아질 것을 생각하다/동사가 연속 이어지는 연동사
   (連動詞)로 앞의 동사가 문장의 본동사이다.
 - 齊(제):같다, 동등하다, 대등하다, 일치하다/형용사가 술어로
   전성되어 쓰인 것이다.
 - 焉(언):於此, 於是와 같으며, 대명사를 포함한 종결사이다.
   여기서 於는 ~와(과), ~보다의 비교 전치사로써, 술어가 '齊'처럼
   형용사일 때 비교를 나타낸다.
2) 見不賢而內自省也:어질지 못한 이를 보고는 안으로 자신을
   살핀다(반성한다).
 - 內:안으로, 속으로/內처럼 방향, 위치를 나타낼 경우, 동사 앞에
   와서 부사로 쓰인다. 東, 西, 南, 北, 上, 下, 左, 右, 前, 後, 內, 外,
   遠, 近 등이 있다.
 - 自省(자성):자신을 살핀다(반성한다)/'自'는 1인칭 대명사일
   경우는 자기 또는 자신으로 해석하며, 일반적으로 '自'는 의미상
   목적어일지라도 어순상 반드시 동사 앞에 쓰인다. 동사가 타동사
   일 때는 목적어로 '자기를, 자신을', '스스로를'으로 해석한다.

어진 이賢, 어질지 않는 이不賢, 그리고 나 자신自,
세 사람이 가면 반드시 나의 스승이 있구나 三人行, 必有我師焉.

## 4. 里仁篇. 18章

子曰 "事父母幾諫, 見志不從, 又敬不違,
勞而不怨."

자왈 "사부모기간, 견지부종, 우경불위, 로이불원."

자왈 "부모를 섬김에 〈부모에게 잘못한 것이 있더라도〉
은미하게(조용하고 공손하게) 간하고, 〈부모의〉 뜻이 〈내 말을〉
따르지 않는 것을 보더라도, 또 공경하고 〈부모의 뜻을〉 어기지
않으며, 수고스럽더라도 원망하지 않는다(원망하지 말아야 한다)."

幾:몇기/은미할기 諫:간할간 違:어길위 勞:수고로울로

### 문법(文法)적 해석

1) 事父母幾諫: 부모를 섬김에 〈부모에게 잘못한 것이 있더라도〉
　　은미하게(조용하고 공손하게) 간하고,
　- 幾(기): 은미(隱微)하다, 은근하다/형용사가 부사로 전성됨.
2) 見志不從: 〈부모의〉 뜻이 〈내 말을〉 따르지 않는 것을 보더라도,
　- 見: 뒤 문장 전체 '志不從'을 목적절로 취한다.
3) 勞而不怨: 수고스럽더라도 원망하지 않는다(원망하지 말아야 한다).
　- 勞(로): 고달프다, 고생스럽다, 수고스럽다/형용사.
　- 而: 그러나, 그런데/역접 접속사이며, 해석하지 않아도 된다.


지금 이런 사람이 있을까?
이렇게 부모님을 섬겨야事父母 하거늘, 아, 슬프구나!

## 4. 里仁篇.19章

## 子曰 "父母在, 不遠遊, 遊必有方."

자왈 "부모재, 불원유, 유필유방."

자왈 "부모가 살아 계시거든, 멀리 놀러가지 말고,
〈부득이해서 멀리〉 놀러가거든 반드시 장소가 있어야 한다
(갈 곳을 말씀드려야 한다)."

遊:놀유/유람할유/여행할유  方:모방/곳방/장소방

### 문법(文法)적 해석

1) 不遠遊:멀리 놀러가지 말고,
  - 遠(원):멀리/방향, 위치를 나타낼 경우, 동사 앞에 와서 부사로
    쓰인다. 東, 西, 南, 北, 上, 下, 左, 右, 前, 後, 內, 外, 遠, 近 등이
    있다.
  - 遊(유):놀다, 떠돌다, 유람하다.
2) 遊必有方:〈부득이해서 멀리〉 놀러가거든 반드시 장소가 있어야
    한다(갈 곳을 말씀드려야 한다).
  - 有方:'장소가 있다'는 것은 자식이 어느 곳으로 가는지 알며,
    부모님이 언제라도 소식을 전할 수 있도록 장소를 말씀드려야
    한다는 의미다.

요즘은 교통과 통신의 발달로 괜찮다고, 하지만 부모님의 목소리를
들었던 것이 언제였던가? 이제는 듣고 싶어도 들을 수가 없구나.

풍수지탄風樹之歎.
수욕정이풍부지(樹欲靜而風不止), 자욕양이친부대(子欲養而親不待)
왕이불래자년야(往而不來者年也), 불가재견자친야(不可再見者親也)
                              - 공자가어(孔子家語) -

## 4. 里仁篇. 20章

# 子曰 "三年無改於父之道, 可謂孝矣."

자왈 "삼년무개어부지도, 가위효의."

자왈 "〈돌아가신 후〉 3년 동안 아버지의 도(행동)를 고치지
않아야, 효라고 말할 수 있다."

改:고칠개  謂:이를위

### 문법(文法)적 해석

1) 이 문장은 1편, 학이편, 11장에 나오며(重出), 앞에 "父在, 觀其志,
   父沒, 觀其行"이 생략되어 있다.
2) 三年無改於父之道:〈돌아가신 후〉 3년 동안 아버지의 도(행동)를
   고치지 않아야,
   - 無:~하지 않다/부정 보조사로, 동사 앞에 위치하며 不과 같다.
     '無' 뒤에 명사(구)가 오면 존재동사로써 '~없다'로 해석한다.
   - 於:~을(를)/일반적으로 타동사 뒤에는 전치사가 놓이지 않으나,
     전치사가 놓이는 경우에는 목적어로 해석한다.
3) 可謂孝矣:효라고 말할 수 있다.
   - 可:~할수 있다. 可以와 같다/가능 보조사.
   - 矣:서술, 단정 종결사로써 '확신'을 나타낸다.

돌아가시고 3년三年이 웬말인가?
'사십구일四十九齋'도 길다고들 하는구나.

## 4. 里仁篇. 21章

子曰 "父母之年, 不可不知也. 一則以喜, 一則以懼."

자왈 "부모지년, 불가부지야. 일즉이희, 일즉이구."

자왈 "부모님의 연세는 알지 않으면 안된다. 〈부모님의 연세를 알고 있으면〉 하나(한편으로)는 〈장수하시므로〉 기쁘고, 하나 (한편으로)는 〈늙어가심에〉 두렵다."

喜:기쁠희  懼:두려워할구

### 문법(文法)적 해석

1) 不可不知也:알지 않으면 안된다.
 - 不可不:~하지 않으면 안된다, ~하지 않을 수 없다/이중부정으로 必, '반드시~해야 한다'의 의미로, 不得不과 같다.
2) 一則以喜, 一則以懼:하나(한편으로)는 〈장수하시므로〉 기쁘고, 하나(한편으로)는 〈늙어가심에〉 두렵다.
 - 則:접속사로써 주어 다음에 위치하면, '~은, ~가'로 해석하고, '하나는' 즉, '한편으로는'으로 해석할 수 있다.
 - 以:전치사로써 '父母之年'을 대신하는 之가 생략된 것이라 할 수 있으며, 해석할 때도 생략해서 해석을 할 수 있다.

부모님의 연세父母之年가 어떻게 되세요?
네? 머릿속이 하얗게 된다.
잠시 침묵이 흐르면서, 일흔둘이던가, 일흔셋이던가?

## 4. 里仁篇. 22章

子曰 "古者言之不出, 恥躬之不逮也."

자왈 "고자언지불출, 치궁지불체야."

자왈 "옛날에 말을 〈함부로〉 하지 않은 것은, 몸(행동)이 미치지 못함을 부끄러워해서였다."

恥:부끄러울치 躬:몸궁 逮:미칠체

### 문법(文法)적 해석

1) 古者言之不出:옛날에 말을 〈함부로〉 하지 않은 것은,
   - 者:~(때)에/시간을 나타내는 말 뒤에 쓰이는 의존명사(불완전 명사) 또는 특수 지시대명사이다. '古者'는 '옛 사람들은'으로도 해석할 수 있다.
   - 之:목적어 言을 강조하기 위해 앞으로 도치시키고 목적격 후치사 '之'를 목적어와 술어 사이에 쓴 것이다.
   - 出:말을 하다, 말로 표현하다. 즉 '出言'은 말을 하다.
2) 恥躬之不逮也:몸(행동)이 미치지 못함을 부끄러워해서였다.
   - 恥(치):부끄러워하다, 치욕으로 여기다, 부끄럽게 여기다/뒤 문장 전체를 목적절로 취한다.
   - 之:~가(이), ~은(는)/주격 후치사.
   - 逮(체):미치다, 이르다.


말을 할 때는 신중愼, 또 신중愼.
하지만 아무런 생각 없이 말하는 사람이 많다.
신중히 생각하는 것처럼 말하지만 아무런 생각을 하지 않는구나.

## 4. 里仁篇.23章

# 子曰 "以約失之者, 鮮矣."

자왈 "이약실지자, 선의."

자왈 "〈행동을〉 절제함으로써 잃는 자는, 드물다."

約:맺을약/절제할약   鮮:드물선

## 문법(文法)적 해석

1) 以約失之者:〈행동을〉 절제함으로써 잃는 자는,
  - 以:~로써/수단, 방법을 나타내는 전치사.
  - 約(약):절제하다, 단속하다.
  - 之:무엇을 꼭 지칭하기 위해 쓰인 것이 아니라, 술어 뒤에 之가
    붙음으로써 그 술어를 술어답게 만들어주는 어감을 얻고, 어세를
    고르게 하기 위해 쓰인다.
  - 者:의존명사(불완전명사) 또는 특수 지시대명사로 앞 문장를
    취해서 명사구가 되며, '~하는 사람, ~하는 것'으로 해석한다.
2) 鮮矣:드물다.
  - ~者, 鮮矣:는 자주 쓰이는 구문으로, '~하는 것이 드물다. ~하는
    사람이 드물다'로 해석한다.
  - 矣:서술, 단정 종결사로써 '확신'을 나타낸다.


절제約의 반대말은 방탕蕩인가?
절제約를 하면 잃는 것失이 드물다?
절제約로 인해 얻는 것得도 드물 수 있지 않을까?

## 4. 里仁篇. 24章

# 子曰 "君子欲訥於言, 而敏於行."

자왈 "군자욕눌어언, 이민어행."

자왈 "군자는 말에 〈대해서는〉 어눌하고자 하고,
행동에 〈대해서는〉 민첩하고자 한다."

訥:어눌할눌　敏:민첩할민

## 문법(文法)적 해석

1) 君子欲訥於言:군자는 말에 〈대해서는〉 어눌하고자 하고,
   - 欲:~하고자 하다/원망(願望) 보조사.
   - 訥(눌):어눌하다, 과묵하다.
   - 於:~에/보어와 목적어 앞에 위치하며, 처소, 대상의 전치사이다.
2) 而敏於行:행동에 〈대해서는〉 민첩하고자 한다.
   - 而:순접의 접속사로써, 문장이 길어서 띄어쓰기를 할 경우에는
     而 앞에서 끊는다. 그러나 띄어쓰기를 하지 않은 문장은 읽을 때는
     而 다음에서 끊어 읽는다.
   - 敏(민):민첩(敏捷)하다, 총명하다.


눌언민행訥言敏行이라.
군자君子는 말言에 어눌訥, 행동行은 민첩敏.
소인小人은 말言에 민첩敏, 행동行은 어눌訥.

## 4. 里仁篇. 25章

# 子曰 "德不孤, 必有隣."

자왈 "덕불고, 필유린."

자왈 "덕은(덕이 있는 사람은) 외롭지 않고,
반드시 이웃이 있다."

孤:외로울고  隣:이웃린

## 문법(文法)적 해석

1) 必有隣:반드시 이웃이 있다.
 - 必(필):반드시, 꼭, 틀림없이/부사.
 - 有:無와 함께 사물이 있고 없음을 나타내는 존재동사로써
   보어(隣)를 취하며, 보어를 주어처럼 해석한다.


이웃隣이 있는가? 이웃隣이 없다면 덕德은 있는가?
덕德이 없다면 염치恥라도 있으면 좋으련만.

## 4. 里仁篇. 26章

# 子游曰 "事君數, 斯辱矣, 朋友數, 斯疏矣."

자유왈 "사군삭, 사욕의, 붕우삭, 사소의."

자유가 말하였다. "임금을 섬김에 〈간언을〉 자주 하면, 욕을 당하고, 친구에게 〈충고를〉 자주 하면, 〈사이가〉 소원해진다."

游:헤엄칠유  數:셈수/자주할삭  辱:욕될욕  疏:소통할소/소원할소/멀어질소

## 문법(文法)적 해석

1) 子游:공자보다 45세 아래의 제자로, 성은 언(言)이고,
   이름은 언(偃)이며, 자는 자유(子游)이고, 오(吳)나라 사람이다.
2) 事君數, 斯辱矣:임금을 섬김에 〈간언을〉 자주 하면, 욕을 당하고,
   - 數(삭):자주, 자주 하다, 여러 번 되풀이하다.
   - 斯(사):~면/가정, 조건의 접속사.
   - 辱(욕):욕(수치)를 당하다, 욕되게 하다, 욕보이다.
   - 矣:서술, 단정 종결사로써 '확신'을 나타낸다.
3) 朋友數, 斯疏矣:친구에게 〈충고를〉 자주 하면, 〈사이가〉 소원해진다.
   - 疏(소):(사이가) 소원해지다, 멀어지다, 친하지 않다.


무엇이든지 중도中道, 그렇지 아니하면 사이가 멀어질 뿐만 아니라 목숨이 왔다 갔다 한다. 과유불급過猶不及이라!

公冶長

5.公冶長篇

27章

## 5.公冶長篇. 1章

子謂公冶長 "可妻也. 雖在縲絏之中,
非其罪也." 以其子妻之.
子謂南容 "邦有道, 不廢, 邦無道, 免於刑戮."
以其兄之子妻之.

자위공야장 "가처야. 수재루설지중, 비기죄야." 이기자처지.
자위남용 "방유도, 불폐, 방무도, 면어형륙." 이기형지자처지.

공자께서 공야장을 평하시기를 "사위 삼을 수 있다(삼을만하다).
비록 포승줄에 묶인 중에(감옥에) 있었으나, 그의 죄가 아니
었다." 하시고, 자신의 딸을 그에게 시집보내셨다.
공자께서 남용을 평하시기를 "나라에 도가 있을 때는 버려지지
않고, 나라의 도가 없을 때는 형벌을 면할 것이다." 하시고
자신의 형의 딸을 그에게 시집보내셨다.

冶:풀무야  妻:아내처/시집보낼처  縲:포승루(누)  絏:묶을설  罪:허물죄  邦:나라방
廢:폐할폐/버릴폐  免:면할면  戮:죽일륙

### 문법(文法)적 해석

1) 子謂公冶長:공자께서 공야장을 평하시다.
 - 謂(위):이르다. 말하다. 평하다. 논평하다.
 - 公冶長(공야장):공자의 제자로 성은 공야(公冶)이고, 이름은
   장(萇)이며, 자는 자장(子長)이다. 공자의 사위이며, 논어에서
   한 번만 언급된다. 성(姓), '公冶'와 +자(字)의 끝, '長'을 합쳐
   '公冶長'하며, 대부분 이와 같이 성과 자가 합쳐지지만 예외도
   있다. 즉, 남용(南容)은 성은 남궁(南宮), 이름은 괄(括), 자는
   자용(子容), 그래서 성(姓) 중에 '南'와 +자(字)의 끝, '容'을 합쳐
   '南容'이라 한다.
2) 可妻也:사위 삼을 수 있다(삼을만하다).
 - 妻(처):아내, 시집보내다, 출가시키다, 사위로 삼다.

3) 雖在縲絏之中, 非其罪也:비록 포승줄에 묶인 중에(감옥에)
   있었으나, 그의 죄가 아니었다.
   - 雖(수):비록~ 할지라도/조건, 양보의 부사.
   - 縲絏之中(루설지중):포승줄에 묶인 중, 감옥에 갇히다.
   - 非:~아니다/연계동사로써 뒤에 술어가 오면 부정 보조사로 쓰이지만,
     명사(구/절)이 오면 이를 부정하는 형태로, 주어와 보어 사이에
     놓여 이를 연결하는 역할을 한다. 주어는 앞문장으로 생략된 것이다.
4) 以其子妻之:자신의 딸을 그에게 시집보내셨다.
   - 妻之其子'가 도치된 문장으로, 목적어와 술어 사이에 '之나, 是'를
     넣어 도치하거나, 목적어 앞에 '以'를 추가하여 도치한다.
   - 其:그, 자기, 자기 자신/3인칭 대명사.
5) 南容(남용):공자의 제자로 성은 남궁(南宮)이고, 이름은 괄(适)
   이며, 자는 자용(子容)이고, 노나라 사람이다. 시호는 경숙(敬叔)
   이며, 주희(朱熹)는 맹의자(孟懿子)의 형이라고 하였다.
6) 邦有道, 不廢:나라에 도가 있을 때는 버려지지 않고,
   - 有:無와 함께 사물이 있고 없음을 나타내는 존재동사로써
     보어(道)를 취하며, 보어를 주어처럼 해석한다.
   - 廢(폐):관직을 잃다의 뜻으로, 버려지다, 버림을 당하다.
7) 邦無道, 免於刑戮:나라의 도가 없을 때는 형벌을 면할 것이다.
   - 於:~을(를)/일반적으로 타동사 뒤에는 전치사가 놓이지 않으나,
     놓이는 경우에 목적어로 해석한다.
   - 刑戮(형륙):형벌.
8) 以其兄之子妻之:자신의 형의 딸을 그에게 시집보내셨다.
   - 其兄:서형(庶兄) 맹피(孟皮)이며, 아마도 이 때 서형이 죽었기
     때문에 대신 중매를 선 것이다.


훌륭한 제자들이 많았을 텐데, 자신의 딸을 시집보낼 정도로
공야장公冶長이 대단한 제자였던가?
남용南容도 어떻게 그 깐깐한 노인네의 마음에 들었을까?
아니면 자기들끼리 눈이 맞아서 어쩔 수 없었을까?
세상에는 알 수 있는 일보다 알 수 없는 일들이 더 많다.
주희朱熹 또한 "아는 자가 나타나기를 기다릴 뿐이다."라고 하였구나.

# 子謂子賤 "君子哉, 若人! 魯無君子者, 斯焉取斯?"

자위자천 "군자재, 약인! 노무군자자, 사언취사?"

공자께서 자천을 평하셨다. "군자구나, 이와 같은 사람은!
노나라에 군자가 없었다면, 이 사람이 어디에서 이것을〈덕을〉
취했겠는가?"

賤:천할천 魯:노나라로(노) 焉:어찌언/어디언

## 문법(文法)적 해석

1) 子賤(자천):공자보다 49세 아래의 제자로, 성은 복(宓)이고,
   이름은 부제(不齊)이며, 자는 子賤(자천)이고, 노나라 사람이다.
2) 君子哉, 若人!:군자구나, 이와 같은 사람은!
   - 감탄문이며 그 자체로는 도치 아닌 본래의 문형이라 볼 수 있지만
     평서문을 기준으로 보면 앞부분의 감탄사와 뒤의 문장이 도치된
     형태, 즉 주어와 술어의 도치 형식으로 볼 수 있다.
   - 哉:~이여, 로구나/감탄문의 끝에 쓰여 찬양, 비통, 감개 등의
     어기를 나타내는 감탄 종결사이다.
   - 若(약):이런, 이러한, 이와 같은/대명사로써 가까이 있는 사물
     이나 상황 등을 나타낸다.
3) 魯無君子者:노나라에 군자가 없었다면,
   - 者:~한다면/가설을 나타내는 복문의 앞, 단문 끝에 쓰이는 어기를
     나타내는 후치사이다.
4) 斯焉取斯:이 사람이 어디에서 이것을〈덕을〉 취했겠는가?"
   - 斯:앞의 斯는 자천(子賤), 뒤의 斯는 덕(德)을 의미한다.
   - 焉:어디에서/의문 대명사로써 보어(간접목적어)이며 도치된 것이다.

제자 자천子賤을 말하면서 공자께서는 자신의 나라인 노나라에
군자君子가 많았다는 것을 은근히 자랑하는구나.

## 5. 公冶長篇. 3章

# 子貢問曰 "賜也何如?"
# 子曰 "女器也." 曰 "何器也?" 曰 "瑚璉也."

자공문왈 "사야하여?" 자왈 "여기야." 왈 "하기야?" 왈 "호련야."

자공이 "사(저)는 어떻습니까?" 하고 묻자, 자왈 "너는 그릇이다."
자공왈 "어떤 그릇입니까?" 자왈 "호련이다."

貢:바칠공 賜:줄사 器:그릇기 瑚:산호호/제기호 璉:호련련/제기련

## 문법(文法)적 해석

1) 賜也何如?:사(저)는 어떻습니까?
   - 賜(사):공자보다 31세 아래의 제자로, 성은 단목(端木), 이름은 사
     (賜)이며, 자는 자공(子貢)이고, 위(衛)나라 사람이다. 자기 자신을
     이야기할 때 자신의 이름으로 말하며, '저는'으로 해석하면 된다.
   - 也:~가(이), ~은(는)/주격 후치사.
   - 何如:어떻습니까?/의문사가 동사의 목적어일 경우에 동사
     앞으로 도치된다.
2) 女:너(는)/2인칭 대명사로써 여(汝)와 같으며, 100여 년 뒤
   맹자(孟子)에서는 2인칭 대명사로써 여(汝)가 주로 쓰인다.
3) 何:어떤/의문 형용사.
4) 瑚璉(호련):고대 제사 지낼 때 조나 기장을 담던 그릇으로 옥으로
   만들어 매우 귀했으며, 재능이 뛰어나 큰 일을 맡을 수 있는
   사람을 비유할 때 쓰였다.


공야장公冶長은 딸과 혼인시키고, 남용南容은 질녀와 결혼시키고,
자천子賤은 군자라고 칭찬하고, 가만히 듣고 있던 자공이 열받았다.
자공왈曰 "저는 뭔데요何如?" 라고 따지듯이 물었다.
공자왈曰 "성질내고 나니까, 후련하냐?
　　　　그래, 너는 후련이다. 호련瑚璉은 무슨 호련瑚璉!"

## 5. 公冶長篇. 4章

或曰 "雍也仁而不佞." 子曰 "焉用佞?
禦人以口給, 屢憎於人. 不知其仁, 焉用佞?"

혹왈 "옹야인이불녕." 자왈 "언용녕? 어인이구급, 누증어인. 부지기인, 언용녕?"

어떤 사람이 말하기를 "옹은 인하지만 말을 잘 하지 못합니다."
자왈 "말 잘 하는 것을 어디에 쓰겠는가? 구급(말재주)으로써
남을 막으면(대하면), 자주 남에게 미움을 받게 된다.
그가 인하지는 모르겠지만, 말 잘하는 것을 어디에 쓰겠는가?"

雍:화할옹 佞:아첨할녕/말잘할녕 禦:막을어 給:줄급/말잘할급 屢:여러루(누) 憎:미워할증

### 문법(文法)적 해석

1) 或曰 雍也仁而不佞:옹은 인하지만 말을 잘 하지 못합니다.
 - 或(혹):어떤 이(사람, 자), 특정 대상을 가리키지 않고 막연한
   사람을 가리킨다/부정칭 인칭대명사.
 - 雍(옹):공자보다 29세 아래의 제자로 성은 염(冉)이고 이름은
   옹(雍)이며, 자는 중궁(仲弓)이고, 노나라 사람이며, 공자의 제자
   중에 덕행(德行)으로 유명하였다.
 - 也:~가(이), ~은(는)/주격 후치사.
 - 而:그러나, 그런데/역접 접속사이며, 해석하지 않아도 된다.
 - 佞(녕):말재주를 부리다, 말을 잘하다.
2) 焉用佞:말 잘 하는 것을 어디에 쓰겠는가?
 - 焉(언):어디에/의문 대명사로써 보어(간접목적어)이며, 도치됨.
3) 禦人以口給:구급(말재주)으로써 남을 막으면(대하면),
 - 禦(어):막다, 맞서다, 감당하다.
 - 以:~로써/수단, 방법을 나타내는 전치사.
 - 口給(구급):언변에 능한 것, 말재주, 말솜씨가 뛰어난 것.
   給(급)은 '넉넉하다, 족하다'의 의미이다.
4) 屢憎於人:자주 남에게 미움을 받게 된다.
 - 屢(누):자주, 누차, 여러 차례/부사.

- 憎(증):미워하다, 미움을 받다.
- 於:~에게 ~당하다(되다)/타동사 뒤에 전치사가 놓여 타동사가
  피동이 된다.
5) 不知其仁:그가 인하지는 모르겠지만,
- 其:그, 자기, 자기 자신/3인칭 대명사이며, '雍'를 가리킨다.


말재주□給, 말 잘 하는 것이 중요할 수도 있다.
그러나 진심, 진실성이 담겨 있어야 한다.

## 5.公冶長篇. 5章

# 子使漆雕開仕, 對曰 "吾斯之未能信." 子說.

자사칠조개사, 대왈 "오사지미능신." 자열.

공자께서 칠조개에게 벼슬을 하도록 하자(권하자),
그가 대답하기를 "나는 아직 이것(벼슬)을 자신할 수
없습니다." 하니, 공자께서 기뻐하셨다.

漆:옻칠　雕:독수리조/새길조　開:열개　仕:섬길사/벼슬사

## 문법(文法)적 해석

1) 子使漆雕開仕:공자께서 칠조개에게 벼슬을 하도록 하자(권하자)
 - 使:~에게 ~하게 하다/사동 보조사이다.
 - 漆雕開:공자보다 11세 아래의 제자로, 성은 칠조(漆雕)이고,
   이름은 계(啓)이며, 자는 자개(子開) 또는 자약(子若)이고,
   노나라 사람이다.
 - 仕(사):벼슬하다, 섬기다.
2) 吾斯之未能信:나는 아직 이것(벼슬)을 자신할 수 없습니다.
 - 斯(사):지시대명사로써 '仕'를 가르키고, 앞으로 도치된 것이다.
 - 之:목적어 '斯'를 강조하기 위해 앞으로 도치하고, 목적격 후치사
   '之'를 목적어와 술어 사이에 쓴 것이다.
3) 子說:공자께서 기뻐하셨다.
 - 說(열):기쁘다, 기뻐하다, 기쁘게 하다. 悅(열)을 의미한다.


칠조개漆雕開가 왜 벼슬仕을 거절했을까?
'벼슬仕을 감당할 능력이 없는 것未能信이 아니라 아직 스승님도
벼슬이 없으신데 먼저 벼슬을 할 수 있을까?'라고 생각하지 않았을까?
공자께서도 이러한 자신의 처지를 헤아리주는 제자가 있어
기뻐說하였구나?

## 5. 公冶長篇. 6章

子曰"道不行, 乘桴浮于海, 從我者其由與!"
子路聞之喜. 子曰"由也好勇過我, 無所取材."

자왈 "도불행, 승부부우해, 종아자기유여!" 자로문지희. 자왈 "유야호용과아, 무소취재."

자왈 "도가 행해지지 않아서, 뗏목을 타고 바다로 떠다니고자
하니(떠나가면), 나를 따르는 사람은 아마도 유일 것이다."
자로가 듣고 기뻐하였다. 〈이에〉 자왈 "유는 용맹을 좋아함이
나를 능가하나, 목재를 취할 곳이 없다(사리를 잘 헤아려 보지
못한다)."

乘:탈승 于:어조사우 桴:뗏목부 浮:뜰부 過:지날과 取:취할취 材:재목재

## 문법(文法)적 해석

1) 道不行, 乘桴浮于海:도가 행해지지 않아서, 뗏목을 타고 바다로
   떠다니고자 하니(떠나가면),
   - 주희(朱熹)에 따르면 "정자(程子)는 '공자께서 천하에 어질고
     현명한 임금이 없음을 상심하신 것이다.' "라고 했다.
     즉, 이상적인 정치가 행해지지 않음을 탄식한 것이다.
   - 浮(부):뜨다, (배나 뗏목을 타고 물 위를) 가다.
   - 于(우):~에/보어와 목적어 앞에 위치하며, 처소, 장소의 전치사이다.
2) 從我者其由與:나를 따르는 사람은 아마도 유일 것이다.
   - 者:의존명사(불완전명사) 또는 특수 지시대명사로 앞 문장을
     취해서 명사구가 되며, '~하는 사람, ~하는 것'으로 해석한다.
   - 其:아마도/동작이나 어떤 상황에 대한 추측을 나타내는 부사이다.
   - 由:공자보다 9세 아래의 제자로, 성은 중(仲)이고, 이름은 유(由)
     이며, 자는 자로(子路) 또는 계로(季路)이고, 노나라 사람으로
     성격이 우직하고 용맹스러우며 정치에 재능이 있었고, 논어에서
     가장 많이 등장하는 제자이다.
   - 與:일반적으로 추측을 나타내는 부사 '其(諸)'와 같이 쓰여
     추측과 감탄의 어기를 나타내는 종결사이다.

3) 由也好勇過我:유는 용맹을 좋아함이 나를 능가하나,
  - 也:~가(이), ~은(는)/주격 후치사.
  - 過(과):지나다, 능가하다, 낫다, 뛰어나다.
4) 無所取材:목재를 취할 곳이 없다(사리를 잘 헤아려 보지 못한다).
  - 無:존재동사로서, 뒤 문장 전체 '所取材'를 보어(구)로 취하며,
    보어(구)를 주어처럼 해석한다
  - 所:~바(것)/所+술어가 오며, 불완전명사(의존명사) 또는
    특수 지시대명사이다.
  - 取(취):취하다, 얻다, 손에 넣다.
  - 材(재):목재, (사리를) 헤아리다.


공자께서 탄식하시면서 서글퍼하셨고 道不行, 乘桴浮於海
그 와중에도 자로子路를 언급하시면서 농담戲을 하셨다니,
아마도 최고의 깨달음은 '유머' 가 아닐까요?

「道*不行」
도가 행해지지 않는다.
道不行, 乘桴浮於海

## 5. 公冶長篇. 7章

孟武伯問 "子路仁乎?" 子曰 "不知也." 又問,
子曰 "由也, 千乘之國, 可使治其賦也, 不知其仁也."
"求也, 何如?" 子曰 "求也, 千室之邑, 百乘之家,
可使爲之宰也, 不知其仁也."
"赤也, 何如?" 子曰 "赤也, 束帶立於朝,
可使與賓客言也, 不知其仁也."

맹무백문 "자로인호?" 자왈 "부지야." 우문, 자왈 "유야, 천승지국, 가사치기부야, 부지기인야."
"구야하여?" 자왈 "구야, 천실지읍, 백승지가, 가사위지재야, 부지기인야."
"적야하여?" 자왈 "적야, 속대립어조, 가사여빈객언야, 부지기인야."

맹무백이 물었다. "자로는 인합니까?" 자왈 "모르겠습니다."
다시 묻자, 자왈 "유는 천승의 나라(제후국)에서 그 군부를
다스리게 할 수는 있지만, 그가 인한지는 모르겠습니다."
"구는 어떻습니까?" 자왈 "구는 천호의 고을과 백승(경대부)의
집안에서, 가신(총괄하는 직책)이 되게 할 수는 있지만, 그가
인한지는 모르겠습니다." "적은 어떻습니까?" 자왈 "적은 띠를
매고(관복을 입고) 조정에 서서, 빈객과 더불어 말하게 할 수는
있지만(접대하게 할 수 있지만), 그가 인한지는 모르겠습니다."

路:길로  乘:수레승  賦:부세부/군사부  邑:고을읍  赤:붉을적  束:묶을속  帶:띠대
賓:손빈

## 문법(文法)적 해석

1) 孟武伯(맹무백):맹의자(孟懿子)의 아들로 이름은 체(彘)이다.
   시호가 武(무)이며, 노나라 대부였다.
2) 由也, 千乘之國, 可使治其賦也:유는 천승의 나라(제후국)에서
   그 군부를 다스리게 할 수는 있지만,
   - 由:공자보다 9세 아래의 제자로, 성은 중(仲)이고, 이름은 유(由)
     이며, 자는 자로(子路) 또는 계로(季路)이다.
   - 也:~가(이), ~은(는)/주격 후치사.

- 千乘之國(천승지국):'승(乘)'은 군사용 수레를 세는 단위이다.
  천자는 만승(萬乘), 제후는 천승(千乘), 경대부는 백승(百乘)을
  보유하는데 천승지국(千乘之國)은 '제후국'을 말한다.
- 使:~에게 ~하게 하다/사동보조사로써 목적어가 생략됨.
- 其:그(것)/지시 대명사로써 千乘之國를 가르킨다.
- 賦(부):군부(軍賦), 병부(兵賦), 군대의 운영과 관련된 일,
  즉 옛날에는 토지의 세금에 따라 군사를 내었으므로 군(軍)을
  일러 부(賦)라고 하였다.
3) 求也, 何如:구는 어떻습니까?
- 求(구):공자보다 29세 아래의 제자로, 성은 염(冉)이고 이름은
  구(求)이며, 자는 자유(子有)이고 노나라 사람이다.
- 何如:어떻습니까?/의문사가 동사의 목적어일 경우에 동사 앞으로
  도치된다. 如何와 같다.
4) 千室之邑, 百乘之家:천호의 고을과 백승(경대부)의 집안에서,
- 千室之邑(천실지읍):천 호의 집이 있는 고을, 즉 경대부의 고을.
- 百乘之家(백승지가):백 량의 군사용 수레를 갖춘 집안. 즉 경대부
  집안으로, 제후가 다스리는 지역은 '국(國)', 경대부가 다스리는
  지역은 '가(家)'라고 불렸다.
5) 可使爲之宰也:가신(총괄하는 직책)이 되게 할 수는 있지만,
- 爲:爲+명사, ~이 되다/(자)동사. '爲之宰'는 가재가 된다.
- 之:千室之邑, 百乘之家를 가르킨다/지시대명사.
- 宰(재):경대부(卿大夫)의 집안일을 총괄적으로 관리해 주는 가신
  (家臣)을 가리킨다.
6) 赤(적):공자보다 42세 아래의 제자로, 성은 공서(公西), 이름은
  적(赤)이며, 자는 자화(子華)이고 노나라 사람이다.
7) 束帶立於朝:띠를 매고(관복을 입고) 조정에 서서,
- 束帶(속대):'띠를 매다'라는 뜻으로 '예(관)복을 입다'를 나타낸다.
8) 可使與賓客言也:빈객과 더불어 말하게 할 수는 있지만(접대하게
  할 수 있지만),
- 與:~함께, ~와 더불어/전치사.


공자께서 제자들의 재량에 대하여 정확하게 말씀하셨다.
하지만 "그들이 인仁한지는 모르겠다!不知其仁也"라고 하셨구나.
과연 공자께서 바라셨던 인仁이란 무엇이란 말인가?

子謂子貢曰 "女與回也孰愈?"
對曰 "賜也何敢望回? 回也聞一以知十,
賜也聞一以知二." 子曰 "弗如也. 吾與女弗如也."

자위자공왈 "여여회야숙유?" 대왈 "사야하감망회? 회야문일이지십, 사야문일이지이."
자왈 "불여야. 오여여불여야."

공자께서 자공에게 말씀하셨다. "너와 회 중에 누가 나으냐?"
〈자공이〉 대답하였다. "제가 어찌 감히 회를 바라보겠습니까?
회는 하나를 듣고서 열을 알고, 저는 하나를 듣고서 둘을 압니다."
자왈 "〈그 보다〉 못하구나. 나와 너는 〈그 보다〉 못하구나."

孰:누구숙  愈:나을유  賜:줄사  望:바랄망

## 문법(文法)적 해석

1) 女與回也孰愈?:너와 회 중에 누가 나으냐?
 - 女:너(는)/2인칭 대명사로써 여(汝)와 같다.
 - 與: ~와/단어와 단어를 연결하는 접속사.
 - 回(회):공자의 제자로, 성은 안(顔)이고, 이름은 회(回)이며,
   자는 자연(子淵)이다.
 - 也:~가(이), ~은(는)/주격 후치사.
 - 孰(숙):누구(가)/의문 대명사.
2) 賜也何敢望回?:제가 어찌 감히 회를 바라보겠습니까?
 - 賜(사):공자보다 31세 아래의 제자로, 성은 단목(端木), 이름은 사
   (賜)이며, 자는 자공(子貢)이고, 위(衛)나라 사람이다. 자기 자신을
   이야기할 때 자신의 이름으로 말했으며, '저는'으로 해석하면 된다.
 - 也:~가(이), ~은(는)/주격 후치사.
 - 何:어찌/의문 부사.
 - 望(망):바라보다, 바라다, 비교하다.
3) 回也聞一以知十:회는 하나를 듣고서 열을 알고,

- 以:~로써/전치사로 사용되어 도치되었다고 할 수 있으며, 또는
  접속사로 사용되어 而(그래서)와 유사하다고 할 수 있다.
4) 吾與女弗如也:나와 너는 〈그보다〉 못하구나.
- 與(여):~와/접속사로써 사용되어 '나와 너'로 해석할 수 있으며,
  '허락하다' 술어로써 사용되어 '나는 네가 못함을 허락(인정)
  하다.'로 해석 할 수도 있다.
- 弗如: ~(보다) 못하다/열등 비교.


"너와 회 중에 누가 나으냐女與回也孰愈?"
공자께서 왜 이런 질문을 자공子貢에게 했을까?
자공子貢이 다른 제자들 보다 잘난 척을 하였거나 아니면
다른 사람들을 비방했을 수도 있을 것이다.

子貢方人, 子曰 "賜也賢乎哉! 夫我則不暇."
자공이 사람들을 비방하자, 자왈 "사(賜)는 어진가 보구나!
나는 〈그럴〉 겨를이 없다."- 14篇.憲問篇.31章.

하나를 들고서 열을 알다.

聞一以知十 回
聞一以知二 賜
聞一以忘十

잊다 열을 : 이산移山

## 5. 公冶長篇. 9章

宰予晝寢, 子曰 "朽木不可雕也, 糞土之牆不可杇也.
於予與何誅?" 子曰 "始吾於人也, 聽其言而信其行,
今吾於人也, 聽其言而觀其行. 於予與改是."

재여주침, 자왈 "후목불가조야, 분토지장불가오야. 어여여하주?"
자왈 "시오어인야, 청기언이신기행, 금오어인야, 청기언이관기행. 어여여개시."

재여가 낮에 (낮)잠을 자자, 자왈 "썩은 나무는 조각할 수
없고, 거름흙의 담장은 흙손질을 할 수 없다. 〈내가〉 재여에
대해서는 무엇을 꾸짖겠는가?" 자왈 "처음에 나는 사람에 대하여
그 말을 듣고 그의 행동(행실)을 믿었는데, 지금 나는 사람에
대하여 그 말을 듣고 그의 행동(행실)을 살핀다.
〈나는〉 재여로 인해서는 이것을 고치게 되었다."

**晝**:낮주 **寢**:잠잘침 **朽**:썩을후 **雕**:새길조 **糞**:똥분/거름분 **牆**:담장 **杇**:흙손질할오
**誅**:꾸짖을주

## 문법(文法)적 해석

1) 宰予晝寢:재여가 낮에 (낮)잠을 자자,
 - 宰予(재여):노(魯)나라 사람으로 공자의 제자이며, 성은 재(宰),
   이름은 여(予), 자는 자아(子我)이다. 자공과 더불어 언변에
   뛰어났다.
 - 晝(주):낮에, 대낮에/때, 시간을 나타내는 명사가 술어 앞에 와서
   부사로 전성되었다.
2) 朽木不可雕也, 糞土之牆不可杇也:썩은 나무는 조각할 수 없고,
   거름흙의 담장은 흙손질을 할 수 없다.
 - 朽木不可雕:'썩은 나무는 조각할 수 없다'는 뜻으로 '양성할 수
   없는 사람'을 비유적으로 가리키는 말이다. 후목난조(朽木難雕),
   후목분토(朽木糞土)라는 고사성어가 나온 것이다.
 - 朽(후):(나무 등이) 썩다, 부패하다.
 - 糞(분):거름주다/糞土(분토)는 '썩은 흙, 더러운 흙'을 의미한다.

3) 於予與何誅?:〈내가〉 재여에 대해서는 무엇을 꾸짖겠는가?
- 於:~에(게)/보어와 목적어 앞에 위치하며, 처소, 대상의
  전치사이다.
- 與:문장의 중간이나 끝에 쓰여 완만한 어기를 나타내거나 잠시
  쉬는 역할을 하며 해석하지 않아도 된다. 주격 후치사이다.
- 何:의문 대명사로, 동사의 목적어이므로 앞으로 도치된 것이다.
4) 今吾於人也, 聽其言而觀其行:지금 나는 사람에 대하여 그 말을
  듣고 그의 행동(행실)을 살핀다.
- 也:~가(이), ~은(는)/주격 후치사.
- 其:그, 자기, 자기 자신/3인칭 대명사이다.
- 觀(관):보다, 관찰하다, 살피다.
5) 於予與改是:.〈나는〉 재여로 인해서는 이것을 고치게 되었다.
- 於:~로 인해서/보어나 목적어 앞에 위치하며 원인, 처소의
  전치사이다.
- 與:문장의 중간이나 끝에 쓰여 완만한 어기를 나타내거나 잠시
  쉬는 역할을 하며 해석하지 않아도 된다. 주격 후치사이다.


공문십철孔文十哲 중에 언어에 뛰어난 제자는 '자공子貢과 재여宰予'였다.
일이관지一以貫之하시던 공자께서 첫인상으로 잘못 판단한
제자가 둘 있었는데, 말 잘하는 재여宰予와 못생긴 담대멸명澹臺
滅明이었으며, 재여는 말은 잘 하였으나 행실이 미치지 못했고,
제나라 대부가 되어 난을 일으켜 그 일족이 모두 죽음을 당하게
되었으며, 공자께서 이를 매우 부끄러워했다고 전해진다.

- 사기열전 中에서

## " 될 성싶은 잎은 떡잎부터 다르다."

재여는 논어에서 5번 언급이 되는데,
낮에 잠자고晝寢,
백성들을 전율하게 하려고周人以栗, 曰使民戰栗
밤나무를 심고,
인仁이 우물에 빠지고,
부모 삼년상이 길다고 하고三年之喪, 期已久矣,
그리고 말 잘하는 것言語, 5번이 언급된다.

## 5. 公冶長篇. 10章

# 子曰 "吾未見剛者." 或對曰 "申棖."
# 子曰 "棖也慾, 焉得剛?"

자왈 "오미견강자." 혹대왈 "신정." 자왈 "정야욕, 언득강?"

자왈 "나는 아직 강직한 사람을 보지 못했다."
어떤 사람이 대답하였다. "신정입니다(신정이 있습니다)."
자왈 "정은 탐욕스러운 것이지, 어찌 강직할 수 있겠는가?"

剛:굳셀강/강직할강　棖:문설주정　慾:욕심욕

## 문법(文法)적 해석

1) 吾未見剛者:나는 아직 강직한 사람을 보지 못했다.
   - 未:(아직)~아니다/부정 보조사.
   - 剛(강):강직하다.
   - 者:의존명사(불완전명사) 또는 특수 지시대명사로 앞 문장을
     취해서 명사구가 되며, '~하는 사람, ~하는 것'으로 해석한다.
2) 或(혹):어떤 이(사람, 자), 특정 대상을 가리키지 않고 막연한
   사람을 가리킨다/부정칭 인칭대명사.
3) 申棖(신정):노나라 사람으로 공자의 제자이며, 자는 주(周)이다.
4) 棖也慾, 焉得剛?:정은 탐욕스러운 것이지, 어찌 강직할 수 있겠는가?
   - 也:~가(이), ~은(는)/주격 후치사.
   - 焉:어찌, 어떻게/반어 부사. 반어부사는 의문부사와 함께 쓰인다.
   - 得(득):~할 수 있다/가능 보조사.

의지가 강하고 고집이 센 것처럼 보이지만 욕심慾心과
탐욕貪慾으로 똘똘 뭉쳤구나. 자신에게 강직한 자剛者가 아니라
남에게 강한 자强者이구나.

## 5.公冶長篇.11章

子貢曰"我不欲人之加諸我也, 吾亦欲無加諸人."
子曰"賜也, 非爾所及也."

자공왈 "아불욕인지가저아야, 오역욕무가저인." 자왈 "사야, 비이소급야."

자공이 말하였다. "저는 남이 나에게 가하기를 원하지 않는
일을, 저 또한 남에게 가하지 않으려고 합니다."
자왈 "사야, 네가 미칠 바가 아니다."

**貢**:바칠공 **賜**:줄사

### 문법(文法)적 해석

1) 我不欲人之加諸我也:저는 남이 나에게 가하기를 원하지 않는 일을,
  - 欲:하고자 하다, 바라다/타동사이며, 주로 보조사로 쓰이지만,
    뒤에 술어가 아닌 목적어(명사/명사구)가 오면 타동사가 된다.
  - 之:~가(이), ~은(는)/주격 후치사.
  - 諸(저):'之於'이고, 之는 일반적인 사실을 나타낸다고 할 수 있다.
2) 吾亦欲無加諸人:저 또한 남에게 가하지 않으려고 합니다.
  - 欲:~하고자 하다/원망(願望) 보조사로써 술어 '加'를 취한다.
  - 無:~않다/부정 보조사로, 동사 앞에 위치하며 不과 같다.
3) 賜也, 非爾所及也:사야, 네가 미칠 바가 아니다.
  - 也:호격(呼格) 후치사이다.
  - 非(비):연계동사/뒤에 술어가 오면 부정 보조사로 쓰이지만, 명사
    (구/절)이 오면 이를 부정하는 형태로, 연계동사로써 주어와 보어
    사이에 놓여 이를 연결하는 역할을 한다.
  - 所:~바(것)/所+술어가 오며, 불완전명사(의존명사) 또는
    특수 지시대명사이다. 주어는 대체로 所앞에 온다.

공자왈曰 "네가 미칠 바가 아니다非爾所及也."
이 말을 들었을 때 자공子貢의 기분이 어떠했을까?

# 子貢曰 "夫子之文章, 可得而聞也, 夫子之言性與天道, 不可得而聞也."

자공왈 "부자지문장, 가득이문야, 부자지언성여천도, 불가득이문야."

자공이 말하였다. "선생님의 가르침(글, 행동, 말)은 들을 수 있었으나, 선생님께서 성과 천도(본성과 자연의 이치)를 말씀하시는 것은 들을 수 없었다."

**章**:글장 **性**:성품성/바탕성

## 문법(文法)적 해석

1) 文章(문장):말이나 글 또는 행동으로 드러나는 실질적인 가르침을 말하며, 주희(朱熹)는 "문장(文章)은 덕(德)이 밖으로 드러나는 것이다."이라고 했다.
2) 可得而聞也:들을 수 있었으나,
   - 可得而(가득이):~할 수 있다/가능 보조사.
3) 性與天道:성(性)은 타고난 본성·성품을 말하고, 천도(天道)는 자연의 이치를 말하며, 주희(朱熹)는 "성(性)은 사람이 받은 천리(天理)이고, 천도(天道)는 천리자연(天理自然)의 본체이며, 그 실체는 하나의 이치이다."라고 했다.

공자께서는 본성과 자연의 이치性與天道에 대해서 말씀하지 않으셨고, 확실하고 실질적인 가르침文章만을 말씀하셨구나.

## 5. 公冶長篇.13章

# 子路, 有聞, 未之能行, 唯恐有聞.

자로, 유문, 미지능행, 유공유문.

자로는 〈좋은 가르침〉 들은 것이 있고, 아직 그것을 실행하지 못했으면, 또 다시 〈다른 가르침〉 듣는 것을 두려워하였다.

唯:오직유/행여유　恐:두려울공

## 문법(文法)적 해석

1) 有聞:〈좋은 가르침〉 들은 것이 있고,
  - 有:無와 함께 사물이 있고 없음을 나타내는 존재동사로써 보어(聞)를 취하며, 보어를 주어처럼 해석한다.
  - 聞(문):명사로 전성되었으며, '좋은 가르침이나 이야기'를 말한다.
2) 未之能行:아직 그것을 실행하지 못했으면,
  - '未能行之'가 도치된 것으로 부정문에서 대명사가 목적어 (보어)로 쓰이면 강조를 위해 앞으로 도치된다.
  - 未(미):(아직)~면/부정 보조사 '未'로 인해, 이 절은 가정문이다.
3) 唯恐有聞: 또 다시 〈다른 가르침〉 듣는 것을 두려워하였다.
  - 唯(유):조사(후치사)로 문장의 맨 앞에 쓰일 때는 대체로 해석 하지 않는다.
  - 有:또, 다시, 거듭/부사로써 동작이나 행위가 반복 혹은 연속으로 발생하는 것을 나타낸다.

자로子路는 공자의 수首제자 중에 한 사람으로서
공자와 오랫동안 환란과 희노애락을 함께 했던 제자였다.
나이가 많은 제자로, 공자와 나이가 아홉 살 차이가 났으며,
논어에서 제일 많이 언급되었던 제자이기도 하다.

## 5. 公冶長篇.14章

子貢問曰 "孔文子何以謂之文也?"
子曰 "敏而好學, 不恥下問, 是以謂之文也."

자공문왈 "공문자하이위지문야?" 자왈 "민이호학, 불치하문, 시이위지문야."

자공이 물었다. "공문자를 어찌하여 〈시호를〉 문이라고
하였습니까?" 자왈 "영민하면서도 배우기를 좋아하고,
아래로(아래 사람에게) 묻기를 부끄러워하지 않았고,
이 때문에 그를 문이라고 〈시호〉 한 것이다."

敏:민첩할민/영민할민  恥:부끄러울치

### 문법(文法)적 해석

1) 孔文子何以謂之文也?:공문자를 어찌하여 〈시호를〉 문이라고
   하였습니까?
   - 孔文子(공문자):위(衛)나라 대부(大夫)이며, 성이 공(孔), 이름이
     어(圉)이고, 시호는 문(文)이다.
   - 何以(하이):어찌하여, 무엇으로써/의문사가 전치사의 목적어로
     도치된 것이다.
   - 之:목적어 '孔文子'를 강조하기 위해 앞에 제시하고, 그 자리에
     대명사 '之'를 사용한 것이라 할 수 있다.
   - 文(문):시호(諡號)이며, 시호(諡號)는 임금이나 정승, 유현들이
     죽은 뒤에 그들의 공덕을 칭송하여 주던 이름으로, 文(문)은
     가장 높은 단계의 시호이다.
2) 敏而好學:영민하면서도 배우기를 좋아하고,
   - 敏(민):민첩(敏捷)하다, 총명하다, 영민하다.
   - 而:그러나, 그런데/역접 접속사이며, 해석하지 않아도 된다.
   - 好學(호학):배우기를 좋아하다/동사가 연속 이어지는 연동사
     (連動詞)로 앞의 동사가 문장의 본동사이다.
3) 不恥下問:아래로(아래 사람에게) 묻기를 부끄러워하지 않았고,
   - 恥(치):뒤 문장을 목적절로 받으며, '~을 부끄러워하다'의 뜻이다.

- 下:아래로/下처럼 방향, 위치를 나타낼 경우, 동사 앞에 와서
  부사로 쓰인다.
4) 是以謂之文也:이 때문에 그를 문이라고 〈시호〉 한 것이다.
  - 是以:이 때문에/인과 관계를 나타내는 접속사로써 도치됨.
  - 之:'孔文子'를 가리킨다.


총명하면서도 배우기에 게을리하지 않고敏而好學,
높은 자리에 있으면서 아래 사람에게 묻는 것을 부끄러워하지
않는 사람不恥下問이라면 대단한 사람임에 틀림없구나!

공자께서 14년 만에 위나라衛에서 노나라魯로 돌아오려고 할 때,
공문자孔文子는 공자를 한사코 만류하였고, 또 태숙질太叔疾을 공격
하려고 그 계책을 공자에게 물었지만 모른다고 사양하고
떠나면서 말씀하시길...

"새는 나무를 선택하여 서식할 수 있지만 鳥則擇木
 나무가 어찌 새를 택할 수 있겠는가 木豈能擇鳥?"
                              - 공자세가孔子世家 중中에서

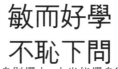

[ 敏而好學
  不恥下問 ]
  鳥則擇木, 木豈能擇鳥?
새는 나무를 선택하여 서식할 수 있지만 나무가 어찌 새를 택할 수 있겠는가?

## 5. 公冶長篇. 15章

子謂子産, "有君子之道四焉. 其行己也恭,
其事上也敬, 其養民也惠, 其使民也義."

자위자산, "유군자지도사언. 기행기야공, 기사상야경, 기양민야혜, 기사민야의."

공자께서 자산에 대해 말씀하셨다. "〈그는〉 군자의 도가
네 가지 있었다. 그는 몸을 행함에는(몸가짐이) 공손하고,
그는 윗사람을 섬김에는 공경스러우며, 그는 백성을 기름
(다스림)에는 은혜롭고, 그는 백성을 부림에는 의로웠다."

**謂**:이를위/논평할위  **産**:낳을산  **恭**:공손할공  **養**:기를양/다스릴양  **惠**:은혜혜

### 문법(文法)적 해석

1) 子謂子産:공자께서 자산에 대해 말씀하셨다.
  - 謂(위):이르다, 말하다, (논)평하다.
  - 子産(자산):정(鄭)나라 대부 공손교(公孫僑)의 자(字)이며, 어진
    재상으로 정나라를 부강하게 만들었다.
2) 有君子之道四焉:〈그는〉 군자의 도가 네 가지 있었다.
  - 焉(언):문장의 끝 부분에 쓰여 종결이나 판단의 어기를 나타
    내는 종결사로써, 이 경우에는 해석하지 않아도 된다.
3) 其養民也惠:그는 백성을 기름(다스림)에는 은혜롭고,
  - 其:그, 자기, 자기 자신/3인칭 대명사이며, '子産'를 가리킨다.
  - 養(양):기르다, 다스리다.
  - 也:~가(이), ~은(는)/주격 후치사.
4) 其使民也義:그는 백성을 부림에는 의로웠다.
  - 使:부리다. 시키다/주로 사동 보조사로 쓰이지만, 뒤에 목적어(
    명사/명사구)가 오면 타동사가 된다.

공손함恭, 공경스러움敬, 은혜로움惠, 의로움義을 지닌 군자 한사람
으로 인해 만백성들이 부유하고 평화롭다니, 군자君子가 그립구나.

## 5.公冶長篇.16章

# 子曰 "晏平仲, 善與人交, 久而敬之."

자왈 "안평중, 선여인교, 구이경지."

자왈 "안평중은 사람들과 잘 사겼고, 오래되어도 〈변함없이〉 공경하였다."

晏:늦을안   仲:버금중   交:사귈교

### 문법(文法)적 해석

1) 晏平仲, 善與人交:안평중은 사람들과 잘 사겼고,
   - 晏平仲(안평중):제(齊)나라의 대부였고, 성이 안(晏), 이름이 영 (嬰)이고, 자는 평중(平仲)이며 관중(管中)과 견줄 만한 훌륭한 명재상이었다.
   - 善:잘~/부사.
   - 與:~와 더불어/전치사.
   - 人:남, 타인/부정칭 인칭대명사.
2) 久而敬之:오래되어도 〈변함없이〉 공경하였다.
   - 而:~해도, 그러나/역접 접속사이며, 해석하지 않아도 된다.


안평중晏平仲, 사람과 잘 사긴다는 것善與人交도 어렵지만, 오래되어도 변함없이 상대방을 공경한다는 것久而敬之은 정말로 힘들고, 대단하다고 할 수 있다.

제경공齊景公이 공자에게 정치를 묻고, (孔子對曰 "君君, 臣臣, 父父, 子子"), 훌륭한 답변에 벼슬을 주고자 하니...

제齊나라 명재상이었던 안평중晏平仲, 즉 안영晏嬰이 반대를 하였다. 이로 인해 공자(대략 35세)께서는 벼슬을 구하지 못하였다.

사마천司馬遷 또한 "오늘날 안자晏子가 살아 있다면 나는 그를 위해 채찍을 드는 마부가 되어도 좋을 만큼 흠모欽慕한다."라고 하였다.

— 공자세가孔子世家, 사기열전史記列傳 中에서

# 子曰 "臧文仲, 居蔡, 山節藻梲, 何如其知也?"

자왈 "장문중, 거채, 산절조절, 하여기지야?"

자왈 "장문중은 〈점칠 때에 쓰는, 채지방에서 나는〉 큰 거북이를
보관하였는데, 〈보관하는 집의〉 기둥머리 부분의 나무에는 산
모양을 조각하고, 〈대들보 위의〉 동자 기둥에는 수초를 그렸으니,
어찌하여 그가 지혜롭다 하겠는가?"

臧:착할장 居:살거/보관할거 蔡:성씨채/거북채 節:마디절/기둥절 藻:마름조
梲:벗을탈/동자기둥절

## 문법(文法)적 해석

1) 臧文仲(장문중):노(魯)나라의 대부로 성은 장손(臧孫), 이름은
   신(辰)이며, 문(文)은 시호, 중(仲)은 자이다.
2) 居蔡:〈점칠 때에 쓰는, 채지방에서 나는〉 큰 거북이를 보관
   하였는데,
   - 居(거):보관하다, 소장하다, 장(藏)과 같은 뜻이다.
   - 蔡(채):큰 거북이로 채(蔡)땅에서 많이 나와 그 이름을 채(蔡)라고
     불렀다.
3) 山節藻梲:〈보관하는 집의〉 기둥머리 부분의 나무에는 산 모양을
   조각하고, 〈대들보 위의〉 동자 기둥에는 수초를 그렸으니,
   - 이런 장식은 천자의 종묘에서 하는 분수에 맞지 않는 것이다.
   - 山節(산절):기둥머리 부분의 나무에 산 모양을 조각하다.
     節(절)은 기둥머리 부분의 나무이다.
   - 藻梲(조절):동자 기둥에 수초를 그리다. 藻(조)는 수초이고,
     梲(절)은 대들보 위에 세워서 상량이나 오량 등을 받치는 짧은
     기둥으로써 동자 기둥을 말한다.
4) 何如其知也?:어찌하여 그가 지혜롭다 하겠는가?
   - 何如:무엇과 같은가?, 어떠한가?, 어찌하여/의문 부사 '어찌하여'로
     쓰였으며, 如何가 도치된 것이다.

- 其:그, 자기, 자기 자신/3인칭 대명사이며, '臧文仲'를 가리킨다.
- 知(지):지혜롭다, 총명하다, 슬기롭다. 지(智)와 같다.
- 也:의문 종결사/단정 종결사 也를 사용하여 의문의 뜻을 나타내는 경우에 주로 문두에 의문사가 온다. 또한 간혹 의문사가 없을지라도 의미상, 문맥상으로 의문문을 이룰 수도 있다.
- 주희(朱熹)에 따르면 "공자께서 '그는 사람의 의(義)에 힘쓰지 않고, 귀신에게 아첨하고 번거롭게 함이 이와 같았으니, 어찌 지혜롭다고 할 수 있겠는가.'"라고 하였다.


지혜롭다知. 지혜롭지 않다不知.
해도 되는 것과 해서는 안되는 것을 구별할 줄 아는 것에서부터
시작이 아닐까요?

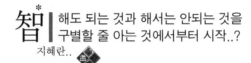

智* | 해도 되는 것과 해서는 안되는 것을
     | 구별할 줄 아는 것에서부터 시작..?
지혜란..

智* 지혜는
부자들을 아름답게 하고
가난을 부드럽게 한다.

소크라테스(BC470 ~ 399)

## 5. 公冶長篇. 18章

子張問曰"令尹子文, 三仕爲令尹, 無喜色,
三已之, 無慍色, 舊令尹之政, 必以告新令尹, 何如?"
子曰"忠矣." 曰"仁矣乎?" 曰"未知, 焉得仁?"
"崔子弑齊君, 陳文子有馬十乘, 棄而違之,
至於他邦, 則曰'猶吾大夫崔子也.' 違之.
之一邦, 則又曰'猶吾大夫崔子也.' 違之, 何如?"
子曰"淸矣." 曰"仁矣乎?" 曰"未知, 焉得仁?"

자장문왈 "영윤자문, 삼사위령윤, 무희색, 삼이지, 무온색, 구령윤지정, 필이고신령윤, 하여?"
자왈 "충의." 왈 "인의호?" 왈 "미지, 언득인?" "최자시제군, 진문자유마십승, 기이위지,
지어타방, 즉왈 '유오대부최자야,' 위지. 지일방, 즉우왈 '유오대부최자야,' 위지, 하여?"
자왈 "청의." 왈 "인의호?" 왈 "미지, 언득인?"

자장이 물었다. "영윤인 자문이, 세 번 벼슬하여 영윤이 되었
으나, 기뻐하는 기색이 없었고, 세 번 그것을 그만두었으나,
성내는 기색이 없었으며, 옛날 〈자신이 맡았던〉 영윤의 정사를,
반드시 새로운 영윤에게 알려주었으니, 어떻습니까?" 자왈
"충성스럽구나." 자장이 물었다. "인합니까?" 자왈 "모르겠다.
어찌 인할 수가 있겠느냐?" 〈자장이 물었다.〉 "최자가 제나라
임금을 시해하자, 진문자는 말 십 승이 있었는데, 버리고 그곳을
떠났으며, 다른 나라에 이르러서 곧 말하기를 '〈이 사람도〉 우리나라
대부 최자와 같다.' 하고 떠났습니다. 〈다른〉 한 나라에 가서
곧 또 말하길 '〈이 사람도〉 우리나라 대부 최자와 같다.' 하고 떠났
으니, 어떻습니까?" 자왈 "청렴하구나." 자장이 물었다.
"인합니까?" 자왈 "모르겠다. 어찌 인할 수가 있겠느냐?"

尹:성씨윤 慍:성낼온 舊:옛구 告:고할고 崔:성씨최 弑:죽일시 陳:베풀진
棄:버릴기 違:떠날위 淸:깨끗할청

## 문법(文法)적 해석

1) 子張(자장):공자보다 48세 아래의 제자로, 성은 전손(顓孫)이고,
   이름은 사(師)이며, 자는 자장(子張)이고, 진(陳)나라 사람이다.
2) 令尹子文:영윤인 자문이,
   - 令尹(영윤):초(楚)나라의 관직 이름으로 군과 정치의 대권을 관장
     하였고, 다른 제후국의 재상(宰相)과 같다고 할 수 있다.
   - 子文(자문):초(楚)나라의 대부로, 성은 투(鬪), 이름은 누어도
     (穀於菟)이며, 자는 자문(子文)이다.
3) 三仕爲令尹, 無喜色:세 번 벼슬하여 영윤이 되었으나, 기뻐하는
   기색이 없었고,
   - 三:세 번/수사로써 부사역할을 한다.
   - 爲:~이 되다/불완전 자동사로 보어를 취한다.
     '爲令尹'는 영윤이 되다.
   - 無:존재동사로써, 뒤 문장(喜色)을 보어로 취하며, 보어를
     주어처럼 해석한다.
4) 三已之, 無慍色:세 번 그것을 그만두었으나, 성내는 기색이
   없었으며,
   - 已:그만두다, 중지하다, 그치다, 끝나다/동사.
   - 慍(온):성내다, 화를 내다, 원망(怨望)하다.
5) 必以告新令尹:반드시 새로운 영윤에게 알려주었으니,
   - 以:전치사로써, 뒤에 '舊令尹之政'을 가리키는 대명사 '之'가 생략
     되었으며, 以다음에 之등의 대명사가 오는 경우는 생략할 수 있다.
6) 何如:어떻습니까?
   - 何如:어떻습니까?/의문사가 동사의 목적어일 경우에 동사 앞으로
     도치된다. 如何와 같다.
7) 忠矣(충의):충성스럽구나.
   - 矣:서술어가 동사, 형용사일 때 쓰이는 단정 종결사로써 '확신'을
     나타낸다. '也'는 서술어가 명사, 명사구일 때 쓰이는 서술 종결사이다.
8) 崔子弑齊君:최자가 제나라 임금을 시해하자,
   - 崔子(최자):제나라의 대부이며, 성은 최(崔), 이름은 저(杼)이다.
   - 弑(시):죽이다, 시해하다/자식이 부모를, 신하가 임금을, 아랫
     사람이 윗사람을 죽이는 것을 말한다.
   - 齊君(제군):제장공(齊莊公)이며, 이름은 광(光)이며, 제영공
     (齊靈公)의 아들이다. 최자(崔子)의 아내 강씨(姜氏)와 간통하였

으며, 이것으로 인해 시해(弑害) 되었다.

9) 陳文子有馬十乘:진문자는 말 십 승이 있었는데,
 - 陳文子(진문자):제나라의 대부로 진(陳)은 성, 문(文)은 시호,
   이름은 수무(須無)이다.
 - 乘(승): 말 네 마리가 끄는 전차이므로, 馬十乘은 말 40마리이다.

10) 棄而違之:버리고 그곳을 떠났으며,
 - 棄(기):버리다/馬十乘을 가리키는 대명사 '之'가 생략되었다.
 - 違(위):떠나다, 피(避)하다, 달아나다, 멀리하다
 - 之:제(齊)나라를 가리킨다.

11) 至於他邦, 則曰 '猶吾大夫崔子也.':다른 나라에 이르러서
   곧 말하기를 〈이 사람도〉 우리나라 대부 최자와 같다.'
 - 於:~에/보어와 목적어 앞에 위치하며, 처소, 장소의 전치사이다.
 - 則:곧, 즉/접속사로써 앞뒤 문장의 인과 관계를 나타낸다.
 - 猶(유):~와 같다/비교 형용사로써 뒤 문장 전체가 보어절이다.

12) 之一邦:〈다른〉 한 나라에 가서,
 - 之:가다/동사.

13) 淸矣:청렴하구나.
 - 淸(청):맑다, 깨끗하다, 청렴하다, 결백하다.


충성스럽구나忠! 청렴하구나淸! 하지만 어찌 인할 수가
있겠는가焉得仁? 그러면 인仁이란 도대체 무엇이란 말인가?
자왈曰 "가까운 데에서 취해서 비유할 수 있다면 (깨달음을 얻을 수
있다면) 인의 방법이라고 말할 수 있다能近取譬, 可謂仁之方也已."
                                                    - 6. 雍也篇.28章.


「仁 사람이 둘? = 人 + 人 」
어질다?

# 季文子三思而後行, 子聞之曰 "再斯可矣."

계문자삼사이후행, 자문지왈 "재사가의."

계문자는 세 번 생각한 이후에 행하였는데, 공자께서 이 말을 듣고 말씀하셨다. "두 번이면 가하다(된다)."

季:계절계/끝계  再:두재  斯:이사

## 문법(文法)적 해석

1) 季文子三思而後行:계문자는 세 번 생각한 이후에 행하였는데,
   - 季文子(계문자):노나라의 대부로 성은 계손(季孫), 이름은 행보 (行父)이고 文(문)은 그의 시호이다.
   - 而後:~이후에/접속사이며, 이후(以後)와 같다.
2) 再斯可矣:두 번이면 가하다(된다).
   - 斯(사):~면/가정, 조건의 접속사.
   - 矣(의):서술어가 동사,형용사일 때 쓰이는 단정 종결사로써 '확신'을 나타낸다.
   - 주희(朱熹)는 "정자(程子)는 '두 번에 이르면 이미 자세히 살폈고, 세 번이면 사사로운 뜻이 일어나 도리어 미혹된다. 그러므로 부자께서 나무라신 것이다.'"라고 하였다.


두 번 생각再思한다. 세 번 생각三思한다. 많이 생각多思할수록 좋은 것이 아니라 헷갈려서 결정하지 못한다? 심사숙고深思熟考가 행동과 실천을 방해할 때도 있구나.

## 5. 公冶長篇.20章

子曰 "甯武子, 邦有道則知, 邦無道則愚.
其知可及也, 其愚不可及也."

자왈 "영무자, 방유도즉지, 방무도즉우. 기지가급야, 기우불가급야."

자왈 "영무자는 나라에 도가 있으면(있을 때에는) 지혜로웠고
(지혜롭게 행동했고), 나라에 도가 없으면(없을 때에는)
어리석었다(어리석게 행동했다). 그 지혜는 미칠 수 있으나,
그 어리석음은 미칠 수 없다."

甯:편안할녕(영,령) 愚:어리석을우 及:미칠급

### 문법(文法)적 해석

1) 甯武子(영무자):위(衛)나라 대부로 성은 영(甯), 이름은 유(兪),
   시호는 무(武)다. 주희(朱熹)는 "甯武子가 위(衛)나라에서 벼슬할
   때, 문공(文公)은 도(道)가 있어서 甯武子가 내세울 만한 일이 없
   었으므로 그 지혜는 누구나 미칠 수 있는 것이었고, 성공(成公)은
   무도(無道)하여 나라를 잃음에 이르렀는데, 지혜롭고 재주 있는
   사람들이 모두 기피하는데, 甯武子가 그 사이를 주선하여 마음을
   다하고 힘을 다하여 어려움과 위험함을 피하지 않았으니, 이에
   그의 어리석음을 미칠 수 없는 것이다."라고 하였다.
2) 邦有道則知:나라에 도가 있으면(있을 때에는) 지혜로웠고
   (지혜롭게 행동했고),
   - 則:~면/가정, 조건의 접속사.
   - 知(지):지(智)와 같으며, 지식, 앎, 지혜 등으로 해석한다.
3) 其愚不可及也.:그 어리석음은 미칠 수 없다.
   - 其:그, 자기, 자기 자신/3인칭 대명사이며, '甯武子'를 가리킨다.

지혜롭게知 행동한다는 것은 상황에 따라 그때그때 다르게
행동하는 것을 말하는가?

## 5. 公冶長篇. 21章

# 子在陳, 曰 "歸與, 歸與!
# 吾黨之小子狂簡, 斐然成章, 不知所以裁之."

자재진, 왈 "귀여, 귀여! 오당지소자광간, 비연성장, 부지소이재지."

공자께서 진나라에 계실 때 말씀하셨다. "돌아가리라, 돌아가리라!
내 고향의 젊은이들은 뜻은 크나 간략하며, 찬란하게 문장을
이루었으나, 이것을 마름질할 방법을 알지 못하는구나."

陳:베풀진 黨:무리당/마을당 狂:미칠광 簡:간략할간 斐:문채날비 裁:마름질할재

### 문법(文法)적 해석

1) 歸與!:돌아가리라!
   - 與:감탄의 어기를 나타내는 감탄 종결사.
2) 吾黨之小子狂簡:내 고향의 젊은이들은 뜻은 크나 간략하며,
   - 黨(당):500호 가구의 마을.
   - 小子:젊은이, 제자, 학생.
   - 狂(광):미치다, 진취적이다, 뜻이 크고 진취적(進取的)인 사람.
3) 斐然成章:찬란하게 문장을 이루었으나,
   - 然(연):모양이나 상태를 나타내는 의태어로써 형용사 접미사이며,
     이 경우는 해석하지 않는다.
4) 不知所以裁之:이것을 마름질할 방법을 알지 못하는구나.
   - 所以:관용구로 한 단어로 보고, 방법, 이유, 까닭으로 해석한다.
   - 裁(재):마름질하다, 재단하다, 분별하다, 헤아리다.
     주희(朱熹)는 "베어서 바르게 하는 것이다(割正也)."라고 하였다.


이때 공자의 나이가 아마도 60여 세. 염구는 계강자가 불러 노나라로
돌아가는데 고향을 떠나 온지도 5년, 고향이 그리웠을 것이다.
하지만 불러주는 사람도 없고, 해는 서산에 저물고 있으니,
서글프구나! 돌아가리라歸與!, 돌아가리라歸與!

# 子曰 "伯夷叔齊, 不念舊惡, 怨是用希."

자왈 "백이숙제, 불념구악, 원시용희."

자왈 "백이와 숙제는 〈사람들이 자신들에게 저지른〉 옛 악행을
생각하지 않았고, 원망이 이 때문에 드물었다."

念:생각할념  舊:옛구  怨:원망할원  希:드물희/바랄희

## 문법(文法)적 해석

1) 伯夷叔齊:은나라 말엽, 고죽군(孤竹君)의 두 왕자였고, 아버지가
   죽자 고죽군의 왕위를 서로 양보하며 나라를 떠났고, 주나라 무왕
   (武王)이 은나라의 주왕(紂王)을 토벌하자, 두임금을 섬길 수 없다
   하며 수양산(首陽山)에 들어가 고사리를 먹고 살다가 굶어 죽었다.
2) 舊惡(구악):옛날의 악한 일, 옛 악행.
3) 怨是用希:원망이 이 때문에 드물었다.
   - 是用(시용):이로써, 이 때문에/단문을 연결시키는 접속사로써
     用은 以와 같이 도구, 수단, 방법을 나타내는 전치사이다.
   - 希(희):드물다, 적다/형용사.

백이伯夷와 숙제叔齊은 지금으로부터 삼천여 년 전의 어르신들이다.
공자께서는 오백여 년 전의 일을 어떻게 알았을까?
그런데 과연 그들은 수양산(首陽山)에서 굶어 죽으면서 원망怨이
없었을까? 그럼 백이伯夷와 숙제叔齊 어르신들이 불렀던 채미가
采薇歌는 무엇이란 말인가? 사마천 또한 사기열전에서 "원망인가?
원망이 아닌가? 원망怨이다."라고 하였구나.

## 5. 公冶長篇.23章

### 子曰 "孰謂微生高直?
### 或乞醯焉, 乞諸其隣而與之."

자왈 "숙위미생고직? 혹걸혜언, 걸저기린이여지."

자왈 "누가 미생고를 정직하다고 했는가? 어떤 사람이 식초를
빌리자(빌리려 오자), 그의 이웃집에서 빌려서 주었다."

微:작을미  乞:빌걸  醯:식초혜/식혜혜  隣:이웃린

### 문법(文法)적 해석

1) 孰謂微生高直?:누가 미생고를 정직하다고 했는가?
  - 孰:누가/의문 대명사
  - 微生高(미생고):노나라 사람으로 성이 미생(微生),
    이름이 고(高)이다.
2) 或乞醯焉:어떤 사람이 식초를 빌리자(빌리려 오자),
  - 或(혹):어떤 이(사람, 자), 특정 대상을 가리키지 않고 막연한
    사람을 가리킨다/부정칭 인칭대명사.
  - 焉(언):'於是'이고, 是는 微生高이며, 대명사를 포함한 종결사이다.
3) 乞諸其隣而與之:그의 이웃집에서 빌려서 주었다.
  - 諸:'之於'이고, 之는 醯를 가리킨다.
  - 其:그, 자기, 자기 자신/3인칭 대명사이며, '微生高'를 가리킨다.
4) 주희(朱熹)에 따르면 "정자(程子)는 '미생고가 굽힌 것은
    비록 작지만 정직함을 해침은 크다.'"라고 하였다.


정직直과 거짓僞의 차이는 무엇인가?
정직直:"네, 식초 (없는데 이웃집에서 빌려) 드리겠습니다."
거짓僞:"네, 식초 드리겠습니다."
거짓僞(=人+爲):사람人이 행한 것爲(없는데 이웃집에서 빌려)을
그대로 말하지 않는 것을 거짓僞이라고 하는구나.

## 5. 公冶長篇. 24章

子曰 "巧言令色足恭, 左丘明恥之, 丘亦恥之.
匿怨而友其人, 左丘明恥之, 丘亦恥之."

자왈 "교언영색주공, 좌구명치지, 구역치지. 익원이우기인, 좌구명치지, 구역치지."

자왈 "말을 교묘하게(듣기 좋게)하고, 얼굴빛을 곱게 하고,
공손을 지나치게 함을 좌구명은 부끄러워하였는데, 나 또한
이것을 부끄러워한다. 원한을 숨기고 그 사람과 벗함을
좌구명은 부끄러워하였는데, 나 또한 이것을 부끄러워한다."

巧:공교할교  令:하여금령(영)  足:지나칠주  恥:부끄러울치  匿:숨길닉(익)

### 문법(文法)적 해석

1) 巧言 · 令色 · 足恭:말을 교묘하게(듣기 좋게)하고, 얼굴빛을 곱게
   하고, 공손을 지나치게 함을,
   - 巧(교):교묘하다, 솜씨가 있다/형용사.
   - 令(영):좋다, 아름답다, 곱다/형용사.
   - 足(주):지나치다. 과도하다.
2) 左丘明(좌구명):노나라의 태사(太史)로 공자에게 춘추를 받았다고
   한다. 주희(朱熹)에 따르면 "정자는 '좌구명은 옛날의 명성이 있는
   사람이다.'"라고 하였다.
3) 丘亦恥之:나 또한 이것을 부끄러워한다.
   - 丘(구):공구(孔丘), 공자의 이름이다.
4) 匿怨而友其人:원한을 숨기고 그 사람과 벗함을,
   - 匿(닉/익):숨기다.
   - 友(우):벗하다, 가까이 하다, 사귀다.

교언巧言, 영색令色, 주공足恭, 익원匿怨. 이 모든 것이 부끄러운
일恥인가? 하지만 상황에 따라서 할 수도 있지 않을까요?

## 5. 公冶長篇. 25章

顏淵·季路侍, 子曰 "盍各言爾志?"
子路曰 "願車馬衣輕裘, 與朋友共, 敝之而無憾."
顏淵曰 "願無伐善, 無施勞." 子路曰 "願聞子之志."
子曰 "老者安之, 朋友信之, 少者懷之."

안연·계로시, 자왈 "합각언이지?" 자로왈 "원거마의경구, 여붕우공, 폐지이무감."
안연왈 "원무벌선, 무시로." 자로왈 "원문자지지." 자왈 "노자안지, 붕우신지, 소자회지."

안연과 계로가 〈공자를〉 모시고 있었는데, 자왈 "어찌 각각
너희들의 뜻을 말하지 않는가?" 자로가 말했다. "수레와 말과
가벼운 갖옷 입는 것을 벗들과 함께 해서, 해지더라도 섭섭함이
없고자 원합니다." 안연이 말했다. "잘하는 것을 자랑하지 않고,
공로를 자랑하지 않고자 원합니다." 자로가 말했다. "선생님의
뜻을 듣기를 원합니다." 자왈 "노인들을 편안하게 해주고,
친구들을 믿게 하고, 젊은이들을 감싸주는 것이다."

侍:모실시 盍:덮을합/어찌아니할합 願:원할원 裘:갖옷구 敝:해질폐 憾:섭섭할감
伐:자랑할벌 施:베풀시/뽐낼시/자랑할시 勞:일할로(노)/공로로 懷:품을회

## 문법(文法)적 해석

1) 顏淵·季路侍:안연과 계로가 〈공자를〉 모시고 있었는데,
   - 顏淵:공자의 제자로, 성은 안(顏)이고, 이름은 회(回)이며, 자는
     자연(子淵)이다. 성의 안(顏)과 자의 뒷 자인 연(淵)을 합쳐서
     안연(顏淵)이라고도 한다.
   - 季路:공자보다 9세 아래의 제자로, 성은 중(仲)이고, 이름은 유(由)
     이며, 자는 자로(子路) 또는 계로(季路)이다.
   - 侍(시):모시다, 받들다.
2) 盍各言爾志?:어찌 각각 너희들의 뜻을 말하지 않는가?
   - 盍(합):어찌 ~ 하지 않는가. 何不과 같다.
   - 各:각각/부정칭 대명사.

3) 願車馬衣輕裘, ~ :수레와 말과 가벼운 갖옷 입는 것을, ~
  - 願:(원컨대) ~하기를 바라다, ~하기를 원합니다/미래, 욕망,
    원망을 나타내는 보조사로써, 뒤 문장 전체를 취한다.
  - 衣(의):옷을 입다, 옷을 입히다, 옷, 의복.
  - 輕裘(경구):가벼운 갖옷(털가죽 옷).
4) 願無伐善, 無施勞:잘하는 것을 자랑하지 않고, 공로를 자랑하지
    않고자 원합니다.
  - 無:~않다/부정 보조사로, 동사 앞에 위치하며 不과 같다.
  - 伐(벌):자랑하다, 뽐내다.
  - 施(시):자랑하다, 과장하다, 과시하다.
  - 勞(로):공로, 공적/명사.
5) 老者安之, 朋友信之, 少者懷之:노인들을 편안하게 해주고,
    친구들을 믿게 하고, 젊은이들을 감싸주는 것이다.
  - 之:목적어 '老者, 朋友, 少者'를 강조하기 위해 앞에 제시하고,
    그 자리에 대명사 '之'를 사용한 것이라 할 수 있다.
  - 安, 信, 懷:사동(역)동사로 전성된 것으로 의미상 문맥상
    사동(역)문이라 할 수 있다.


계로는 무엇이든 벗友과 함께 하고자 했고, 안연은 겸손하고자
했고無伐, 공자께서는 노인이든, 친구든, 젊은이든, 모두 함께
하고자 하셨구나.

## 5. 公冶長篇. 26章

# 子曰 "已矣乎! 吾未見能見其過, 而內自訟者也."

자왈 "이의호! 오미견능견기과, 이내자송자야."

자왈 "끝났구나(어쩔 수 없구나)! 나는 아직 자기의 허물을 볼 수 있고, 〈마음〉 속으로 자신을 꾸짖는 사람을 보지 못했다."

已:이미이/그칠이 過:허물과 訟:송사할송/꾸짖을송

### 문법(文法)적 해석

1) 已矣乎!:끝났구나(어쩔 수 없구나)!
   - 已(이):그만두다, 중지하다, 그치다, 끝나다/동사.
   - 矣乎(의호):감탄 종결사로써, 의(矣)는 이미 그러함을 나타내고, 호(乎)는 감탄을 나타낸다.
2) 吾未見能見其過:나는 아직 자기의 허물을 볼 수 있고,
   - 未見(미견):(아직)~보지 못했다/뒷 문장 전체(能見~訟者)를 목적절로 취한다.
   - 其:그, 자기, 자기 자신/3인칭 대명사.
3) 而內自訟者也:〈마음〉 속으로 자신을 꾸짖는 사람을.
   - 內:방향, 위치를 나타낼 경우, 동사 앞에 와서 부사로 쓰인다.
   - 自訟(자송):자신을 꾸짖다/'自'는 일인칭 대명사일 경우는 자기 또는 자신으로 해석하며, 일반적으로 '自'는 의미상 목적어일지라도 어순상 반드시 동사 앞에 쓰인다. 동사가 타동사일 때는 목적어로 '자기를, 자신을, 스스로를'으로 해석한다.
   - 訟(송):꾸짖다, 자책하다.

자신의 허물過을 보고 안으로 반성自訟한다.
먼저 허물過이 무엇인지를 알아야 될 텐데, 그때나 지금이나
모르는 사람들이 너무나 많구나.

# 子曰 "十室之邑, 必有忠信如丘者焉, 不如丘之好學也."

자왈 "십실지읍, 필유충신여구자언, 불여구지호학야."

자왈 "열 집의 〈작은〉 마을에도, 반드시 진실됨과 미더움이 구(나)와 같은 사람이 있겠지만, 구가(나처럼) 배우기를 좋아하는 것 보다는 못할 것이다."

室:집실  邑:고을읍/마을읍

## 문법(文法)적 해석

1) 必有忠信如丘者焉:반드시 진실됨과 미더움이 구(나)와 같은 사람이 있겠지만,
  - 有:존재동사로써, 뒤 문장을 보어로 취하며, 보어를 주어처럼 해석한다.
  - 如:~와 같다, ~듯 하다/비교 형용사로써 보어 '丘'를 취한다.
  - 者:의존명사(불완전명사) 또는 특수 지시대명사로 앞 문장을 취해서 명사구가 되며, '~하는 사람, ~하는 것'으로 해석한다.
2) 不如丘之好學也:구가(나처럼) 배우기를 좋아하는 것 보다는 못할 것이다.
  - 不如:~보다 못하다/열등 비교이며, 뒤 문장은 보어절이다.
  - 之:~가(이), ~은(는)/주격 후치사.
  - 好學(호학):배우기를 좋아하다/동사가 연속 이어지는 연동사(連動詞)로 앞의 동사가 문장의 본동사이다.

얼마만큼 공부를 해야 배우기를 좋아한다好學고 말할 수 있을까? 좋아하는 자는 즐기는 자보다 못하다好之者不如樂之者.

敏而好學
不恥下問

鳥則擇木, 木豈能擇鳥?

새는 나무를 선택하여 서식할 수 있지만 나무가 어찌 새를 택할 수 있겠는가?

# 雍也

## 6.
## 雍也
## 篇

28章

## 6. 雍也篇. 1章

子曰 "雍也, 可使南面."
仲弓問子桑伯子, 子曰 "可也, 簡."
仲弓曰 "居敬而行簡, 以臨其民, 不亦可乎?
居簡而行簡, 無乃大簡乎?" 子曰 "雍之言然."

자왈 "옹야, 가사남면." 중궁문자상백자, 자왈 "가야, 간."
중궁왈 "거경이행간, 이임기민, 불역가호? 거간이행간, 무내태간호?" 자왈 "옹지언연."

자왈 "옹은 〈그로 하여금〉 남쪽으로 얼굴을 향하게(임금이
되게) 할 만하다." 중궁이 자상백자에 대하여 물었다.
자왈 "괜찮다, 간략(대범, 소탈)함이." 중궁이 말했다.
"평상시에 공경하면서도 간략함을 행하여, 그 백성을 임한다면
또한 괜찮지 않겠습니까? 평상시에 간략하면서도 간략함을
행한다면 너무 간략하지 않습니까?" 자왈 "옹의 말이 옳다."

**雍**:화할옹 **桑**:뽕나무상 **簡**:간략할간 **臨**:임할임 **乃**:이에내

## 문법(文法)적 해석

1) 雍也, 可使南面.:옹은 〈그로 하여금〉 남쪽으로 얼굴을 향하게
   (임금이 되게) 할 만하다.
   - 雍(옹):공자보다 29세 아래의 제자로, 성은 염(冉)이고, 이름은
     옹(雍)이며, 자는 중궁(仲弓)이다. 노나라 사람으로 공자의 제자
     중에 덕행(德行)으로 유명하였다.
   - 也:~가(이), ~은(는)/주격 후치사.
   - 使(사):~에게 ~하게 하다/사동보조사로써 목적어 雍(옹)이
     생략된 것이다.
   - 南面(남면):임금이 정사를 다스리는 자리이며, 중궁이 성품이
     너그럽고, 도량이 넓으며, 간략(대범, 소탈)하여 임금의 도량이
     있음을 말씀한 것이다. 南(남)은 방향, 위치를 나타낼 경우,
     동사 앞에 와서 부사로 쓰이며, 面(면)은 전성동사로써 (얼굴을)
     향(向)하다라는 의미로 쓰인다.

2) 子桑伯子(자상백자):주희(朱熹)는 "노나라 사람이라 하고,
　　호인(胡寅)는 '장자(莊子)가 칭한 자상호(子桑戶)라는 자가 그인
　　듯하다.' "라고 하였다.
3) 可也, 簡:괜찮다, 간략(대범, 소탈)함이.
　- 주어와 술어, 簡可也가 도치된 것이다.
　- 簡(간):대범하다, 소탈하다/형용사가 명사로 전성된 것이다.
4) 居敬而行簡, 以臨其民, 不亦可乎?:평상시에 공경하면서도
　　간략함을 행하여, 그 백성을 임한다면 또한 괜찮지 않겠습니까?
　- 居(거):평상시, 평소, 평일에/부사.
　- 以:'居敬而行簡'을 가리키는 대명사 '之'가 생략되었으며,
　　以다음에 之등의 대명사가 오는 경우는 생략할 수 있다.
　- 不亦可乎:반어문으로, 앞 문장은 의미상, 문맥상 가정문이 되는
　　경우가 많다.
5) 無乃大簡乎?:너무 간략하지 않습니까?
　- 無乃 ~ 乎: ~ 이 아닌가?/동작이나 행위에 추측을 나타내며
　　반어문으로써 의문이 아닌 강한 강조를 나타내며, 긍정은 부정,
　　부정은 긍정를 의미한다. 또한 앞 문장이 의미상, 문맥상
　　가정문이 되는 경우가 많다.
　- 大(태):너무, 몹시/太(태)와 같고, 성질이나 상태가 일정한 정도나
　　한계를 초과한 것을 나타내며, 이런 경우에는 '태'로 읽는다.
6) 雍之言然:옹의 말이 옳다.
　- 然(연):옳다, 맞다, 그러하다, 그렇다/대명사로써 대답하는 말을
　　나타낸다.


공경敬이 없는 간략하고 소탈함簡.
공경敬하면서 간략하고 소탈함簡. 그리고 이 둘의 조화和라.

6. 雍也篇. 2章

# 哀公問 "弟子孰爲好學?"
# 孔子對曰 "有顔回者好學, 不遷怒, 不貳過.
# 不幸短命死矣. 今也則亡, 未聞好學者也."

애공문 "제자숙위호학?" 공자대왈 "유안회자호학, 불천노, 불이과.
불행단명사의. 금야즉무, 미문호학자야."

애공이 물었다. "제자 중에 누가 배우기를 좋아합니까?"
공자께서 대답하셨다. "안회라는 사람이 배우기를 좋아하며,
노여움을 〈남에게〉 옮기지 않으며, 〈같은〉 잘못을 두 번 하지
않았는데, 불행히도 명이 짧아 죽었습니다. 지금은 없으니,
아직 배우기를 좋아하는 자를 듣지 못했습니다."

孰:누구숙 顔:얼굴안 回:돌아올회 遷:옮길천 怒:성낼노 貳:두이 幸:다행행 短:짧은단

## 문법(文法)적 해석

1) 哀公(애공):노(魯)나라의 임금(BC 494 ~ BC468년)으로 성은 희(姬),
   이름은 장(蔣)이고, 애(哀)는 시호(諡號)이며 정공(正公)의 아들이다.
2) 弟子孰爲好學?:제자 중에 누가 배우기를 좋아합니까?
   - 孰(숙):누가/의문 대명사.
   - 爲:연계동사로써 주어와 보어 사이에 놓여 이를 연결하는 역할을
     하며, 형용사 '好'는 보어이며, 爲好는 '좋아하다'의 뜻을 나타낸다고
     할 수 있다.
   - 好學(호학):배우기를 좋아하다/동사가 연속으로 이어지는 연동사
     (連動詞)로 앞의 동사가 문장의 본동사이다.
3) 有顔回者好學:안회라는 사람이 배우기를 좋아하며,
   - 有:불특정한 대상을 지목할 때 붙여주는 관용어로 쓰였으며,
     해석하지 않아도 되며, 첫머리에 놓일 경우에 '어떤, 어느'로
     해석할 수도 있다.
   - 者:의존명사(불완전명사) 또는 특수 지시대명사로 앞 문장을
     취해서 명사구가 되며, '~하는 사람, ~하는 것'으로 해석한다.

4) 不遷怒, 不貳過:노여움을 〈남에게〉 옮기지 않으며,

〈같은〉 잘못을 두 번 하지 않았는데,

 - 怒(노):노여움/명사.

 - 貳(이):두 번/수사가 부사로 전성된 것이다.

5) 不幸短命死矣:불행히도 명이 짧아 죽었습니다.

 - 不幸(불행):불행히도/부사구.

 - 短命(단명):주희(朱熹)는 "안회가 32세에 죽었기 때문에 단명이다."
   라고 하였으며, 사마천(司馬遷)의 사기열전(史記列傳)에서는
   "공자보다 30살 아래이며, 29살에 머리가 하얗게 세더니 젊은
   나이에 죽었다"라고 했다.

6) 今也則亡:지금은 없으니,

 - 則(즉): ~은, ~가/주어 다음에 위치할 경우에 이처럼 해석한다.

 - 亡(무):없다. 무(無)와 같다.


공자孔子와 안회顏回의 나이 차이가
사마천이 말한 30여 살이 아니라 38여 살 아닐까?
사마천司馬遷이 또한 말했다.
"세상에는 아는 것보다 모르는 것이 더 많다"라고.
주희朱熹 또한 확실하지 않은 것에 대해서
"다음에 아는 이가 나타나 밝혀주기를 바란다"라고 하였구나.

好學
배우기를 좋아하다

子華使於齊, 冉子爲其母請粟, 子曰 "與之釜."
請益, 曰 "與之庾." 冉子與之粟五秉.
子曰 "赤之適齊也, 乘肥馬, 衣輕裘.
吾聞之也, 君子周急, 不繼富."
原思爲之宰, 與之粟九百, 辭.
子曰 "毋. 以與爾隣里鄉黨乎!"

자화시어제, 염자위기모청속, 자왈 "여지부." 청익, 왈 "여지유." 염자여지속오병.
자왈 "적지적제야, 승비마, 의경구. 오문지야, 군자주급, 불계부."
원사위지재, 여지속구백, 사. 자왈 "무. 이여이린리향당호!"

자화가 제나라에 심부름을 가자, 염자가 그의 어머니를 위해서
곡식을 〈줄 것을〉 청하자, 자왈 "여섯 말 넉 되를 주라." 더 〈줄 것을〉
청하자, 자왈 "열여섯 말을 주라." 염자가 곡식, 오 병(팔십 섬)을
주었다. 자왈 "적(자화)이 제나라에 갈 때에, 살찐 말을 타고, 가벼운
갖옷을 입었다. 내가 듣기로는, 군자는 급한 것을 구제하지만
부유한 자를 계속 〈부자가〉 되게 하지(보태 주지) 않는다."
원사가 그의(공자의) 가신이 되었는데, 그에게 곡식 구백을 주시자,
〈그는〉 사양하였다. 자왈 "그러지 말라. 너의 이웃집과 마을 및
향당에 〈나누어〉 주거라!"

華:빛날화 使:하여금사/보낼시 粟:곡식속 釜:가마부/6말4되부 庾:곳집유/열여섯말유
秉:잡을병/열여섯섬병 適:맞을적/갈적 肥:살찔비 裘:갖옷구 周:두주주/구제할주
繼:이를계 宰:재상재/가신재 辭:말씀사/사양할사 毋:말무 隣:이웃린

### 문법(文法)적 해석

1) 子華使於齊:자화가 제나라에 심부름을 가자,
  - 子華(자화):공자보다 42세 아래의 제자로, 성은 공서(公西),
    이름은 적(赤)이며, 자는 자화(子華)이고, 노나라 사람이다.
  - 使(시):심부름 가다.

2) 冉子爲其母請粟:염자가 그의 어머니를 위해서 곡식을 〈줄 것을〉
청하자,
 - 冉子(염자):공자보다 29세 아래의 제자로, 성은 염(冉)이고,
   이름은 구(求)이며, 자는 자유(子有)이고, 노나라 사람이다.
   염구를 염자로 칭한 것을 보면 염구의 제자가 쓴 듯 하다.
 - 爲:~위해, ~위하여/전치사.
3) 與之釜:여섯 말 넉 되를 주라.
 - 與:주다, 베풀어 주다/동사.
 - 之:무엇을 꼭 지칭하기 위해 쓰인 것이 아니라, 술어 뒤에 之가
   붙음으로써 그 술어를 술어답게 만들어주는 어감을 얻고, 어세를
   고르게 하기 위해 쓰인다. 만약 여기서 대명사, 목적어로 쓰였다면
   '其母'를 가리킨다고 할 수 있으며, 해석하지 않아도 된다.
 - 釜(부):용량의 단위로 여섯 말 넉 되이다.
4) 庾(유):용량의 단위로 열여섯 말이다.
5) 秉(병):용량의 단위로 열여섯 섬이며, 五秉(오병)은 팔십 섬이다.
   용량 단위는 주희(朱熹)의 해석을 따랐다.
6) 赤之適齊也:적(자화)이 제나라에 갈 때에,
 - 赤(적):자화(子華)의 이름이다.
 - 之:~가(이), ~은(는)/주격 후치사.
 - 適(적):가다/동사.
7) 吾聞之也, 君子周急, 不繼富:내가 듣기로는, 군자는 급한 것을
   구제하지만 부유한 자를 계속 〈부자가〉 되게 하지(보태 주지)
   않는다.
 - 之:뒤 문장 '君子周急, 不繼富'를 가리킨다.
 - 周(주):구하다, 구제하다, 베풀어 주다/동사.
 - 繼(계):보태 주다, 잇다, 계승하다/동사.
8) 原思爲之宰:원사가 그의(공자의) 가신이 되었는데,
 - 原思(원사):공자보다 36세 아래의 제자로, 성은 원(原)이고,
   이름은 헌(憲)이며, 자는 자사(子思)이고, 노나라 사람이다.
 - 爲:~이 되다/불완전 자동사로 보어를 취한다.
 - 之:공자를 가리키는 인칭 대명사.
9) 辭(사):사양하다, 거절하다/동사.
10) 毋(무):(그러지) 말라/금지 보조사로써 뒤에 사(辭)가 생략된
   것이다.

11) 以與爾隣里鄕黨乎!:너의 이웃집과 마을 및 향당에 〈나누어〉 주거라!
 - 以:전치사로써, 뒤에'粟九百'을 가리키는 대명사 '之'가 생략
   되었으며, 以 다음에 之 등의 대명사가 오는 경우는 생략할
   수 있다.
 - 與:주다, 베풀어 주다/동사.
 - 隣里鄕黨:隣은 5가(家), 里는 25가(家), 鄕은 12,500가(家), 黨은
   500가(家)이며 합쳐서 이웃 마을 사람들을 가리킨다. 州는
   2,500가(家)이다.
 - 乎:감탄과 명령의 어기를 나타내는 감탄 종결사이다.


유庾(열여섯 말)을 주라고 했는데,
병秉(열여섯 섬), 그것도 오 병五秉(팔십 섬)을 주다니
아마도 염구冉求가 유庾과 병秉을 잘못 듣고 주었을까?
하지만 너무 차이가 난다.
유庾, 한섬 여섯 말과 5병五秉, 팔십 섬.

君子 | 周急
不繼富
冉求非君子也?

## 6.雍也篇. 4章

# 子謂仲弓曰
# "犁牛之子, 騂且角, 雖欲勿用, 山川其舍諸?"

자위중궁왈 "리우지자, 성차각, 수욕물용, 산천기사저?"

공자께서 중궁을 〈평하여〉 말씀하셨다. "얼룩소 새끼가
색깔이 붉고 또 뿔이 반듯하다면, 비록 사용을 안 하고자 하나,
산천이 〈의 신이〉 어찌 그것을 내버려두겠는가?"

犁:얼룩소리(이)  騂:붉을(말)성  角:뿔각  舍:집사/버릴사

## 문법(文法)적 해석

1) 子謂仲弓曰:공자께서 중궁을 〈평하여〉 말씀하셨다.
   - 謂(위):이르다, 말하다, (논)평하다.
   - 仲弓(중궁):공자보다 29세 아래의 제자로, 성은 염(冉)이고,
     이름은 옹(雍)이며, 자는 중궁(仲弓)이고, 노나라 사람으로
     공자의 제자 중에 덕행(德行)으로 유명하였다.
2) 犁牛之子, 騂且角:얼룩소 새끼가 색깔이 붉고 또 뿔이 반듯하다면,
   - 犁牛(리우):얼룩소
   - 騂(성):붉다/주(周)나라 사람은 적색(赤色)을 숭상하여 희생
     (犧牲)으로 붉은 것을 사용하였다.
   - 且(차):또/구와 구, 절과 절을 연결하는 일반 접속사.
   - 角(각):뿔, 뿔이 제대로 자라다.
3) 雖欲勿用:비록 사용을 안 하고자 하나,
   - 雖(수):비록~ 할지라도/조건, 양보의 부사.
   - 欲:~하고자 하다/원망(願望) 보조사.
   - 勿(물):~않다/부정 보조사로, 동사 앞에 위치하며 不과 같다.
4) 山川其舍諸?:산천이 〈의 신이〉 어찌 그것을 내버려두겠는가?
   - 山川(산천):산천의 신(神)을 의미한다.
   - 其(기):어찌/'반어'을 나타내는 부사이고, 豈와 같으며,
     반어문이다.

- 舍(사):버리다/사(捨)와 같다.
- 諸(저):대명사를 포함한 반어(의문) 종결사로써 '之乎'와 같다.
- 주희(朱熹)는 "사람들이 비록 쓰지 않으려고 하나, 신(神)이 반드시 내버려두지 않을 것이라고 공자께서 말씀한 것이며, 중궁의 아버지가 천하고 행동이 악(惡)하였다. 그러므로 공자께서 이로써 비유하셨고, 아버지의 악함이 그 자식의 선함을 폐할 수 없으며, 중궁과 같은 어짊은 스스로 마땅히 세상에 쓰여야 한다고 말씀 하셨다."고 말하였다.

능력(붉고騂 또 뿔이 반듯하다角)이 있다면 신분과 주위 환경을 초월할 수 있을까? 지금도 내버려두거늘捨, 과연 그때에 그랬을까?

「騂且角
今用乎?」

붉고
또
뿔이 반듯하다.

지금은
쓰일까?

## 6. 雍也篇. 5章

# 子曰 "回也, 其心三月不違仁,
# 其餘則日月至焉而已矣."

자왈 "회야, 기심삼월불위인, 기여즉일월지언이이의."

자왈 "회는 그 마음이 3개월 〈동안〉 인을 떠나지 않는다.
그 나머지 〈사람들〉는 하루나 한 달 〈한 번〉 여기에 이를 뿐이다."

違:어긋날위/떠날위  餘:남을여

### 문법(文法)적 해석

1) 回也, 其心三月不違仁:회는 그 마음이 3개월 〈동안〉 인을 떠나지
   않는다.
   - 回(회):공자의 제자로, 성은 안(顏)이고 이름은 회(回)이며,
     자는 자연(子淵)이고, 노(魯)나라 사람이다.
   - 也:~가(이), ~은(는)/주격 후치사.
   - 其(기):그, 回를 가리킨다/3인칭 대명사이며, 별도의 글자가 있는
     것이 아니고, 지시 대명사가 인칭의 의미로 사용된 것이다.
   - 三月:주희(朱熹)에 따르면 "정자(程子)는 '천도(天道)가 조금
     변하는 절기(節期)이므로 오래됨을 말씀한 것이다.'"라고 했다.
     '3개월'과 같이, 시간을 의미하는 명사가 부사로 전성된 것이다.
2) 其餘則日月至焉而已矣:그 나머지 〈사람들〉는 하루나 한 달
   〈한 번〉 여기에 이를 뿐이다."
   - 則: ~은, ~가/주어 다음에 위치할 경우 이처럼 해석할 수 있다.
   - 日月:하루나 한 달/명사가 부사로 전성된 것이다.
   - 焉(언):'於是'이며, '전치사+목적어'를 이루어 보어로 쓰인다.
   - 而已矣:~일 뿐이다/한정 종결사.

공자께서 안회에게 "자기를 이겨 예로 돌아가는 것이 인을 하는
것이다克己復禮爲仁."라고 하였기에 인을 떠나지 않았는가不違仁?

# 季康子問 "仲由, 可使從政也與?"
# 子曰 "由也果, 於從政乎何有?"
# 曰 "賜也, 可使從政也與?"
# 曰 "賜也達, 於從政乎何有?"
# 曰 "求也, 可使從政也與?"
# 曰 "求也藝, 於從政乎何有?"

**계강자문 "중유, 가사종정야여?" 자왈 "유야과, 어종정호하유?" 왈 "사야, 가사종정야여?" 왈 "사야달, 어종정호하유?" 왈 "구야, 가사종정야여?" 왈 "구야예, 어종정호하유?"**

계강자가 물었다. "중유는 정치에 종사하게 할 만합니까? 자왈 "유는 과단성이 있어, 정치에 종사함에 무슨 어려움이 있겠습니까?" 계강자가 말했다. "사는 정치에 종사하게 할 만합니까? 자왈 "사는 〈사리에〉 통달했으니, 정치에 종사함에 무슨 어려움이 있겠습니까?" 계강자가 말했다. "구는 정치에 종사하게 할 만합니까? 자왈 "구는 재주가 있으니, 정치에 종사함에 무슨 어려움이 있겠습니까?"

**康:편안할강  果:열매과/과단성과  賜:줄사  達:통달할달  藝:재주예**

## 문법(文法)적 해석

1) 季康子(계강자):노(魯)나라의 대부로 성은 계손(季孫)이고, 이름은 비(肥)이며, 강(康)은 시호이다. 당시 노나라의 실권을 쥔 삼환 중에 한 가문의 사람이다.

2) 仲由, 可使從政也與:중유는 정치에 종사하게 할 만합니까?
 - 仲由(중유):공자보다 9세 아래의 제자로, 성은 중(仲)이고, 이름은 유(由)이며, 자는 자로(子路), 계로(季路)이다.
 - 使:~에게 ~하게 하다/사동보조사. 목적어 仲由가 생략된 것이다.
 - 從(종):종사하다, 참가하다.

- 也與(야여):~인가?, ~입니까?/옳고 그름을 판단하는 문장이나
  선택 의문문 끝에 쓰이는 의문 종결사이다.
3) 由也果, 於從政乎何有:유는 과단성이 있어 정치에 종사함에
  무슨 어려움이 있겠습니까?
  - 也:~는(은), ~이(가)/주격 후치사.
  - 果(과):결단하다, 과(결)단성이 있다.
  - 於從政乎는 보어로써 강조하기 위해 문장 앞으로 도치된 것이다.
    즉 何有於從政乎이다.
  - 乎:의문, 빈문의 어기를 나타내는 의문 종결사.
  - 何有:무엇이(무슨 어려움이) 있는가/何는 의문 대명사로, 동사의
    보어이므로 동사 앞으로 도치된 것이다.
4) 賜也達:사는 〈사리에〉 통달했으니,
  - 賜(사):공자보다 31세 아래의 제자로, 성은 단목(端木), 이름은
    사(賜)이며, 자는 자공(子貢)이고, 위(衛)나라 사람이다.
  - 達(달):(사리에) 통달하다, 정통하다, (사리에) 밝다.
5) 求也藝:구는 재주가 있으니,
  - 求(구):공자보다 29세 아래의 제자로, 성은 염(冉)이고,
    이름은 구(求)이며, 자는 자유(子有)이고, 노나라 사람이다.
  - 藝(예):재주(재능)가 있다, 다재다능하다.


공자께서는 참 대단하시다.
제자들에 대해 장점을 간략하게 한 단어로 얘기할 수 있다니,
자로仲由는 과단성果, 자공賜은 통달達, 염구求는 재주藝.

## 6.雍也篇. 7章

# 季氏使閔子騫爲費宰, 閔子騫曰 "善爲我辭焉. 如有復我者, 則吾必在汶上矣."

계씨사민자건위비재, 민자건왈 "선위아사언. 여유부아자, 즉오필재문상의."

계씨가 민자건에게 비읍의 읍재를 시키려고 하자, 민자건이
〈사자에게〉 말했다. "나를 위해 잘 사양해 주십시오. 만약 다시
나를 찾는 사람이 있다면, 나는 반드시 〈노나라를 떠나 제나라의〉
문수 가에 있을 겁니다."

閔:성씨민 騫:이지러질건 費:쓸비/땅이름비 辭:말씀사/사양할사 汶:물이름문
復:회복할복/다시부

## 문법(文法)적 해석

1) 季氏使閔子騫爲費宰:계씨가 민자건에게 비읍의 읍재를 시키려고
   - 使(사):~에게 ~하게 하다/사동보조사.
   - 閔子騫(민자건):공자보다 15세 아래의 제자로, 성은 민(閔)이고,
     이름은 손(損)이며, 자는 자건(子騫)이다. 노나라 사람이며,
     공자의 제자 중에 덕행(德行)으로 유명하였다.
   - 爲:~이 되다/불완전 자동사로 보어를 취한다.
   - 費宰(비재):비읍의 읍재(邑宰), 비(費)는 춘추시대 노(魯)나라
     고을의 이름으로서 대부 계손씨의 사읍(私邑)이었다.
2) 善爲我辭焉:나를 위해 잘 사양해 주십시오.
   - 善:잘~/부사.
   - 爲:~위해, ~위하여/전치사.
   - 焉(언):'於是'이며, 是는 '爲費宰'을 가리킨다. 焉은 술어와 붙어서
     그 술어의 대상을(목적어) 내포하기도 하고, 또는 단순히 처소격의
     의미를 갖는 종결사로 쓰인다.
3) 如有復我者, 則吾必在汶上矣:만약 다시 나를 찾는 사람이 있다면,
   나는 반드시 〈노나라를 떠나 제나라의〉 문수 가에 있을 겁니다.
   - 如 ~, 則:만약 ~, 면/가정부사(如), 가정접속사(則).

- 復(부):다시 하다(찾다), 거듭하다, 다시(부사).
- 者:의존명사(불완전명사) 또는 특수 지시대명사로 앞 문장을 취해서 명사구가 되며, '~하는 사람, ~하는 것'으로 해석한다. .
- 汝(문):문수(汝水)는 강 이름이고, 제나라 남쪽과 노나라 북쪽 경계에 있다.
- 上(상):강 이름과 함께 쓰일 때는 '물가'의 의미로 쓰인다.
- 矣(의):단정 · 지정 · 서술 종결사로써, '확신'을 나타내는 평서문 종결사이다.


민자건은 왜 벼슬을 거절했을까?
계씨의 그릇이 작아서 일까? 아니면 녹봉祿이 적어서 일까?


# 閔子騫 | 夫人不言
言必有中

이 사람은 말을 하지 않는데, 말하면 반드시 〈이치에〉 맞는다.
- 11.先進篇.13章 -

## 6. 雍也篇. 8章

# 伯牛有疾, 子問之,
# 自牖執其手曰 "亡之, 命矣夫!
# 斯人也, 而有斯疾也! 斯人也, 而有斯疾也!"

백우유질, 자문지, 자유집기수왈 "무지, 명의부! 사인야, 이유사질야! 사인야, 이유사질야!"

백우가 병이 나자(앓자), 공자께서 문병을 가시어,
창문으로부터(창문 너머로) 그 손을 잡고 말씀하셨다.
"이럴 리가 없는데, 운명인가! 이 사람이 이런 병이 있다니
(걸리다니)! 이 사람이 이런 병이 있다니(걸리다니)!

疾:병질 牖:들창유 執:잡을집 亡:망할망/없을무

## 문법(文法)적 해석

1) 伯牛有疾:백우가 병이 나자(앓자),
 - 伯牛(백우):공자의 제자로, 성은 염(冉), 이름은 경(耕)이고,
   자는 백우(伯牛)이며, 노나라 사람이고, 공자의 제자 중에
   안연(顔淵), 민자건(閔子騫), 중궁(仲弓)와 함께 덕행(德行)으로
   유명했다.
 - 疾(질):주희(朱熹)에 따르면 "有疾(유질)은 선유(先儒)들이
   문둥병이라고 하였다."고 했다.
2) 子問之:공자께서 문병을 가시어,
 - 問(문):문병을 하다, 위문하다.
 - 之:伯牛를 가리키며, 해석은 생략할 수도 있다/3인칭 대명사이며,
   별도의 글자가 있는 것이 아니고, 지시 대명사가 인칭의 의미로
   사용된 것이다.
3) 自牖執其手曰:창문으로부터(창문 너머로) 그 손을 잡고 말씀하셨다.
 - 自:~로부터/출발 지점을 나타내는 전치사.
 - 牖(유):창, 창문.
 - 其:그, 자기, 자기 자신/3인칭 대명사이며, '伯牛'를 가리킨다.
4) 亡之, 命矣夫!:이럴 리가 없는데, 운명인가!

- 亡(무):'~없다'로 해석하며, 無와 같다. 망(亡), '잃다'의 의미로 하면 '그를 잃다니'로 해석할 수도 있다.
- 之:伯牛有疾를 가리키며, 보어이다.
- 矣夫:~하구나/감탄과 추측의 의미를 나타내는 종결사.

5) 斯人也, 而有斯疾也!:이 사람이, 이런 병이 있다니(걸리다니),
- 斯(사):이, 이것, 여기/지시 대명사이다.
- 也:앞의 也는 주격 후치사, 뒤의 也는 감탄 종결사이다.
- 이 문구를 두 번 반복함으로써, 더욱 애통해 하고 애석해 하셨다.


미인박명美人薄命이라고 했던가? 덕행에 안회, 민자건, 중궁, 염백우. 안회는 박명하였고, 민자건과 중궁은 오래 살았는지 알 수가 없지만 자고로 악惡하고 못된 자들이 오래 사는구나.


# 美人薄命
# 惡人厚命

## 6.雍也篇. 9章

子曰 "賢哉, 回也! 一簞食, 一瓢飮, 在陋巷,
人不堪其憂, 回也不改其樂. 賢哉, 回也!"

자왈 "현재, 회야! 일단사, 일표음, 재누항, 인불감기우, 회야불개기락. 현재회야!"

자왈 "어질구나, 회여! 한 대그릇의 밥과 한 표주박의 물로,
누추한 거리(마을)에 〈살고〉 있었으니, 사람들은 그 근심을
견딜 수 없으나, 회는 그 즐거움을 고치지 않았다.
어질구나, 회여!"

簞:대그릇단　食:밥사　瓢:바가지표　飮:마실음　陋:더러울루(누)/누추할루(누)
巷:거리항/마을항　堪:견딜감

## 문법(文法)적 해석

1) 賢哉, 回也!:어질구나, 회여!
 - '回也, 賢哉!'가 도치된 것으로 주어와 술어의 도치이며,
   주로 감탄문과 의문문에서 이루어진다.
 - 也:~가(이), ~은(는)/주격 후치사.
 - 哉:~(로)구나/감탄문의 끝에 쓰여 찬양, 비통, 감개 등의 어기를
   나타내는 감탄 종결사이다.
2) 一簞食, 一瓢飮, 在陋巷,:한 대그릇의 밥과 한 표주박의 물로,
   누추한 거리(마을)에 〈살고〉 있었으니,
 - 簞(단):소쿠리, 대광주리.
 - 食(사):밥/동사로써 '먹이다', 명사로써 '밥, 곡식을 익힌 음식'일
   경우에는 '사'로 읽는다.
 - 瓢(표):표주박, 바가지.
 - 在(재):~에 있다/보어를 취한다.
 - 陋巷(누항):누추한 거리(마을). 사람이 거처하는 곳, 즉 집 또한
   항(巷)이라 하므로 '누추한 집'으로도 해석할 수도 있다.
3) 回也不改其樂:회는 그 즐거움을 고치지 않았다.
 - 也:~가(이), ~은(는)/주격 후치사.

- 改(개):고치다, 바꾸다.
- 其樂(기락):그 즐거움/주희(朱熹)에 따르면 "정자(程子)는 '안자 (顔子)의 즐거움은 한 대그릇의 밥과 한 표주박의 음료와 누추한 거리를 즐거워한 것이 아니라 가난으로써 그 마음이 얽매여 그가 즐거워하는 것을 고치지 않았다. 그러므로 공자께서 그의 어짊을 칭찬하신 것이다.' "라고 하였다.

부유富하면서 어질賢면 안 되는 걸까?
안된다면 무엇을 택해야 하는가? 부~富?

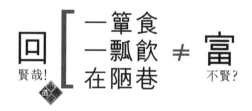

## 6. 雍也篇. 10章

# 冉求曰 "非不說子之道, 力不足也."
# 子曰 "力不足者, 中道而廢, 今女畵."

염구왈 "비불열자지도, 역부족야." 자왈 "역부족자, 중도이폐, 금여획."

염구가 말했다. "선생님의 도를 기뻐하지(좋아하지) 않는
것은 아니지만, 힘(능력)이 부족합니다." 자왈 "힘(능력)이
부족한 자는 중도에 〈가서〉 그치지만, 지금 너는 〈한계를〉
긋고 있구나."

廢:폐할폐/버릴폐/그칠폐  畵:그림화/그을획

## 문법(文法)적 해석

1) 非不說子之道, 力不足也:선생님의 도를 기뻐하지(좋아하지) 않는
   것은 아니지만, 힘(능력)이 부족합니다.
   - 주희(朱熹)에 따르면 " 호인(胡寅)이 '부자께서 앞 장에서 안회가
     그 즐거움을 변치 않는다고 칭찬하는 것을 염구가 듣고 그래서
     이 말을 한 것이다.' "라고 했다.
   - 非不(비불):이중 부정으로 강한 긍정을 나타낸다.
   - 說(열):기쁘다, 기뻐하다, 기쁘게 하다/悅(열)과 같다.
2) 中道而廢:중도에 〈가서〉 그치지만,
   - 而:접속사로써 부사와 술어를 이어주며, 해석하지 않아도 된다.
   - 廢(폐):포기하다, 그만두다, 폐기(지)하다.
3) 今女畵:지금 너는 〈미리 한계를〉 긋고 있구나.
   - 女(여):너는/2인칭 대명사로서 여(汝)와 같다.
   - 畵(획):(한계를) 긋다.

칭찬은 고래도 춤을 추게 한다고 하거늘, 염구冉求가 안회의 칭찬에
삐쳐서 힘이 부족力不足하다고 했구나? 공자님, 제자들 칭찬에 선
긋지畵 마시고 다 같이 칭찬 좀 해주시지요.

## 6. 雍也篇. 11章

# 子謂子夏曰 "女爲君子儒, 無爲小人儒."

자위자하왈 "여위군자유, 무위소인유."

공자께서 자하에게 말씀하셨다. "너는 군자다운 선비가
되어야지, 소인 같은 선비는 되지 말아라."

儒:선비유

## 문법(文法)적 해석

1) 子夏:공자보다 44세 아래의 제자로, 성은 복(卜)이고,
   이름은 상(商)이며, 자는 자하(子夏)이고, 위나라 사람이다.
2) 女爲君子儒:너는 군자다운 선비가 되어야지,
   - 爲:~이 되다/불완전 자동사로 보어를 취한다.
   - 君子:'군자답다'의 의미로, 명사가 형용사로 전성된 것이다.
   - 儒(유):선비, 학자.
3) 無爲小人儒:소인다운 선비는 되지 말아라.
   - 無:~말라/금지 보조사이며, 毋(무)와 같다.
   - 小人:'소인답다, 소인 같다'의 의미로, 형용사로 전성된 것이다.

공자께서 자하子夏에게 왜 이런 말을 했을까?
아마도 그릇이 작아서 미치지 못해서일까?

자장(사師)은 지나치고, 자하(상商)은 미치지 못한다師也過, 商也不及.
과유불급過猶不及이라.

6. 雍也篇.12章

子游爲武城宰, 子曰 "女得人焉爾乎?"
曰 "有澹臺滅明者, 行不由徑,
非公事未嘗至於偃之室也."

자유위무성재, 자왈 "여득인언이호?" 왈 "유담대멸명자, 행불유경,
비공사미상지어언지실야."

자유가 무성의 읍재가 되었는데, 자왈 "너는 인재를 얻었느냐?"
자유가 대답했다. "담대멸명이라는 자가 있는데, 〈길을〉 갈 때는
지름길로 가지 않고, 공적인 일이 아니면 일찍이 저의 집에 이른
(찾아온) 적이 없습니다."

游:헤엄칠유  宰:재상재  澹:맑을담  臺:대대  滅:멸할멸  徑:지름길경  偃:누울언
嘗:일찍이상/맛볼상

### 문법(文法)적 해석

1) 子游爲武城宰:자유가 무성의 읍재가 되었는데,
   - 子游(자유):공자보다 45세 아래의 제자로, 성은 언(言)이고,
     이름은 언(偃)이며, 자는 자유(子游)이고, 오(吳)나라 사람이다.
   - 爲:~이 되다/불완전 자동사로 보어를 취한다.
   - 武城(무성):노(魯)나라 읍의 이름.
2) 女得人焉爾乎?:너는 인재를 얻었느냐?
   - 得:얻다, 찾다/타동사, '할 수 있다' 가능 보조사로 자주 쓰이지만,
     뒤에 술어가 아닌 목적어(명사/명사구)가 오면 타동사가 된다.
   - 焉爾乎(언이호):~느냐?, ~인가?/'焉爾'는 제한의 어기를 나타내고,
     '乎'는 의문의 어기를 나타내는데, 중점은 '乎'에 있으며, 세 글자
     모두 종결사로서 묻는 말투에 간절한 느낌이 있다. 공안국(孔安國)은
     모두 허사(虛辭)라고 보았다.
3) 有澹臺滅明者:담대멸명이라는 자가 있는데,
   - 有: ~있다/불특정한 대상을 지목할 때 붙여주는 관용어로 쓰일
     때는 해석하지 않지만, 여기서는 존재동사로 해석한다.

- 澹臺滅明(담대멸명):공자보다 39세 아래의 제자로, 성은 담대 (澹臺)이고, 이름은 멸명(滅明)이며, 자는 자우(子羽)이고, 노나라 사람이다.
- 者:의존명사(불완전명사) 또는 특수 지시대명사로 앞 문장를 취해서 명사구가 되며, '~하는 사람, ~하는 것'으로 해석한다.

4) 行不由徑:〈길을〉 갈 때는 지름길로 가지 않고,
- 由(유):따르다, 말미암다.
- 徑(경):지름길, 좁은 길.

5) 非公事未嘗至於偃之室也:공적인 일이 아니면 일찍이 저의 집에 이른(찾아온) 적이 없습니다.
- 非:연계동사로써 어떤 대상을 명사어로 설정하여 부정하기도 하고, 또는 부정적인 조건을 나타낼 때 쓰기도 한다. 부정적인 조건의 例)非禮勿視.
- 嘗(상):일찍이/부사.
- 偃之室(언지실):偃은 자유(子游)의 이름이며, 室은 집, 방, 혹은 집무실로 해석할 수 있다.


인재人才를 얻었는가?
얻지 못했다면 스스로 인재人才가 되어 보는 것은 어떨까?
네, 인재人災라고요.

澹臺滅明

매우 못생겨서
공자는 그가 가르침을 받으러 왔을 때
재능이 모자라는 사람이라고 생각하였다.
훗날 탄식하면서
"생김새만을 보고 사람을 가리다가
자우(子羽)에게 실수하였다."라고 하였다.
                                    - 사기열전 中에서

## 6. 雍也篇. 13章

子曰 "孟之反不伐. 奔而殿, 將入門, 策其馬曰
'非敢後也, 馬不進也.'"

자왈 "맹지반불벌. 분이전, 장입문, 책기마왈 '비감후야, 마부진야.'"

자왈 "맹지반은 〈공을〉 자랑하지 않았다. 〈전투에서 패해서〉
달아나면서 뒤에 있었고, 장차 〈도성〉 문을 들어올 때, 그의
말을 채찍질하면서 말했다. '감히 〈용감하여〉 뒤에 있었던
것이 아니라, 말이 나아가지 않았다.'"

伐:자랑할벌  奔:달아날분  殿:전각전/뒤전  策:꾀책/채찍책

### 문법(文法)적 해석

1) 孟之反不伐 : 맹지반은 〈공을〉 자랑하지 않았다.
   - 孟之反(맹지반) : 노나라 대부이며, 성이 맹(孟)이고, 이름은 측(側)
     이며, 자는 지반(之反)이다.
   - 伐(벌) : 자랑하다, 뽐내다.
2) 奔而殿 : 〈전투에서 패해서〉 달아나면서 뒤에 있었고,
   - 奔(분) : 패주하다, 달아나다, 도망가다.
   - 殿(전) : 뒤, 군대의 후미, 부대의 맨 뒤를 말하며, 후방에서 적을
     막는 것을 의미한다.
3) 非敢後也 : 감히 〈용감하여〉 뒤에 있었던 것이 아니라,
   - 非 : 부정 보조사로, 동사 앞에 위치하며 不과 같다.
   - 後(후) : 뒤로(에) 하다, 뒤로 미루다/동사.

괴테는 "비겁한 자는 안전할 때 위압적으로 나선다."
맹지반은 "용감한 자는 안전할 때 위압적으로 나선다."
비겁한 자는 자랑하기伐 위해서,
맹지반孟之反은 자랑하지 않기 위해서 앞으로 나선다.
헷갈린다. 그냥 나서(대)지進 말자꾸나.

## 6. 雍也篇. 14章

# 子曰 "不有祝鮀之佞, 而有宋朝之美,
# 難乎免於今之世矣."

자왈 "불유축타지녕, 이유송조지미, 난호면어금지세의."

자왈 "축타의 말재주가 있으면서 그리고 송나라 공자 조의
미모도 있지 않으면, 지금의 세상에서 〈화를〉 면하기가 어렵다."

祝:빌축 鮀:모래무지타 佞:말잘할녕 免:면할면

## 문법(文法)적 해석

1) 不有祝鮀之佞, 而有宋朝之美:축타의 말재주가 있으면서 그리고
   송나라 공자, 조의 미모도 있지 않으면,
   - 不:~면/부정 보조사 '不'로 인해, 이 절은 가정문이다.
   - 祝鮀(축타):위(衛)나라의 대부로, 종묘(宗廟)의 관원이며 자(字)가
     자어(子魚)이고, 말재주가 좋고 언변이 뛰어났었다.
   - 不有~, 而有:있으면서 그리고 ~있지 않으면/'不'이 전 문장을
     부정하며, 而는 순접의 접속사로써, 문장이 길어서 띄어쓰기를
     할 경우에는 而 앞에서 끊는다. 또 다르게 해석하면 '축타의 말재주
     없이, 송나라 공자, 조의 미모가 있으면'으로도 해석할 수 있다.
     옮긴이는 전자의 해석을 따른다.
   - 宋朝(송조):송나라의 공자로 조(朝)는 그의 이름이며 미남이었다.
2) 難乎免於今之世矣:지금의 세상에서 〈화을〉 면하기가 어렵다.
   - 乎/~이, ~가, 於/~에서:전치사로써 뒤는 보어구이다.
   - 矣(의):단정 종결사로써 '확신'을 나타낸다.


말을 못하면 얼굴이라도 잘 생겨야 하나? 맞다?
말을 잘해도 얼굴은 잘 생겨야 하나? 더 맞다?
지금의 세상에서는 그렇지 않구나?

## 6. 雍也篇.15章

# 子曰 "誰能出不由戶? 何莫由斯道也?"

자왈 "수능출불유호? 하막유사도야?"

자왈 "누가 문을 경유하지 않고 〈밖을〉 나갈 수 있는가?
〈그런데〉 어찌 이 도를 따르지 않는가?"

誰:누구수  由:경유할유/말미암을유/따를유  戶:집호/문호

## 문법(文法)적 해석

1) 誰能出不由戶?:누가 문을 경유하지 않고 〈밖을〉 나갈 수 있는가?
   - 誰:누가/의문 대명사.
   - 出(출):나가다, 나오다.
   - 由(유):경유하다, 따르다, 말미암다.
2) 何莫由斯道也?:〈그런데〉 어찌 이 도를 따르지 않는가?
   - 何:어찌/의문 부사.
   - 莫(막):~않다/부정을 나타내는 부정 보조사.
   - 道:공자가 추구하는 도리를 말한다.
   - 也:의문사 何와 ~ 단정 종결사 也를 사용하여 의문의 뜻을 나타
     내는 것으로, 간혹 앞에 의문사가 없을지라도 문맥상, 의미상으로
     단정 종결사가 의문 종결사로 의문문을 이룰 수도 있다.


문을 경유由하지 않고 밖을 나갈 수가 없을까?
지붕을 뚫고서 나가면 되지 않을까?
도道를 뚫고서 나가면 되지 않을까?
그런데 나가서 어디로 가야 할지 알 수가 없구나.

## 6.雍也篇.16章

子曰 "質勝文則野, 文勝質則史.
文質彬彬, 然後君子."

자왈 "질승문즉야, 문승질즉사. 문질빈빈, 연후군자."

자왈 "바탕이 겉모습을 이기면 촌스럽고, 겉모습이 바탕을
이기면 형식적이게 된다. 겉모습과 바탕이 잘 빛난(조화를
이룬) 연후에 군자다운 것이다."

野:들야  史:역사사  彬:빛날빈

### 문법(文法)적 해석

1) 質勝文則野:바탕이 겉모습을 이기면 촌스럽고,
  - 質(질):바탕, 본질.
  - 文(문):아름다운 외관(外觀), 형식, 겉모습.
  - 則(즉):~면/가정, 조건의 접속사.
  - 野(야):촌스럽다, 꾸임새가 없다, 질박하다.
2) 文勝質則史:겉모습이 바탕을 이기면 형식적이게 된다.
  - 史(사):문장이 화려하고 형식을 잘 갖추다, 꾸밈이 있어 아름답다.
3) 文質彬彬, 然後君子:겉모습과 바탕이 잘 빛난(조화를 이룬)
    연후에 군자다운 것이다.
  - 彬彬(빈빈):글의 수식이나 내용이 잘 조화를 이루는 모양이다.
  - 然後(연후):~연후에/순접의 접속사.
  - 君子:군자답다/명사가 형용사로 전성된 것이다.


군자君子는 바탕質과 겉모습文이 서로 어우러져 조화彬彬를
이루어야 하는구나.
자공왈 "겉모습은 바탕과 같고 바탕은 겉모습과 같다.
호랑이와 표범의 털 없는 가죽은 개와 양의 털 없는 가죽과 같다."
子貢曰 "文猶質也, 質猶文也, 虎豹之鞹, 猶犬羊之鞹" - 12.顏淵篇. 8 章

## 6.雍也篇.17章

# 子曰 "人之生也直, 罔之生也, 幸而免."

자왈 "인지생야직, 망지생야, 행이면."

자왈 "사람의 삶은 정직이다. 〈정직이〉 없는 삶은, 다행히
〈화나 죽음을〉 면한 것이다."

直:곧을직 罔:없을망/속일망 幸:다행행 免:면할면

### 문법(文法)적 해석

1) 人之生也直:사람의 삶은 정직이다.
  - 之:~의/관형격 후치사.
  - 也:~가(이), ~은(는)/주격 후치사.
  - 直(직):정직하다, 솔직하다/형용사.
2) 罔之生也, 幸而免:〈정직이〉 없는 삶은, 다행히 〈화나 죽음을〉
  면한 것이다.
  - 罔(망):없다, 정직하지 않다/주희(朱熹)에 따르면 "정자(程子) 는
    '罔不直也, 즉 망은 정직하지 않는 것이다,' "라고 하였다.
  - 之:관형격 후치사로, 수식어가 '동사(구)'이면, 해석은 '~(하)는,
    ~한'으로 한다. 그래서 '罔之生'를 '없는 삶'으로 해석한다.
  - 幸(행):다행히, 요행으로/부사.
  - 而:접속사로써 부사어와 술어를 이어주며, 해석하지 않아도 된다.
    '幸而'는 '다행히'로 해석한다.


사람이 살아감에 정직直이 중요하구나.
남에게 정직直도 중요하지만 자신에게도 정직直 또한 중요하다.
자신에게 정직直하면서 남에게 정직直하지 않는罔 사람이 있을까?

## 6. 雍也篇.18章

# 子曰 "知之者不如好之者, 好之者不如樂之者."

자왈 "지지자불여호지자, 호지자불여락지자."

자왈 "아는 자는 좋아하는 자보다 못하고,
좋아하는 자는 즐기는 자보다 못하다."

**樂**:즐길락(낙)/좋아할요/음악악

## 문법(文法)적 해석

1) 知之者不如好之者:아는 자는 좋아하는 자보다 못하고,
   - 之:무엇을 꼭 지칭하기 위해 쓰인 것이 아니라, 술어 뒤에 之가
     붙음으로써 그 술어를 술어답게 만들어주는 어감을 얻고, 어세를
     고르게 하기 위해 쓰인다. 해석하지 않아도 되지만 대명사, 목적어로
     본다면 '일반적인 사실이나 진리'를 의미한다고 할 수 있다.
   - 者:의존명사(불완전명사) 또는 특수 지시대명사로 앞 문장을
     취해서 명사구가 되며, '~하는 사람, ~하는 것'으로 해석한다.
   - 不如(불여):~보다(만) 못하다/열등 비교이며, 뒷 문장은
     보어구(절)이다.
2) 주희(朱熹)는 "알면서 좋아할 수 없으면 앎이 아직 지극하지
   못하고, 좋아하면서 즐거움에 이르지 못하면 좋아함이 아직 지극
   하지 못한 것이다."라고 했다.

알면서 좋아하면서 즐기는 자는 없을까無知好樂之者與?
세 가지를 모두 할 수 있다면 좋으련만...

## 6.雍也篇.19章

子曰 "中人以上, 可以語上也,
中人以下, 不可以語上也."

자왈 "중인이상, 가이어상야, 중인이하, 불가이어상야."

자왈 "중인 이상은 높은 것을 말해줄 수 있으나, 중인 이하는
높은 것을 말해줄 수 없다."

語:말씀어

### 문법(文法)적 해석

1) 中人以上, 可以語上也:중인 이상은 높은 것을 말해줄 수 있으나,
   - 中人(중인):지혜나 학문, 인격이 중간 정도인 사람을 말한다.
   - 以:시간, 장소, 방향, 위치를 나타내는 단어, 東, 西, 南, 北, 上, 下,
     左, 右, 前, 後, 內, 外, 往, 來 등과 함께 쓰여 한계를 나타낸다.
   - 可以:~할 수 있다/가능 보조사.
   - 語:말하다, 알리다, 설명하다. 즉, 사람을 가르치는 자는 상대의
     높고 낮음에 따라 말해주어야 한다.
   - 上:높은 수준의 학문을 말한다.


먼저 상대가 중인中人 이상以上인지, 이하以下인지
아는 것이 중요하구나.
그 전에 가르치는 자신이 상上을 알고 있는가가
더 중요하지 않을까요?

## 6. 雍也篇. 20章

樊遲問知, 子曰 "務民之義, 敬鬼神而遠之,
可謂知矣." 問仁, 曰 "仁者先難而後獲, 可謂仁矣."

번지문지, 자왈 "무민지의, 경귀신이원지, 가위지의." 문인, 왈 "인자선난이후획, 가위인의."

번지가 지혜에 대하여 묻자, 자왈 "사람의 〈지켜야 할〉 의로움에
힘쓰고, 귀신을 공경하되 멀리 한다면 지혜롭다고 말할 수 있다."
〈번지가〉 인에 대하여 묻자, 자왈 "인한 사람은 어려운 것을
먼저 하고 얻는 것을 뒤에 하니, 인하다고 말할 수 있다."

**樊**:울타리번　**遲**:늦을지　**務**:힘쓸무　**鬼**:귀신귀　**獲**:얻을획

### 문법(文法)적 해석

1) 樊遲問知:번지가 지혜에 대하여 묻자,
  - 樊遲(번지):공자보다 36세 아래의 제자로, 성은 번(樊)이고,
    이름은 수(須)이며, 자는 자지(子遲)이고, 제(齊)나라 사람이다.
  - 知:지혜, 智(지)와 같다.
2) 務民之義:사람의 〈지켜야 할〉 의로움에 힘쓰고,
  - 務(무):힘쓰다/뒤 문장을 목적어로 취한다.
  - 民(민):일반인을 가리키며, 넓은 의미로는 사람 '人'과 같다.
  - 之:~의/관형격 후치사.
3) 仁者先難而後獲:인한 사람은 어려운 것을 먼저 하고 얻는 것을
    뒤에 하니,
  - 者:의존명사(불완전명사) 또는 특수 지시대명사로 앞 문장을
    취해서 명사구가 되며, '~하는 사람, ~하는 것'으로 해석한다.
  - 先~, 後~:~먼저 하다, ~뒤에(나중에) 하다/동사.

지知와 인仁의 물음에 번지樊遲의 단점으로 답하신 공자님.
번지樊遲는 공자께서 말씀하신 것이 자신의 결함이라는
것을 알았을까?

## 6.雍也篇.21章

子曰 "知者樂水, 仁者樂山, 知者動, 仁者靜,
知者樂, 仁者壽."

자왈 "지자요수, 인자요산, 지자동, 인자정, 지자락, 인자수."

자왈 "지혜로운 사람은 물을 좋아하고, 인한 사람은 산을
좋아하며, 지혜로운 사람은 동적이고, 인한 사람은 정적이며,
지혜로운 사람은 즐겁게 살고, 인한 사람은 장수한다."

樂:좋아할요/즐길락  靜:고요할정  壽:목숨수

### 문법(文法)적 해석

1) 知者樂水, 仁者樂山:지혜로운 사람은 물을 좋아하고,
   인한 사람은 산을 좋아하며,
   - 知:지혜, 智(지)와 같다.
   - 者:~하는(한) 사람/의존명사(불완전명사) 또는 특수 지시대명사.
   - 樂(요):~을 좋아하다/好(호)와 같다.
2) 知者樂, 仁者壽:지혜로운 사람은 즐겁게 살고, 인한 사람은
   장수한다.
   - 樂(락):즐기다, 즐겁다, 즐거워하다/동사.
   - 壽(수):오래 살다, 장수하다/동사.

지자知者와 인자仁者의 중간中인 지인자知仁者는 없는 것인가?
물水 따라 산山 따라 즐겁게樂 그리고 오래 살고壽 싶구나.

## 6. 雍也篇. 22章

# 子曰 "齊一變, 至於魯, 魯一變, 至於道."

자왈 "제일변, 지어로, 노일변, 지어도."

자왈 "제나라가 한 번 변하면, 노나라에 이르고,
노나라가 한 번 변하면, 도에 이를 것이다."

**變**:변할변　**魯**:노나라로(노)

## 문법(文法)적 해석

1) 齊一變, 至於魯:제나라가 한 번 변하면, 노나라에 이르고,
 - 一:한 번/수사로써 부사 역할을 한다.
 - 於:~에/보어와 목적어 앞에 위치하며, 처소, 장소의 전치사이다.
2) 道(도):선왕(先王)의 도(道)을 말한다.
3) 주희(朱熹)에 따르면 "정자(程子)는 '노(魯)나라는 오히려 주공
　(周公)의 법제(法制)가 남아 있었고, 제(齊)나라는 제환공의 패도
　정치로 말미암아 간략함을 따르고, 공(功)을 숭상하는 정치를
　하였으므로 태공의 남겨진 법이 변하여 모두 바꼈다. 그러므로
　한 번 변하여야 이에 노(魯)나라에 이를 수 있다고 한 것이다.
　노(魯)나라는 폐지되고 실추된 것만을 실행하면 되니, 한 번 변하면
　선왕(先王)의 도(道)에 이를 것이다.' "라고 하였다.

나라가 변變한다는 것이 가능할까?
위정자爲政者가 누구냐에 따라서 가능할 수도 있지 않을까?
그리고 한 사람, 한 사람이 변變하므로써 가능하지 않을까?

"모두 세상을 변화시키려고 생각하지만
정작 스스로 변하겠다고 생각하는 사람은 없다." - 톨스토이

## 6. 雍也篇. 23章

## 子曰 "觚不觚, 觚哉! 觚哉!"

자왈 "고불고, 고재! 고재!"

자왈 "모난 술잔이 모나지 않으면,
모난 술잔이겠는가! 모난 술잔이겠는가!"

觚:모난술잔고

### 문법(文法)적 해석

1) 觚不觚:모난 술잔이 모나지 않으면,
   - 觚(고):'술잔이 모난 것'을 말하며, 첫 번째 觚는 명사이며,
     두 번째 觚는 형용사로 전성된 것이다.
   - 不:~면/부정 보조사 '不'로 인해, 이 절은 가정문이다.
2) 觚哉! 觚哉!:모난 술잔이겠는가! 모난 술잔이겠는가!
   - 哉(재): '반문'을 뜻과 찬양, 비통, 감개 등의 어기를 나타내는
     반어 및 감탄 종결사라 할 수 있다.
3) 주희(朱熹)에 따르면 "정자(程子)는 '모난 그릇이 그 모양과 제도를
   잃으면 모난 그릇이 아니며, 한 기물을 들어 천하(天下)의 사물
   (事物)이 모두가 그렇지 않음이 없는 것이다.' "라고 한 것이다.


사람이 사람답지 않으면, 사람인가! 사람인가!人不人, 人哉! 人哉!
사람이 사람답지 않으면, 사람이 아닌가! 사람이 아닌가!人不人,
非人哉! 非人哉!

## 6. 雍也篇. 24章

宰我問曰 "仁者, 雖告之曰 '井有仁焉',
其從之也?" 子曰 "何爲其然也?
君子可逝也, 不可陷也, 可欺也, 不可罔也."

재아문왈 "인자, 수고지왈 '정유인언', 기종지야?"
자왈 "하위기연야? 군자가서야, 불가함야, 가기야, 불가망야."

재아가 물었다. "인한 사람은 비록 〈어떤 사람이〉 그에게
'우물 속에 인이 있다(인한 사람이 빠졌다)고' 알려주면,
그는 그것을 따르겠습니까(그를 따라 우물로 들어가겠습니까)?"
자왈 "어찌하여 그렇겠는가? 군자는 〈우물까지〉 가게할 수는
있으나, 빠지게 할 수는 없으며, 〈그럴듯한 말로〉 속일 수는
있으나, 〈터무니없는 말로〉 속일 수는 없다."

井:우물정  逝:갈서  陷:빠질함  欺:속일기  罔:없을망/속일망

### 문법(文法)적 해석

1) 宰我(재아):노(魯)나라 사람으로 공자의 제자이며, 성은 재(宰),
   이름은 여(予), 자는 자아(子我)이다. 자공과 더불어 언변에
   뛰어났다.
2) 雖告之曰 '井有仁焉':비록 〈어떤 사람이〉 그에게 '우물 속에 인이
   있다고(인한 사람이 빠졌다고)' 알려주면,
   - 雖(수):비록~ 이면(할지라도)/조건, 양보의 부사.
   - 之:무엇을 꼭 지칭하기 위해 쓰인 것이 아니라, 술어 뒤에 之가
     붙음으로써 그 술어를 술어답게 만들어주는 어감을 얻고, 어세를
     고르게 하기 위해 쓰인다. 만약 여기서 대명사, 목적어로 쓰였다면
     '仁者'를 가리킨다고 할 수 있다.
   - '井有仁焉':어떤 사람이 말한 내용이며, '有'는 '無'와 함께 사물이
     있고 없음을 나타내는 존재동사로써 보어(仁)를 취하며, 보어를
     주어처럼 해석한다.

- 焉(언):진술문의 끝 부분에 쓰여 종결이나 판단의 어기를 나타
  내는 종결사로써, 이 경우에는 해석하지 않아도 된다.
3) 其從之也?:그는 그것을 따르겠습니까(그를 따라 우물로
  들어가겠습니까)?
  - 其:그는(가)/仁者을 가르키는 3인칭 대명사로써, 其+술어는
    그, 그것(대명사)의 뜻으로 쓰인다.
  - 之:仁(者)을 가리키며, 우물 속의 인 또는 인한 사람을 의미한다.
4) 何爲其然也?:어찌하여 그렇겠는가?
  - 何爲:어찌하여/의문사가 동사의 목적어로 동사 앞으로 도치된
    것이다.
  - 其:의문사에 쓰여 어기를 돕는 부사격 후치사이다.
  - 然:그러한, 그러하다/상황이나 성질, 상태 등을 대신 나타내는
    대명사이다.
  - 也:의문사 何와 ~ 단정 종결사 也를 사용하여 의문의 뜻을 나타
    내는 것으로, 간혹 앞에 의문사가 없을지라도 문맥상, 의미상으로
    단정 종결사가 의문 종결사로 의문문을 이룰 수도 있다.
5) 可欺也, 不可罔也:〈그럴듯한 말로〉 속일 수는 있으나,
  〈터무니 없는 말로〉 속일 수는 없다.
  - 欺(기):속이다, 기만하다/그럴듯한 말, 이치에 있는 것으로
    속이는 것이다.
  - 罔(망):속이다, 기만하다/터무니 없는 말, 이치에 없는 것으로
    속이는 것이다.


군자君子는 그럴듯한 말로 속일 수欺 있으나, 터무니없는 말로
속일 수罔 없다. 어쨌거나 군자君子도 속는구나欺.

## 6. 雍也篇.25章

# 子曰 "君子, 博學於文, 約之以禮,
# 亦可以弗畔矣夫!"

자왈 "군자, 박학어문, 약지이례, 역가이불반의부!"

자왈 "군자는 글(학문)을 널리 배우고, 예로써 절제한다면,
또한 〈도리에〉 배반하지(어긋나지) 않을 수 있다!"

**博**:넓을박 **約**:맺을약/절제할약 **畔**:배반할반

## 문법(文法)적 해석

1) 이 문장은 12편. 안연(顏淵)편. 15장에 다시 나온다. 중출(重出).
2) 博學於文:글(학문)을 널리 배우고,
   - 博(박):널리/부사.
   - 於:~을(를)/일반적으로 타동사 뒤에는 전치사가 놓이지 않으나,
     전치사가 놓이는 경우에는 목적어로 해석한다.
   - 文(문):문헌상의 지식 및 문물, 문화 등을 가리킨다고 할 수 있다.
3) 約之以禮:예로써 절제한다면,
   - 의미상, 문맥상 가정문이다.
   - 以:~로써/전성 전치사로써, 전치사를 수반한 부사구는 문구 뒤에
     위치하는 경우가 많다.
4) 亦可以弗畔矣夫!:또한 〈도리에〉 배반하지(어긋나지) 않을 수 있다.
   - 可以:~할 수 있다/가능 보조사.
   - 弗(불):~하지 않다/부정 보조사로써 不과 같다.
   - 矣夫(의부):감탄의 어기와 추측의 의미를 나타내는 종결사이다.

아무리 박식博識하더라도 예禮로써 절제하지 않는다면 군자君子가
될 수도 없고, 또 박식博識으로 인해 패가망신敗家亡身할 수도 있겠구나.

## 6.雍也篇.26章

# 子見南子, 子路不說,
# 夫子矢之曰 "予所否者, 天厭之! 天厭之!"

자견남자, 자로불열, 부자시지왈 "여소비자, 천염지! 천염지!"

공자께서 남자를 만나시자, 자로가 기뻐하지 않았다. 부자께서
맹세하며 말씀하셨다. "내가 만약 나쁘다면(잘못된 것이 있다면)
하늘이 나를 싫어하지! 하늘이 나를 싫어하지!"

矢:화살시/맹세할시  所:바소/만일소  否:아닐부/악할비  厭:싫어할염

### 문법(文法)적 해석

1) 南子(남자):위(衛)나라 영공(靈公)의 부인으로 행실이 음란하였다.
   南子가 공자에게 만나기를 여러 번 청했지만, 거절하다가 부득이
   만나신 것이다. 자로는 이 일을 기뻐하지 않았던 것이다.
2) 子路(자로):공자보다 9세 아래의 제자로, 성은 중(仲)이고, 이름은
   유(由)이며, 자는 자로(子路) 또는 계로(季路)이다.
3) 夫子矢之曰:부자께서 맹세하며 말씀하셨다.
   - 矢(시):맹세하다, 서약하다.
4) 予所否者, 天厭之! 天厭之!:내가 만약 나쁘다면(잘못된 것이
   있다면) 하늘이 나를 싫어하지! 하늘이 나를 싫어하지!
   - 所:만약/접속사로써 단문을 연결시키며, 대부분 맹세하는 말
     중에 쓰이고, 주어는 대체로 '所'앞에 온다.
   - 否(비):악하다, 나쁘다, 좋지 않다/형용사.
   - 者:~한다면/가설을 나타내는 복문의 앞 단문 끝에 쓰이는 어기를
     나타내는 후치사이다.
   - 之:'予'를 가리킨다/3인칭 대명사.

공자와 남자南子의 만남, 어떠했을까? 상상을 한다면...
"唯女子與小人, 爲難養也. 近之則不孫, 遠之則怨." - 17.陽貨篇.25章

## 6.雍也篇.27章

# 子曰 "中庸之爲德也, 其至矣乎! 民鮮久矣."

자왈 "중용지위덕야, 기지의호! 민선구의."

자왈 "중용의 덕됨이 아마도 지극하구나! 백성들이 〈이 덕을
지닌 자가〉 드물게 된 지 오래되었다."

庸:떳떳할용  鮮:드물선/고울선/생선선

## 문법(文法)적 해석

1) 中庸之爲德也, 其至矣乎!:중용의 덕됨이 아마도 지극하구나!
  - 中庸(중용):주희(朱熹)에 따르면 "정자(程子)는 '치우치지 않음을
    중(中)이라 이르고, 변치 않음을 용(庸)이라 이르니, 중(中)은
    천하의 바른 도(道)이고, 용(庸)은 천하의 정해진 이치(理)이다.'"
    라고 하였다. 즉 중(中)은 지나치거나 미치지 못함이 없는 것이고,
    용(庸)은 변함없이 일정한 것을 의미한다.
  - 爲:~이 되다/불완전 자동사로 보어를 취한다. '爲德'는 덕이 되다.
  - 也:~가(이), ~은(는)/앞 절 마지막 부분에 놓이거나, 병렬 문장의
    끝에 놓여 잠시 쉬어감을 나타내는 주격 후치사로써 해석하지
    않아도 된다.
  - 其(기):아마도/추측을 나타내는 부사.
  - 矣乎(의호):감탄 종결사로써, 의(矣)는 이미 그러함을 나타내고,
    호(乎)는 감탄을 나타낸다.
2) 民鮮久矣:백성들이 〈이 덕을 지닌 자가〉 드물게 된 지 오래되었다.
  - 鮮(선):드물다, 적다.
  - 矣(의):단정 종결사로써 확신을 나타낸다.

지나치거나 미치지 못함이 없는 그렇지만 변함없이 일정한 것,
중용中庸, 처세술處世術에서도 최고의 덕목이 아닐까요?

## 6.雍也篇.28章

子貢曰 "如有博施於民, 而能濟衆, 何如?
可謂仁乎?" 子曰 "何事於仁, 必也聖乎!
堯舜其猶病諸! 夫仁者, 己欲立而立人,
己欲達而達人. 能近取譬, 可謂仁之方也已."

자공왈 "여유박시어민, 이능제중, 하여? 가위인호?" 자왈 "하사어인, 필야성호!
요순기유병저! 부인자, 기욕립이립인, 기욕달이달인. 능근취비, 가위인지방야이."

자공이 말했다. 만약 백성들에게 널리 〈은혜를〉 베풀고, 많은
사람들을 구제할 수 있음이(있는 사람이) 있다면, 어떻습니까?
인하다고 말할 수 있습니까?" 자왈 "어찌 인에만 그치겠는가?
반드시 성인일 것이다! 요임금과 순임금도 아마도 오히려
어려워했을 것이다. 무릇 어진 사람은 자기가 서고자 하면
남을(남부터) 서게 하고, 자기가 통달하고자 하면 남을(남부터)
통달하게 하는 것이다. 가까이에서 취해 비유할 수 있다면
(깨달음을 얻을 수 있다면) 인의 방법이라고 말할 수 있다."

濟:건널제/구제할제  聖:성인성  堯:요임금요  舜:순임금순  病:병병/어려워할병  譬:비유할비

### 문법(文法)적 해석

1) 子貢(자공):공자보다 31세 아래의 제자로, 성은 단목(端木),
   이름은 사(賜)이며, 자는 자공(子貢)이고, 위(衛)나라 사람이다.
2) 如有博施於民, 而能濟衆:만약 백성들에게 널리 〈은혜를〉 베풀고,
   많은 사람들을 구제할 수 있음이(있는 사람이) 있다면,
   - 如:만약 ~면/가정 부사.
   - 有:無와 함께 사물이 있고 없음을 나타내는 존재동사로써,
     뒤 문장 전체를 보어절로 취하며, 보어절를 주어처럼 해석한다.
   - 濟(제):구제하다, 돕다, 건지다.
3) 何如? 可謂仁乎?:어떻습니까? 인하다고 말할 수 있습니까?
   - 何如:어떠한가/의문사가 동사의 목적어일 경우에 동사 앞으로
     도치된다. 如何와 같다.

4) 何事於仁, 必也聖乎!:어찌 인에만 그치겠는가? 반드시 성인일
   것이다!
   - 何:어찌/의문 부사
   - 事(사):~에 그치다, ~에 한정하다.
   - 也:부사 뒤에 위치하여 부사를 강조하는 부사격 후치사이다.
   - 乎:~일 것이다/추측, 감탄의 어기를 나타내는 종결사이다.
5) 堯舜其猶病諸:요임금과 순임금도 아마도 오히려 어려워했을
   것이다.
   - 其:아마도/추측을 나타내는 부사.
   - 猶(유):오히려/부사.
   - 病(병):어렵다, 힘들다, 괴롭다.
   - 諸(저):'之乎'와 같다. '之'는 博施於民, 而能濟衆이다.
6) 夫仁者, 己欲立而立人, 己欲達而達人:무릇 어진 사람은 자기가
   서고자 하면 남을(남부터) 서게 하고, 자기가 통달하고자 하면
   남을(남부터) 통달하게 하는 것이다.
   - 夫:문장의 첫머리에 쓰여 문장을 이끄는 어기를 나타내는데,
     '대저(大抵), 대체로, 무릇'으로 해석하거나, 해석하지 않아도
     된다. 즉 발어사라고 할 수 있다.
   - 己:자기, 자기 자신/1인칭 대명사. 주어로 쓰일 경우에는 주로
     인칭 대명사로 쓰인다.
   - 而:(만일, 만약) ~하면/단문을 연결 시키는 역할을 하며, 가설을
     나타내는 가정 접속사이다.
   - 達(달):통달하다, 정통하다.
7) 能近取譬, 可謂仁之方也已:가까이에서 취해 비유할 수 있다면
   (깨달음을 얻을 수 있다면) 인의 방법이라고 말할 수 있다.
   - 의미상, 문맥상 가정문이다.
   - 近(근):가까이/방향, 위치를 나타낼 경우, 동사 앞에 와서 부사로
     쓰인다.
   - 也已(야이):긍정과 단정의 어기를 나타내는 종결사이다.

인을 하는 방법仁之方,
가까이에서 취해 비유하라(깨달아라)能近取譬!
위대한 일만을 하는 것이 인仁이 아니라 사소한 일을 하는 것,
또한 인仁을 실천하는 것구나.

美人薄命
惡人厚命

述而

## 7. 述而篇. 1章

# 子曰 "述而不作, 信而好古, 竊比於我老彭."

자왈 "술이부작, 신이호고, 절비어아노팽."

자왈 "전술하기만(전하기만) 하고 창작하지 않으며,
옛것을 믿고 좋아하며, 몰래 우리 노팽에게 견주어 본다."

述:펼술/전술할술  作:지을작/창작할작  竊:몰래절  比:견줄비  彭:성씨팽

## 문법(文法)적 해석

1) 述而不作:전술하기만(전하기만) 하고 창작하지 않으며,
   - 述(술):전술(傳述)하다, 기술하다.
   - 而:그러나, 그런데/역접 접속사이며, 해석하지 않아도 된다.
   - 作(작):(글을) 쓰다, (새로운 것을) 짓다, 창작하다.
2) 信而好古:옛것을 믿고 좋아하며,
   - '古'가 信과 好의 목적어이다.
3) 竊比於我老彭:몰래 우리 노팽에게 견주어 본다
   - 竊(절):몰래, 남몰래, 은근히/부사.
   - 我:우리/노팽을 친근하게 여기는 말이다.
   - 老彭(노팽):은나라의 어진 대부라고도 하고, 노자(老子)라고도
     하며, 노자(老子)와 팽조(彭祖)라고도 한다.


공자께서 창작作은 성인聖人이 아니면 불가능하고,
전술述은 현자賢者도 할 수 있다고 하셨는데
누가 성인聖人이 될 수 있고, 또한 현자賢者라고 말할 수 있을까?

## 7. 述而篇. 2章

子曰 "默而識之, 學而不厭, 誨人不倦,
何有於我哉?"

자왈 "묵이지지, 학이불염, 회인불권, 하유어아재."

자왈 "묵묵히 기억하고, 배우는데 싫어하지 않으며, 사람을
가르치기에 게을리하지 않는 것, 〈이 중에〉 어떤 것이 나에게
있는가?"

默:잠잠할묵/묵묵할묵  識:알식/기억할지  厭:싫어할염  誨:가르칠회  倦:게으를권

### 문법(文法)적 해석

1) 默而識之:묵묵히 기억하고,
 - 而:접속사로써 부사와 술어를 이어주며, 해석하지 않아도 된다.
   '默而'는 '묵묵히'로 해석한다.
 - 識(지):기억하다.
 - 之:무엇을 꼭 지칭하기 위해 쓰인 것이 아니라, 술어 뒤에 之가
   붙음으로써 그 술어를 술어답게 만들어주는 어감을 얻고, 어세를
   고르게 하기 위해 쓰이며 해석하지 않아도 된다.
2) 學而不厭, 誨人不倦:배우는데 싫어하지 않으며, 사람을
   가르치기에 게을리하지 않는 것,
 - 而:그러나, 그런데/역접 접속사이며, 해석하지 않아도 된다.
3) 何有於我哉?:〈이 중에〉 어떤 것이 나에게 있는가?
 - 자신에게 되물음으로써 겸손한 자세를 볼 수 있다.
 - 何(하):무엇, 무슨 , 어떤/의문 대명사.
 - 哉(재):질문의 어기를 나타내는 의문 종결사로써 의문 대명사인
   하(何), 안(安) 등과 함께 쓰인다.


공자님의 겸손함. 항상 기억識하고, 배우고學, 가르친다誨.
교학상장教學相長. 논어 상장論語相長이구나.

子曰 "德之不修, 學之不講, 聞義不能徙,
不善不能改, 是吾憂也."

자왈 "덕지불수, 학지불강, 문의불능사, 불선불능개, 시오우야."

자왈 "덕이 닦아지지 않는 것, 배운 것이 익혀지지 않는 것,
의를 듣고 〈실천에〉 옮길 수 없는 것, 선하지 않는 것이
고쳐질 수 없는 것, 〈바로〉 나의 근심이다."

講:외울강/익힐강/연구할강　徙:옮길사　憂:근심우

## 문법(文法)적 해석

1) 德之不修, 學之不講:덕이 닦아지지 않는 것, 배운 것이 익혀지지
   않는 것,
   - 문맥상, 의미상 피동의 문장이라 할 수 있다.
   - 之:~이/주격 후치사. 만약 '之'가 목적격 후치사라면 '德과 學'이
   강조를 도치가 되었으며, 덕을 닦지 않는 것, 배운 것을 익히지
   않는 것으로 해석할 수도 있다.
2) 是吾憂也:〈바로〉 나의 근심이다.
   - 是:~이다/연계동사이며, 지시대명사로써 문장의 주어로는 거의
   쓰지 않으며, 주어인 '이것'의 뜻도 아니다. 주어와 보어 사이에
   놓여 이를 연결하는 역할을 하며, 보어가 명사(구)만 있는 것이
   아니라 서술절을 받기도 한다. 주어는 앞 문장이라 할 수 있다.

공자님의 근심憂은 德, 學, 義, 善, 보통 사람들과 다르셨구나.

## 7.述而篇. 4章

# 子之燕居, 申申如也, 天天如也.

자지연거, 신신여야, 요요여야.

공자께서 편안히(한가롭게) 거처하실 때, 〈얼굴이〉 펴셨고
(느긋하셨고), 화평하셨다(평화로우셨다).

燕:제비연/편안할연  居:살거/거주(처)할거  申:펼신  天:요절할요/화평할요

## 문법(文法)적 해석

1) 子之燕居:공자께서 편안히(한가롭게) 거처하실 때,
 - 之:~가(이), ~은(는)/주격 후치사.
 - 燕(연):편안(便安)하다/형용사가 부사로 전성된 것이다.
 - 居(거):거처하다, 머물다.
 - 燕居(연거):집에서 편안히, 한가롭게 지내는 것을 의미한다.
2) 申申如也, 天天如也:〈얼굴이〉 펴셨고(느긋하셨고),
   화평하셨다(평화로우셨다).
 - 申申(신신):얼굴이 펴져서 느긋하고, 온화한 모양이다.
 - 如(여):모양이나 상태를 나타내는 의태어로써 형용사 접미사.
 - 天天(요요):화평하며 편안하여, 평화로운 모양이다.


공자께서 한가롭게 거처하실燕居 때,
느긋申申하고 화평天天하시면서 또 무엇을 하셨을까?

## 7. 述而篇. 5章

# 子曰 "甚矣, 吾衰也! 久矣, 吾不復夢見周公!"

자왈 "심의, 오쇠야! 구의, 오불부몽견주공!"

자왈 "심하구나, 나의 노쇠함이여! 오래되었구나, 내가 다시 꿈에서 주공을 뵙지 못함이!"

甚:심할심  衰:쇠할쇠  夢:꿈몽

### 문법(文法)적 해석

1) 甚矣, 吾衰也!:심하구나, 나의 노쇠함이여!
 - 감탄문이며, 주어와 술어의 도치 형식으로 볼 수 있다.
   '吾衰也, 甚矣!'가 도치된 문장이라고 할 수 있다.
 - 矣:감탄문의 끝에 쓰여 감탄의 어기를 나타내는 종결사이다.
 - 也:~가(이), ~은(는)/주격 후치사.
2) 久矣, 吾不復夢見周公!:오래되었구나, 내가 다시 꿈에서 주공을
   뵙지 못함이!
 - 감탄문으로 '吾不復夢見周公, 久矣!'가 도치된 문장이라 할 수 있다.
 - 復夢(부몽):'夢'는 전성부사로써 앞의 부사 '復(부)'의 수식을
   받으며, 앞의 부사가 뒤의 부사를 더욱 강조하는 역할을 한다.
 - 周公(주공):주나라 문왕(文王)의 아들이며, 무왕(武王)의 동생으로
   성은 희(姬), 이름은 단(旦)이다. 무왕을 도와 주나라를 건설하고,
   무왕이 죽자 어린 성왕(成王)을 도와 주나라의 문물제도를 확립
   했다. 노나라의 시조이고, 공자는 그를 이상적인 인물로 여겼다.

누군가를 그리워하면 꿈夢 속에 나타나곤 한다.
꿈夢에서 볼 수 없다면
아마도 노쇠함衰 때문이 아니라 절실함甚 때문이 아닐까요?

## 7.述而篇. 6章

# 子曰 "志於道, 據於德, 依於仁, 游於藝."

자왈 "지어도, 거어덕, 의어인, 유어예."

자왈 "도에 뜻을 두고, 덕에 근거하며, 인에 의지하고,
예에 노닐어라(노닐어야 한다)."

據:근거거 依:의지할의 游:놀유 藝:재주예

## 문법(文法)적 해석

1) 志於道:도에 뜻을 두고,
 - 志(지):뜻을 두다, 뜻을 세우다.
 - 於:~에/보어와 목적어 앞에 위치하며 처소, 대상의 전치사.
2) 游於藝:예에 노닐어라.
 - 游(유):노닐다, 한가로이 거닐다, 유람하다.
 - 藝(예):예(禮/예법), 악(樂/음악), 사(射/활쏘기), 어(御/마차 몰기),
   서(書/서예), 수(數/수학) 등의 육예(六禮)를 가리킨다.


도에 뜻을 두고志於道, 덕에 근거하며據於德, 인에 의지하는
것依於仁도 힘이 들 텐데, 육예六藝에 따라서 노닐어라游?
참 힘이 듭니다. 편안하게安 노닐면游 안 되는 것입니까?

## 7. 述而篇. 7章

# 子曰 "自行束脩以上, 吾未嘗無誨焉."

자왈 "자행속수이상, 오미상무회언."

자왈 "육포 한 묶음을 행한 것(사람)으로부터 이상은, 내가
일찍이 가르치지 않은 적이 없다."

束:묶을속 脩:포수 嘗:맛볼상/경험할상 誨:가르칠회

## 문법(文法)적 해석

1) 自行束脩以上:육포 한 묶음을 행한 것(사람)으로부터 이상은,
 - 自:~부터, ~에서/전치사. 동작이나 행위가 발생하는 장소, 기점,
   방위 등을 나타낸다.
 - 束脩(속수):한 묶음의 육포(肉脯)를 말하며, 옛날에 서로 만나볼
   적에 반드시 예물(禮物)을 들고 가는 것을 예로 삼았으며,
   속수(束脩)는 지극히 적은 것이고 최소한의 예물이다.
 - 以:시간, 장소, 방향(위), 위치를 나타내는 단어, 東, 西, 南, 北,
   上, 下, 左, 右, 前, 後, 內, 外, 往, 來 등과 함께 쓰여 한계를
   나타낸다.
2) 吾未嘗無誨焉:내가 일찍이 가르치지 않은 적이 없다.
 - 未嘗(미상):일찍이 ~한 적이 없다.
 - 無:~않다/부정 보조사로, 동사 앞에 위치하며 不과 같다.
 - 誨(회):가르치다, 깨우쳐 주다, 교도하다.
 - 焉(언):진술문의 끝부분에 쓰여 종결이나 판단의 어기를 나타
   내는 종결사로써, 이 경우에는 해석하지 않아도 된다.


공자의 제자들은 거의 3,000명이 넘었다.
제자들이 많았던 것이 수업료가 거의 없었서일까束脩?
만약 수업료가 비쌌더라면 아마도 제자도 없었고, 제자들이 썼다는
논어도 없었을 것이다. 공자님의 명성 또한 후세에 전해졌을까?

## 7. 述而篇. 8章

子曰 "不憤不啓, 不悱不發,
擧一隅不以三隅反, 則不復也."

자왈 "불분불계, 불비불발, 거일우불이삼우반, 즉불부야."

자왈 "〈배우려고〉 힘쓰지 않으면 이끌어 주지 않고,
표현할려고 애쓰지 않으면 밝혀주지 않으며(일깨워주지
않으며), 한 모퉁이를 들음에 세 모퉁이로써 반증하지 않으면,
다시(더 이상) 하지 않는다."

憤:분할분/힘쓸분 啓:열계 悱:표현할려고애쓸비 發:필발/계발할발 隅:모퉁이우 復:다시부

### 문법(文法)적 해석

1) 不憤不啓, 不悱不發:〈배우려고〉 힘쓰지 않으면 이끌어 주지 않고,
   표현할려고 애쓰지 않으면 밝혀주지 않으며(일깨워주지 않으며),
   - 不~ 不~ :앞 절(조건절) 부정, 뒤 절(결과절) 부정의 형태로,
     '~ 하지 않으면, ~ 하지 않는다.'로 해석한다.
   - 啓(계):이끌어주다, 계도하다.
   - 悱(비):표현을 못하다, 말하려고 애태우다.
   - 發(발):일깨워 주다, 밝히다, 계발(啓發)하다
2) 擧一隅不以三隅反:한 모퉁이를 들음에 세 모퉁이로써 반증하지
   않으면,
   - 以:~로써/수단, 방법을 나타내는 전치사.
3) 則不復也:다시(더 이상) 하지 않는다.
   - 則(즉):~면/가정, 조건의 접속사.
   - 復(부):다시 하다, 거듭하다/동사.

공자님, 노력하지 않으면 안 가르쳐주신다는 말씀이죠?
세 모퉁이三隅를 들어주시면 한 모퉁이一隅가 자연스럽게 들리거늘,
어찌하여 한 모퉁이만을 들어주신다는擧一隅 말씀입니까?

## 7.述而篇. 9章

# 子食於有喪者之側, 未嘗飽也.
# 子於是日哭, 則不歌.

자식어상자지측, 미상포야. 자어시일곡, 즉불가.

공자께서는 상이 있는(상을 당한) 사람의 곁에서 식사를 하실 때, 일찍이 배불리 드신 적이 없으셨다. 공자께서는 이날에 곡을 하시면, 노래를 부르지 않으셨다.

喪:잃을상/초상상 側:곁측 飽:배부를포 哭:울곡

## 문법(文法)적 해석

1) 子食於有喪者之側:공자께서는 상이 있는(상을 당한) 사람의 곁에서 식사를 하실 때,
   - 於:~에서/보어와 목적어 앞에 위치하며, 처소, 대상의 전치사이다. '有喪者之側'는 보어구이다.
   - 有喪者:상이 있는(상을 당한) 사람/者는 의존명사(불완전명사) 또는 특수 지시대명사로 앞 문장을 취해서 명사구가 되며, '~하는 사람, ~하는 것'으로 해석한다.
2) 未嘗飽也:일찍이 배불리 드신 적이 없으셨다.
   - 未嘗(미상):일찍이 ~한 적이 없다.
3) 子於是日哭, 則不歌:공자께서는 이날에 곡을 하시면, 노래를 부르지 않으셨다.
   - 是日:이 날/특정한 날이 아닌 막연한 날을 의미하며, '於'의 보어이며, 是는 지시대명사이다.
   - 則:~면/가정, 조건의 접속사.
   - 歌(가):노래를 부르다, 노래 하다/동사.

공자께서는 슬픈 날에는 함께 진정으로 슬퍼하셨구나.
그렇지만 음식은 조금이라도 드셨구나.

## 7.述而篇.10章

子謂顔淵曰 "用之則行, 舍之則藏,
惟我與爾有是夫!" 子路曰 "子行三軍, 則誰與?"
子曰 "暴虎馮河, 死而無悔者, 吾不與也.
必也臨事而懼, 好謀而成者也."

자위안연왈 "용지즉행, 사지즉장, 유아여이유시부!" 자로왈 "자행삼군, 즉수여?"
지알 "포호빙하, 사이무회자, 오불여야. 필야임사이구, 호모이성자야."

공자께서 안연에게 말했다. "써주면 〈도를〉 행하고, 버리면
숨는(은둔하는) 것, 오직 나와 너만이 이것이 있구나!"
자로가 말했다. "선생님께서 삼군을 행(통솔)하신다면 누구와
함께 하시겠습니까?' 자왈 "맨손으로 호랑이를 때려잡고 걸어서
강을 건너다가, 죽어도 후회가 없는 사람과는 나는 함께 하지
않겠다. 반드시 일에 임하여 두려워하며(조심하고 신중하며),
도모하기를 좋아하여 〈일을〉 이루는 사람이여야 한다."

藏:감출장/숨을장 暴:사나울폭/맨손으로칠포 虎:범호 馮:걸어서건널빙
悔:뉘우칠회 臨:임할임 懼:두려워할구 謀:꾀할모

## 문법(文法)적 해석

1) 用之則行, 舍之則藏!:써주면 〈도를〉 행하고, 버리면 숨는(은둔하는)
   것, 오직 나와 너만이 이것이 있구나!
 - 之:무엇을 꼭 지칭하기 위해 쓰인 것이 아니라, 술어 뒤에 之가
   붙음으로써 그 술어를 술어답게 만들어주는 어감을 얻고, 어세를
   고르게 하기 위해 쓰인다.
 - 則:~면/가정, 조건의 접속사.
2) 惟我與爾有是夫!:오직 나와 너만이 이것이 있구나!
 - 與(여): ~와/단어와 단어를 연결하는 일반 접속사.
 - 是:지시 대명사로써 앞 문장인 '用之則行, 舍之則藏'을 가리킨다.
 - 夫(부):~구나/감탄문의 끝에 쓰여 감개, 칭송, 비애 등의 어기를
   도와주는 감탄 종결사이다.

3) 子行三軍, 則誰與?:선생님께서 삼군을 행(통솔)하신다면 누구와
   함께 하시겠습니까?
   - 行:행하다, 통솔하다.
   - 軍:12,500명을 1軍이라 한다. 천자는 6군을, 큰 제후국은 3군을
     둘 수 있었다.
   - 誰與:의문사가 동사의 보어로, 동사 앞으로 도치된 것이다.
   - 與:함께 하다, 같이 하다/동사.
   - 주희(朱熹)는 "자로는 공자께서 유독 안연을 기리는 것을 보고
     자신의 용맹을 자부하여 부자(夫子)께서 만약 삼군을 통솔하신다면
     반드시 자기와 함께 하실 것이라고 생각한 것이다."라고 했다.
4) 暴虎馮河:맨손으로 호랑이를 때려잡고 걸어서 강을 건너다가,
   - 暴(포):맨손으로 치다.
   - 馮(빙):걸어서 (강을) 건너다.
5) 必也臨事而懼:반드시 일에 임하여 두려워하며(조심하고 신중하며),
   - 也:부사 뒤에서 부사를 강조한다/부사격 후치사.
6) 好謀而成者也:도모하기를 좋아하여 〈일을〉 이루는
   사람이여야 한다.
   - 好謀(호모):도모하기를 좋아하다/동사가 연속 이어지는
     연동사(連動詞)로 앞의 동사가 문장의 본동사이다.


공자께서 시종일관 안연顔淵에 대한 칭찬이다.
다른 제자들 앞에서도 또한 이와 같았을 것이다.
그래서 자로子路가 샘이 나서 이런 질문을 한 것 같은데
자로가 질투할 만하구나.

## 7.述而篇.11章

子曰 "富而可求也, 雖執鞭之士, 吾亦爲之.
如不可求, 從吾所好."

자왈 "부이가구야, 수집편지사, 오역위지. 여불가구, 종오소호."

자왈 "부가 만약 구할 수 있다면, 비록 채찍을 잡는
사람일지라도(사람의 일일지라두), 나 또한 하겠다.
만약 구할 수 없다면, 내가 좋아하는 바를 따르겠다."

執:잡을집 鞭:채찍편 士:선비사/사람사

## 문법(文法)적 해석

1) 富而可求也:부가 만약 구할 수 있다면,
  - 而:(만일, 만약) ~하면/단문을 연결하는 역할을 하며, 가정을
    나타내는 가정 접속사이다.
2) 雖執鞭之士:비록 채찍을 잡는 사람일지라도(사람의 일일지라도),
  - 雖(수):비록~ 할지라도/조건, 양보의 부사.
  - 執鞭之士(지편지사):채찍을 잡는 사람(의 일)/천한 자의 일,
    지위가 낮은 직책이다. '執鞭之'에서 '之'는 관형격 후치사로써
    수식어가 동사구(동사+목적어)+之+명사일 경우 '~하는, ~는, ~한'
    등으로 해석하므로 '채찍을 잡는'으로 해석을 한다.
 3) 如不可求, 從吾所好:만약 구할 수 없다면, 내가 좋아하는 바를
    따르겠다.
  - 如:만약 ~면/가정, 조건의 부사.
  - 所:~바(것)/所+술어가 오며, 불완전명사(의존명사) 또는
    특수 지시대명사이고, 주어는 대체로 所앞에 온다.


노력하면 작은 부자는 될 수 있어도 큰 부자가 될 수 없다?
큰 부자는 하늘에서 내려준다. 천명天命이란 말인가?
만약 공자께서 부富를 추구했었다면 부자가 되었을까?

## 7.述而篇.12章

# 子之所愼, 齊戰疾.

자지소신, 재전질.

공자께서 삼가신 것은, 재계와 전쟁과 질병이셨다.

愼:삼갈신  齊:가지런할제/재계할재  疾:병질

### 문법(文法)적 해석

1) 子之所愼:공자께서 삼가신 것은,
   - 之:~가(이), ~은(는)/所의 앞에서는 주격 후치사이다.
   - 所:~바(것)/所+술어가 오며, 불완전명사(의존명사) 또는
     특수 지시대명사이고, 주어는 대체로 所앞에 온다.
2) 齊戰疾:재계와 전쟁과 질병이셨다.
   - 齊(재):재계(齊戒)/齋(재)와 같은 뜻으로, 제사 및 중대한 의식을
     치르기 전에 몸과 마음을 깨끗하게 하는 것을 말한다.

공자께서 삼가고 조심하지 않으신 것이 없었지만 그중에서도
재계齊, 전쟁戰, 질병疾을 제일 삼가신 것이라고 할 수 있구나.

## 7. 述而篇. 13章

子在齊聞韶, 三月不知肉味,
曰 "不圖爲樂之至於斯也."

자재제문소, 삼월부지육미, 왈 "부도위악지지어사야"

공자께서 제나라에 계시면서 〈순임금의 음악인〉 소를
들으시고, 〈배우는〉 3개월 동안 고기맛을 모르시며,
말씀하시기를 "음악을 하는(만드는) 것이 이것에(이러한
경지에) 이를 줄 헤아리지(생각지) 못했다."라고 하셨다.

韶:풍류이름소　味:맛미　圖:그림도/헤아릴도

### 문법(文法)적 해석

1) 子在齊聞韶, 三月不知肉味:공자께서 제나라에 계시면서 〈순임금의
　음악인〉 소를 들으시고, 〈배우는〉 3개월 동안 고기맛을 모르시며,
　- 子在齊:공자세가(孔子世家)에 따르면 이때 공자 나이가 아마도
　　35세이었을 것이다.
　- 韶(소):순(舜)임금의 음악이다.
　- 三月不知肉味:주희(朱熹)는 "사기(史記)에 '三月' 앞(上)에 '學之'
　　두 글자가 있다.'"라고 하였다. 즉 '學之三月'이다.
2) 不圖爲樂之至於斯也:음악을 하는(만드는) 것이 이것에(이러한
　경지에) 이를 줄 헤아리지(생각지) 못했다.
　- 圖(도):헤아리다, 생각하다/뒤 문장 전체를 목적절로 취한다.
　- 爲樂:爲+명사(목적어)는 '~하다'로 해석하며, 목적어의 성격에
　　따라 그 뜻을 적절하게 해석할 수 있다. '爲樂'은 음악을 하다.
　- 주희(朱熹)는 "순(舜)임금이 음악을 만든 것이 이와 같은 아름다움에
　　이를 줄을 생각하지 못했다."고 하였다.

**발분망식**發憤忘食(분발하면 먹는 것도 잊다),
**발분망육미**發憤忘肉味(분발하면 고기맛도 잊다)이라.

# 冉有曰"夫子爲衛君乎?"子貢曰"諾,吾將問之."
入曰"伯夷·叔齊,何人也?"曰"古之賢人也."
曰"怨乎?"曰"求仁而得仁,又何怨?"
出曰"夫子不爲也."

염유왈 "부자위위군호?" 자공왈 "낙, 오장문지." 입왈 "백이 · 숙제, 하인야?"
왈 "고지현인야." 왈 "원호?" 왈 "구인이득인, 우하원?" 출왈 "부자불위야."

염유가 말했다. "선생님께서 위나라 임금을 위하겠습니까
(돕겠습니까)? 자공이 말했다. "예, 내가 장차 여쭈어보지요."
안으로 들어가 말했다. "백이와 숙제는 어떤 사람입니까?"
자왈 "옛날의 현인이다." 자공이 말했다. "원망했습니까?"
자왈 "인을 추구하여 인을 얻었는데, 또 무엇을 원망하였겠는가?"
〈자공이〉 나와서 말했다. "선생님께서는 위하지(돕지) 않으실
것입니다."

**衛**:나라이름위/지킬위  **諾**:허락할락(낙)  **怨**:원망할원

## 문법(文法)적 해석

1) 冉有曰 "夫子爲衛君乎?":염유가 말했다.
   "선생님께서 위나라 임금을 위하겠습니까(돕겠습니까)?"
   - 冉有(염유):공자보다 29세 아래의 제자로, 성은 염(冉)이고,
     이름은 구(求)이며, 자는 자유(子有)이고, 노(魯)나라 사람이다.
   - 爲:위하다, 돕다, 보위하다.
   - 衛君(위군):위나라 임금 위출공(衛出公)이며, 이름은 첩(輒)이다.
2) 子貢(자공):공자보다 31세 아래의 제자로, 성은 단목(端木),
   이름은 사(賜)이며, 자는 자공(子貢)이고, 위(衛)나라 사람이다.
3) 諾, 吾將問之:예, 내가 장차 여쭈어보지요.
   - 諾(낙):예, 알았다, 좋다/문장 밖에 단독으로 쓰여 응답이나
     동의 ,승낙 등을 나타낸다.

4) 伯夷·叔齊(백이·숙제):은나라 말엽, 고죽군(孤竹君)의 두 왕자
   였고, 아버지가 죽자 고죽군의 왕위를 서로 양보하며 나라를
   떠났고, 주나라 무왕(武王)이 은나라의 주왕(紂王)을 토벌하자,
   두 임금을 섬길 수 없다 하며 수양산(首陽山)에 들어가 고사리를
   먹고 살다가 굶어 죽었다.
5) 怨乎?:원망했습니까?
   - 乎:의문, 반문의 어기를 나타내는 의문 종결사.
6) 又何怨?:또 무엇을 원망하였겠는가?
   又(우):또, 또한/부사.
   - 何怨(하원):의문사가 동사의 목적어로 동사 앞으로 도치된
   것이다.


공문십철孔門十哲의 제자 중에 말 잘하는 사람은 재아宰我와 자공子貢!
역시 자공이 말을 잘 한다. 백이伯夷와 숙제叔齊로 비유해서 묻다니,
공자께서도 자공이 말하는 질문의 의도를 알았을까?


子貢　　　　　　　冉有
言語　孔門十哲　政事

## 7.述而篇.15章

子曰 "飯疏食飲水, 曲肱而枕之, 樂亦在其中矣.
不義而富且貴, 於我如浮雲."

자왈 "반소사음수, 곡굉이침지, 낙역재기중의. 불의이부차귀, 어아여부운."

자왈 "거친 밥을 먹고 물을 마시며, 팔을 굽혀 베더라도,
즐거움이 또한 그 가운데 있다. 의롭지 않으면서 부하고
또 귀함은 나에게는 뜬구름과 같다.

飯:밥반/먹을반 疏:거칠소 食:밥사 飲:마실음 肱:팔뚝굉 枕:벨침 浮:뜰부

### 문법(文法)적 해석

1) 飯疏食飲水:거친 밥을 먹고 물을 마시며,
  - 飯(반):밥, 먹다.
  - 食(사):밥/동사로써 '먹이다', 명사로써 '밥, 곡식을 익힌 음식'일
    경우에는 '사'로 읽는다. 疏食(소사)는 '거친 밥'이다.
2) 富且貴:부하고 또 귀함은
  - 且(차):~와, 또한/접속사로써 구, 절, 단문을 연결시킨다.
3) 於我如浮雲:나에게는 뜬구름과 같다.
  - 보어 '於我'를 강조하기 위해 앞으로 도치한 문장으로, 주어는
    '不義而富且貴', 앞 문장 전체이다.
  - 如:~와 같다/비교 형용사로써 보어 '浮雲'를 취한다.
  - 浮雲(부운):뜬 구름.

의롭지義 않는 부유함富과 귀함貴은 나에게는 뜬구름浮雲과 같다?
우리도 또한 그렇게 생각합니까?

## 7. 述而篇. 16章

# 子曰 "加我數年, 五十以學易, 可以無大過矣."

자왈 "가아수년, 오십이학역, 가이무대과의."

자왈 "나에게 몇 년을 더 주어, 쉰 살에(까지) 주역을 배운다면,
큰 허물이 없을 수 있다."

**數**:셈수/몇수 **易**:바꿀역/주역역 **過**:허물과

## 문법(文法)적 해석

1) 加我數年, 五十以學易:나에게 몇 년을 더 주어, 쉰 살에(까지)
   주역을 배운다면,
   - 以:순접의 접속사 而와 비슷하며, 해석하지 않아도 된다.
   - 주희(朱熹)에 따르면 "유빙군(劉聘君)이 일찍이 다른 논어를 읽어
     보니, '加'는 '假'로 되어 있고, '五十'은 '卒'로 되어 있으니, 아마도
     加와 假는 소리가 서로 비슷해서 잘못 읽은 것이고, '卒'과 '五十'은
     글자가 서로 비슷해서 잘못 나눈 것이다.'라고 하였으며, 아마도
     이때 공자의 나이가 이미 70세에 가까웠으며, '五十'이라는 글자가
     잘못된 것을 의심할 여지가 없다."고 하였다. 즉 '나에게 몇 년을
     빌려주어, 마침내 주역을 배운다면'로 해석할 수 있다.
2) 可以無大過矣:큰 허물이 없을 수 있다.
   - 可以:~할수 있다/가능 보조사.
   - 無:존재동사로써, 뒤 문장(大過)을 보어로 취하며, 보어를
     주어처럼 해석한다.
   - 矣:서술, 단정 종결사로써 '확신'을 나타낸다.


위편삼절韋編三絶, 죽간을 엮은 가죽끈이 세 번이나 끊어졌구나.
공자께서 주역을 배우지 않으면 안 되고, 또 쉽게 배울 수가 없음을
말씀하시는구나.

## 7.述而篇.17章

# 子所雅言, 詩・書・執禮, 皆雅言也.

자소아언, 시・서・집례, 개아언야.

공자께서 평소에 말씀하신 것은, 시경과 서경과 예를 지키는
(실천하는) 것이었으며, 모두 평소에 말씀하셨다.

雅:맑을아/평소아  執:잡을집

### 문법(文法)적 해석

1) 子所雅言:공자께서 평소에 말씀하신 것은
 - 所:~바(것)/所+술어가 오며, 불완전명사(의존명사) 또는
   특수 지시대명사이고, 주어는 대체로 所앞에 온다.
 - 雅:평소(에)/부사이며, 所와 술어 사이에 올 수 있다.
 - 執(집):지키다, 실천하다.
2) 詩・書・執禮:시경과 서경과 예를 지키는(실천하는) 것이었으며,
 - 주희(朱熹)에 따르면 "정자(程子)는 '공자께서 평소의 말씀이
   이와 같음에 그쳤고, 만약 性과 天道라면 들을 수가 없었다.' "라고
   하였다.
3) 皆雅言也:모두 평소에 말씀하셨다.
 - 皆(개):다, 모두/부정칭 지시 대명사.


공자께서 평소雅의 말씀이 시경詩과 서경書, 집례執禮라.
이런 말씀들이 제자들에 의해서 논어論語를 통해 전해졌구나.

## 7. 述而篇. 18章

葉公問孔子於子路, 子路不對.
子曰 "女奚不曰 '其爲人也, 發憤忘食,
樂以忘憂, 不知老之將至云爾'?"

섭공문공자어자로, 자로부대. 자왈 "여해불왈 '기위인야, 발분망식, 낙이망우,
부지로지장지운이' "

섭공이 사로에게 공자를 물었는데 자로는 대답하지 않았다.
자왈 "너는 어찌 '그 사람됨이 분발하면 먹는 것도 잊고,
즐거움으로써 근심을 잊으며, 늙음이 장차 이르는 줄도
모르는 등, 그러하다.'라고 말하지 않았느냐?"

葉:잎엽/땅이름섭 憤:분발할분 忘:잊을망 憂:근심우

### 문법(文法)적 해석

1) 葉公(섭공):초(楚)나라 섭지방의 수장(대부)으로서, 이름은
   심제량(沈諸梁)이고, 자는 자고(子高)이다.
2) 女奚不曰:너는 어찌 ' ~ ' 라고 말하지 않았느냐?
   - 女:너/2인칭 대명사로, 汝(여)와 같다.
   - 奚(해):어찌(하여)/의문 부사.
   - 不曰:뒤 문장 전체를 목적절로 취한다.
3) 其爲人也:그 사람됨이,
   - 其:그/3인칭 대명사
   - 爲+명사:~이 되다/자동사.
   - 也:~가(이), ~은(는)/앞 절 마지막 부분에 놓이거나, 병렬 문장의
     끝에 놓여 잠시 쉬어감을 나타내는 주격 후치사로써 해석하지
     않아도 된다.
4) 發憤忘食, 樂以忘憂:분발하면 먹는 것도 잊고, 즐거움으로써
   근심을 잊으며,
   - 주희(朱熹)는 "아직 (진리를) 얻지 못하면 발분하여 먹는 것도 잊고,
     이미 얻었다면 즐거워하여 근심을 잊는다."고 하였다.

- 以:~로써/수단, 방법을 나타내는 전치사로 '樂'과 도치된 것이다.
5) 不知老之將至云爾:늙음이 장차 이르는 줄도 모르는 등, 그러하다고.
- 不知:뒤 문장 전체를 목적절로 취한다.
- 之:~가(이), ~은(는)/주격 후치사.
- 將(장):장차/차(且)와 함께 미래를 나타내는 시간 부사.
- 云爾(운이):~이(그)러하다, 등등의 말/대명사로써 생략한 말을 대신 가리킨다. 대개 대화나 인용문에서 쓰인다.


공자께서 호학好學하시는 모습이셨다.
왜 자로는 섭공葉公에게 스승님에 대해서 말하지 않았을까不對?

# 7. 述而篇. 19章

## 子曰 "我非生而知之者, 好古敏以求之者也."

자왈 "아비생이지지자, 호고민이구지자야."

자왈 "나는 태어나면서〈부터〉아는 자가 아니다. 옛것을 좋아하고 민첩함으로써(애써 일하므로써) 구한 자이다."

敏:민첩할민/애써일할민

### 문법(文法)적 해석

1) 我非生而知之者:나는 태어나면서〈부터〉아는 자가 아니다.
 - 非:~아니다/연계동사로써 뒤에 술어가 오면 부정 보조사로 쓰이지만, 명사(구/절)이 오면 이를 부정하는 형태로, 주어와 보어 사이에 놓여 이를 연결하는 역할을 한다. 주어는 '我'이고, 뒤 문장 전체가 보어절로 '生而知之者'를 부정한다.
2) 好古敏以求之者也:옛것을 좋아하고 민첩함으로써(애써 일하므로써) 구한 자이다.
 - 敏(민):힘쓰다, 애써 일하다.
 - 以:~로써/수단, 방법을 나타내는 전치사로써 '以敏'이 도치된 것으로, 강조 효과를 위하여 목적어를 전치사 앞에 놓은 것이다.
 - 之:무엇을 꼭 지칭하기 위해 쓰인 것이 아니라, 술어 뒤에 之가 붙음으로써 그 술어를 술어답게 만들어주는 어감을 얻고, 어세를 고르게 하기 위해 쓰인다. 만약 여기서 대명사, 목적어로 쓰였다면 '古'를 가리킨다고 할 수 있으며, 해석하지 않아도 된다.

공자께서 태어나면서부터生 아는 자知之者가 아니었을까?
아는 자知之者는 좋아하는 자好之者만 못하고,
좋아하는 자好之者는 즐기는 자樂之者만 못하고,
즐기는 자樂之者는 태어나면서 아는 자生而知之者만 못하다?

## 7. 述而篇. 20章

# 子不語怪力亂神.

자불어괴력난신.

공자께서는 괴이한 일, 힘으로 하는 일, 어지럽히는 일,
귀신을(귀신에 관한 일을) 말씀하지 않으셨다.

怪:괴이할괴

### 문법(文法)적 해석

1) 주희(朱熹)에 따르면 "사량좌(謝良佐)는 '성인(聖人)은 떳떳함을
   말하고 괴이한 것을 말하지 않으며, 덕을 말하고 힘씀을 말하지
   않으며, 다스려짐을 말하고 어지러운 것을 말하지 않으며, 인간을
   말하고 귀신을 말하지 않는다.' "라고 하였다.
2) 怪(괴):괴이(怪異)하다, 기이(奇異)하다, 괴상(怪常)하다,


공자께서 말씀하지 않았던 것들, 괴력난신怪力亂神!
또 말씀하지 않았던 것들이 없었을까?
자공이 말하길 "선생님께서 성과 천도(본성과 자연의 이치)를 말씀
하시는 것은 들을 수 없었다夫子之言性與天道, 不可得而聞也.
(5.公冶長篇.12章 )."

# 子曰 "三人行, 必有我師焉. 擇其善者而從之, 其不善者而改之."

자왈 "삼인행, 필유아사언. 택기선자이종지, 기불선자이개지."

자왈 "세 사람이 〈길을〉 가면은, 반드시 나의 스승이 있다. 그 선한 사람의 것을 택해서 따르고, 그 선하지 않는 사람익 것을 〈택해서〉 〈나 자신을〉 고쳐야 한다."

**擇**:가릴택

## 문법(文法)적 해석

1) 三人行:세 사람이 〈길을〉 가면은,
   - 三人(삼인):한 사람은 나이고, 다른 사람은 나보다 나은 사람, 나보다 못한 사람을 말한다.
2) 必有我師焉:반드시 나의 스승이 있다.
   - 有:사물이 있고 없음을 나타내는 존재동사로써 보어(我師)를 취하며, 보어를 주어처럼 해석한다.
   - 焉(언):'於是'이고, 是는 三人이며, 대명사를 포함한 종결사이다.
3) 其不善者而改之:그 선하지 않는 사람의 것을 〈택해서〉 〈나 자신을〉 고쳐야 한다.
   - 其:그의/三人을 가르키는 3인칭 대명사로써, 其+명사는 '그의, 그것(대명사)의' 뜻으로 관형어로 쓰인다.
   - (擇)其不善者:맨 앞에 '擇'이 생략된 것이다.
   - 不善者:선하지 않는 사람으로 해석할 수도 있지만, 여기서는 선하지 않는 사람의 것, 행위로 해석할 수 있다.

선한 자善者, 선하지 않는 자不善者가 모두 스승師이다? 우리는 선하지 않는 자不善者를 스승師이라고 생각하는가? 그리고 선하지 않는 자를 보고 안으로 자신을 살펴보는가見不善者而內自省也?

# 7.述而篇.22章

## 子曰 "天生德於予, 桓魋其如予何?"

자왈 "천생덕어여, 환퇴기여여하?"

자왈 "하늘이 나에게 덕을 생기게 하였으니(부여하셨으니),
환퇴가 장차 나를 어떻게 하겠는가?"

桓:굳셀환  魋:이름퇴

### 문법(文法)적 해석

1) 天生德於予:하늘이 나에게 덕을 생기게 하였으니(부여하셨으니),
 - 生(생):~에 살다, ~을 낳다, ~을 생기게 하다/(타)동사.
 - 於:~에(게)/보어와 목적어 앞에 위치하며, 처소, 대상의
   전치사이다.
 - 予(여):나. 我(아)와 같다/1인칭 대명사.
2) 桓魋其如予何?:환퇴가 장차 나를 어떻게 하겠는가?
 - 桓魋(환퇴):송나라에서 사마(司馬) 벼슬을 하던 상퇴(向魋)이다.
   공자가 송나라에 들렀을 때 공자를 죽이려 했고, 빨리 떠나기를
   재촉하는 제자들에게 이와 같은 말을 했다고 한다.
 - 其:장차, 곧/부사로써 동작이나 행위 등이 곧 발생함을 나타낸다.
 - 如 ~ 何:관용어로써 술어로는 '어떻게 할 것인가, 어떠하다'이며,
   부사어로 '어찌, 어떻게'로 해석한다.

노자老子왈 "하늘과 땅은 인하지 않다天地不仁."라고 하였는데
제자들과 빨리 떠나시지 않으시고 객기客氣를 부리신 것은 아닌지?

# 7.述而篇.23章

子曰 "二三子以我爲隱乎? 吾無隱乎爾!
吾無行而不與二三子者, 是丘也."

자왈 "이삼자이아위은호? 오무은호이! 오무행이불여이삼자자, 시구야."

자왈 "너희들은 내가 숨긴다고 여기느냐? 나는 숨기는 것이
없다! 나는 행하면서 너희들과 함께하지 않은 일이 없다.
⟨그런 사람이⟩ 바로 나(丘)이다."

隱:숨길은

## 문법(文法)적 해석

1) 二三子以我爲隱乎?:너희들은 내가 숨긴다고 여기느냐?
   - 二三子:그대들은, 너희들/2인칭 복수 대명사, '제자들'을 말한다.
   - 以 ~爲 ~:~을 ~라고 여기다, ~을 ~라고 생각하다, ~을 ~로 삼다.
2) 吾無隱乎爾!:나는 숨기는 것이 없다!
   - 乎爾(호이):단정과 감탄의 뜻을 나타내는 종결사.
3) 吾無行而不與二三子者:나는 행하면서 너희들과 함께하지
   않은 일이 없다.
   - 無:존재동사로써, 뒤 문장 전체를 보어절로 취하며, 보어절을
     주어처럼 해석한다.
   - 與(여):더불다, 함께 하다, 같이 하다/동사.
   - 者:의존명사(불완전명사) 또는 특수 지시대명사로 앞 문장을
     취해서 명사구가 되며, '~하는 사람, ~하는 것'으로 해석한다.
4) 是丘也:⟨그런 사람이⟩ 바로 나(丘)이다.
   - 是(시):~이다/연계동사이며, "바로 나(丘)이다."로 해석할 수 있다.

공자께서는 배우려고 힘쓰지 않았기에 이끌어 주지 않았고,
표현하려고 애쓰지 않았기에 밝혀주지 않았거늘不憤不啓, 不悱不發,
그런데 제자들은 숨긴다隱고 스승을 탓하는구나.

# 7.述而篇.24章

## 子以四教, 文行忠信.

자이사교, 문행충신.

공자께서 네 가지로써 가르쳤는데,
학문, 실천, 진실된 마음(성실), 신의이었다.

敎:가르칠교

### 문법(文法)적 해석

1) 子以四敎:공자께서 네 가지로써 가르쳤는데,
   - 以:~로써/수단, 방법을 나타내는 전치사.
2) 文行忠信:학문, 실천, 진실된 마음(성실), 신의이었다.
   - 주희(朱熹)에 따르면 "정자(程子)는 '사람을 가르침에 글을 배우고
     행실을 닦으며 忠과 信을 보존하는 것이니, 忠과 信이 근본이다.'"
     라고 하였다.

문행충신文行忠信. 배우기學만 하고 실천行하지 않으면
무슨 소용이 있겠는가? 또한 진실된 마음忠과 신의信가
근본이어야 하는구나.

## 7. 述而篇.25章

子曰 "聖人, 吾不得而見之矣, 得見君子者, 斯可矣."
子曰 "善人, 吾不得而見之矣, 得見有恒者, 斯可矣.
亡而爲有, 虛而爲盈, 約而爲泰, 難乎有恒矣."

자왈 "성인, 오부득이견지의, 득견군자자, 사가의." 자왈 "선인, 오부득이견지의,
득견유항자, 사가의. 무이위유, 허이위영, 약이위태, 난호유항의."

자왈 "성인을 내가 만나볼 수 없다면, 군자 같은 사람이라도
만나볼 수 있으면, 좋겠다." 자왈 "선한 사람을 내가 만나볼
수 없다면, 항심(한결같은 마음)이 있는 사람이라도 만나볼 수
있으면, 좋겠다. 없으면서 있는 체하고, 비었으면서 가득 찬
체하며, 궁핍하면서도 부유한 체하면, 항심이 있기가 어렵다."

恒:항상항/떳떳할항 虛:빌허 盈:촬영 約:맺을약/궁핍할약 泰:클태

### 문법(文法)적 해석

1) 聖人, 吾不得而見之矣:성인을 내가 만나볼 수 없다면,
   - 不:~없다면/부정 보조사 '不'로 인해, 이 절은 가정문이다.
   - 得而(득이):~할 수 있다/가능 보조사로써, 得以와 같다.
   - 之:목적어 '聖人'를 강조하기 위해 앞으로 도치하고, 그 자리에
     대명사 '之'를 사용한 것이라 할 수 있다.
2) 得見君子者, 斯可矣:군자 같은 사람이라도 만나볼 수 있으면,
   좋겠다.
   - 得(득):~할 수 있다/가능 보조사이며, 得而, 得以와 같다.
   - 君子:군자 같다, 군자답다/명사가 형용사로 전성된 것이다.
   - 者:의존명사(불완전명사) 또는 특수 지시대명사로 앞 문장를
     취해서 명사구가 되며, '~하는 사람, ~하는 것'으로 해석한다.
   - 斯(사):~면/가정, 조건의 접속사.
   - 可(가):옳다, 좋다/형용사.
   - 矣(의):단정·지정·서술 종결사로써, '확신'을 나타내는 평서문
     종결사이다.

3) 有恒者:항심(한결같은 마음)이 있는 사람.
  - 有:존재동사로써 보어로 취하며, 보어를 주어처럼 해석한다.
  - 恒(항):한결같은 마음, 변함없는 마음, 떳떳한 마음/명사.
4) 亡而爲有:없으면서 있는 체하고,
  - 亡(무):~없다/無와 통한다.
  - 爲(위):~인 체하다, 가장(假裝)하다, 꾸미다/僞와 같다.
5) 難乎有恒矣:항심이 있기가 어렵다.
  - 難:특수형용사로써 술어로 쓰이는 경우, 보어 '乎~'를 취하며
    주어처럼 해석한다.
  - 乎:전치사로써 뒤 문장이 보어이다.


항심恒心이라!
여기도 저기도 없으면서亡 있는有 체하고, 비었으면서도虛
가득 찬盈 체하며, 궁핍하면서도約 부유한泰 체하는구나.


聖人 〉 君子者
善人 〉 有恒者
亡而爲有, 虛而爲盈, 約而爲泰

## 7. 述而篇. 26章

# 子釣而不綱, 弋不射宿.

자조이불강, 익불석숙.

공자께서 낚시질은 하셔도 그물질은 하지 않으시며, 주살질은
하시되 잠자는 새를 쏘아 잡지는 않으셨다.

釣:낚시조 綱:벼리강/그물질할깅 弋:주살익 射:쏠사/쏘아잡을석 宿:잘숙

## 문법(文法)적 해석

1) 子釣而不綱:공자께서 낚시질은 하셔도 그물질은 하지 않으시며,
   - 釣(조):낚시, 낚시질하다.
   - 而:그러나, 그런데/역접 접속사이며, 해석하지 않아도 된다.
   - 綱(강):그물, 그물질하다. 굵은 노끈으로 그물을 연결하여
     흐르는 물을 가로질러 막아서 물고기를 잡는 것이다.
2) 弋不射宿:주살질은 하시되 잠자는 새를 쏘아 잡지는 않으셨다.
   - 弋(익):주살, 줄이 달린 화살, 주살로 새를 쏘다.
   - 射(석):쏘아 잡다, 맞히다.
   - 宿(숙):잠자는 새/명사.
   - 주희(朱熹)에 따르면 "홍흥조(洪興祖)는 '공자께서 젊었을 때에
     빈천하여 봉양과 제사를 위해 혹 부득이 낚시질하고 주살질을
     하셨다.' "라고 하였다.

공자께서 미물微物을 대함에도 이와 같았으니, 백성을 생각하는
마음 또한 알 수 있으리라. 그리고 작은 일에도 이와 같았으니,
또한 큰일에 마음 씀씀이를 알 수 있으리라.

## 7. 述而篇.27章

子曰 "蓋有不知而作之者, 我無是也.
多聞, 擇其善者而從之, 多見而識之, 知之次也."

자왈 "개유부지이작지자, 아무시야. 다문, 택기선자이종지, 다견이지지, 지지차야."

자왈 "아마도 알지 못하면서 지어내는 사람이 있는데, 나는
이것이 없다. 많이 듣고서 그중에서 좋은 것을 택해서 따르고,
많이 보고서 기억하는 것이, 아는 것의 다음이다."

蓋:덮을개/어찌합  擇:선택할택  識:기억할지  次:버금차

### 문법(文法)적 해석

1) 蓋有不知而作之者:아마도 알지 못하면서 지어내는 사람이 있는데,
 - 蓋(개):아마(도), 대개/부사.
 - 有:존재동사로써, 뒤 문장 전체를 보어절로 취하며, 보어절을
   주어처럼 해석한다.
 - 作(작):(글을) 쓰다, (새로운 것을) 짓다, 창작하다.
2) 多見而識之, 知之次也:많이 보고서 기억하는 것이,
   아는 것의 다음이다.
 - 多(다):많다, 많이/형용사에서 부사로 전성된 것이다.
 - 識(지):기억하다, 마음에 새기다, 기록하다.
 - 知(지):알다, 깨닫다/동사가 명사로 전성되어 '아는 것'으로
   해석한다.
 - 次(차):버금, 다음, 둘째.


알고서知 술述을 하고 있는가, 작作을 하고 있는가?
술이부작述而不作이라!

## 7.述而篇.28章

互鄉難與言, 童子見, 門人惑.
子曰 "與其進也, 不與其退也, 唯何甚?
人潔己以進, 與其潔也, 不保其往也."

호향난여언, 동자현, 문인혹. 자왈 "여기진야, 불여기퇴야, 유하심?
인결기이진, 여기결야, 불보기왕야."

호향 사람들은 (그들과) 더불어 말하기가 어려운데, 동자가
〈찾아와 공자를〉 뵙자, 문인(제자)들이 의아하게 여겼다.
자왈 "그가 나아가는 것을 허여하지만, 그가 물러나는 것을
허여하는 것은 아니다, 어찌 심한가(심하게 대하는가)?
사람이 자신을 깨끗이 하고서 나아가면, 그 깨끗함을 허여한
것이지, 그의 지난 일을 〈옳다고〉 보증하는 것은 아니다."

互:서로호 惑:의혹할혹 潔:깨끗할결 保:지킬보/보증할보

## 문법(文法)적 해석

1) 互鄕難與言:호향 사람들은 (그들과) 더불어 말하기가 어려운데,
   - 互鄕(호향):마을 이름이며, '호향 사람들'로 해석한다.
   - 難(난):특수형용사로써 술어로 쓰이는 경우, 보어 '言'를 취하며
     주어처럼 풀이한다.
   - 與:~와 더불어/전치사이며, 인칭대명사 '之'가 생략된 것이다.
2) 童子見:동자가 〈찾아와 공자를〉 뵙자,
   - 童子(동자):어린아이, 소년.
   - 見(현):(윗사람)을 뵙다, 알현하다.
3) 不與其退也, 唯何甚?:그가 물러나는 것을 허여하는 것은 아니다,
   어찌 심한가(심하게 대하는가)?
   - 與(여):허여하다, 허락하다, 받아들이다.
   - 其:그, 자기, 자기 자신/3인칭 대명사이며, '일반적인 사람'을
     가리킨다고 할 수 있다.
   - 唯(유):조사(후치사)로 문장의 앞이나 중간에 쓰일 때는 대체로

해석하지 않는다.

- 何:어찌/의문 부사.

4) 人潔己以進:사람이 자신을 깨끗이 하고서 나아가면,

- 以:(명사)절 다음에 以가 오면 '~하고서'의 뜻으로, 접속사로 사용되어 而(그래서)와 유사하며, 해석하지 않아도 된다.

5) 不保其往也:그의 지난 일을 〈옳다고〉 보증하는 것은 아니다.

- 保(보):보증하다, 연연해 하다.

- 往(왕):지난 일, 지난날의 것, 과거/명사.

6) 주희(朱熹)는 "의심컨대 이 장은 착간(錯簡)이 있는 듯하며, '人潔己以進....' 열네 글자는 마땅히 '與其進也'의 앞에 있어야 한다."고 하였다.


공자님의 열린 가르침, 신분을 초월한 가르침,
존경하고 또 존경합니다.
하지만 속수束脩, 육포 한 묶음은 행해야行 합니다.

與其進也
不與其退也

*
공자님의
열린
가르침

## 7. 述而篇.29章

# 子曰 "仁遠乎哉? 我欲仁, 斯仁至矣."

자왈 "인원호재? 아욕인, 사인지의."

자왈 "인이 멀리 있겠는가? 내가 인을 하고자 하면,
인이 이르게 된다(다가온다)."

斯:이 시  至:이르지/지극할지

## 문법(文法)적 해석

1) 仁遠乎哉?:인이 멀리 있겠는가?
 - 乎哉(호재):의문과 반문의 어기를 나타내는 종결사.
2) 我欲仁, 斯仁至矣:내가 인을 하고자 하면, 인이 이르게
   된다(다가온다).
 - 欲(욕):하고자 하다, 바라다/타동사이며, 주로 보조사로 쓰이지만,
   뒤에 술어가 아닌 목적어(명사/명사구)가 오면 타동사가 된다.
 - 斯(사):~면/가정, 조건의 접속사.

인仁이 멀리 있겠는가? 인하고자 하면 인에 이르게 되고我欲仁,
斯仁至矣, 또 가까이에서 취해 깨달음을 얻을 수 있다면 인을 하는
방법이구나能近取譬, 可謂仁之方也已.

陳司敗問 "昭公知禮乎?" 孔子曰 "知禮."
孔子退, 揖巫馬期而進之, 曰 "吾聞君子不黨,
君子亦黨乎? 君取於吳, 爲同姓, 謂之吳孟子.
君而知禮, 孰不知禮?" 巫馬期以告,
子曰 "丘也幸, 苟有過, 人必知之."

진사패문 "소공지례호?" 공자왈 "지례." 공자퇴, 읍무마기이진지, 왈 "오문군자부당,
군자역당호? 군취어오, 위동성, 위지오맹자. 군이지례, 숙부지례?" 무마기이고,
자왈 "구야행, 구유과, 인필지지."

진나라 사패가 "소공은 예를 알았습니까?" 공자왈 "예를 아셨습니다."
공자께서 물러가시자, 〈사패는〉 무마기에게 읍하고 나아가
(다가가) 말했다. "나는 군자는 당(편당)을 하지 않는다고
들었는데, 군자도 또한 당(편당)을 합니까? 임금(소공)이
오나라에서 아내를 맞이하였는데, 같은 성이기 때문에 〈아내를〉
오맹자라고 불렀습니다. 임금(소공)이 예를 안다면, 누가 예를
모르겠습니까?" 무마기가 〈공자께〉 이것을 아뢰자,
자왈 "나는 다행이다. 진실로 허물이 있으면, 사람들이 반드시
아는구나."

司:맡을사 昭:밝을소 揖:읍할읍 巫:무당무 黨:무리당 吳:성씨오 幸:다행행
苟:진실로구

## 문법(文法)적 해석

1) 陳司敗(진사패):진(陳)은 나라 이름이고, 사패(司敗)는 관직 이름
   이며, 법을 관장하는 벼슬이며, 사구(司寇)라고도 한다.
2) 昭公(소공):노나라 임금으로 성은 희(姬)고 이름이 주(稠)이며,
   당시에 예(禮)를 잘 안다고 여겼다.
3) 巫馬期(무마기):공자보다 30세 아래의 제자로, 성은 무마(巫馬)
   이고, 이름은 시(施)이며, 자는 자기(子期)이고, 진나라 혹은
   노나라 사람이다.

4) 君取於吳:임금(소공)이 오나라에서 아내를 맞이하였는데,
 - 取(취):아내를 맞이하다, 장가들다, 장가가다. 娶(취)와 같다.
 - 於:~에(게)/보어와 목적어 앞에 위치하며, 처소, 대상의
   전치사이다.
5) 爲同姓, 謂之吳孟子:같은 성이기 때문에 〈아내를〉 오맹자라고
   불렀습니다.
 - 爲:~때문에/전치사로써, 동작이나 행위가 발생한 원인을 나타낸다.
 - 同姓(동성):오(吳)나라는 주나라의 선조인 태왕(太王)의 아들
   태백(太伯)이 세운 나라이고, 노(魯)나라는 주나라 무왕의 동생
   주공이 세운 나라이므로 성(姓)이 모두 희(姬)씨였다
 - 吳孟子(오맹자):노소공의 부인으로, 제후의 부인은 본국의 이름,
   오(吳)와 친정의 성, 희(嬉)를 합쳐서 불렸으므로 오맹자가 아니라
   '오희(吳嬉)'라고 해야 한다. 하지만 동성끼리의 혼인을 금하였으
   므로 오맹자(吳孟子)라고 했던 것이다.
6) 君而知禮:임금(소공)이 예를 안다면,
 - 而:(만일, 만약) ~하면/가정, 조건을 나타내는 가정 접속사이다.
7) 巫馬期以告:무마기가 이것을 아뢰자,
 - 以:이것(사실)을 가리키는 대명사 '之'가 생략되었으며, 以다음에
   之등의 대명사가 오는 경우는 생략할 수 있다.
8) 丘也幸, 苟有過:나는 다행이다. 진실로 허물이 있으면,
 - 丘(구):공자의 이름, 자기 자신을 지칭할 때 이름으로 말한다.
 - 也:~가(이), ~은(는)/주격 후치사.
 - 苟(구):만약 ~면, 진실로 ~면/가정, 조건의 부사.


앞에 있지 않으면 임금님 욕도 한다고?
공자께서 이 질문을 받았을 때 아마도 매우 곤란했을 것이다.
소공 昭公이 예를 모른다不知禮고 말하지도 못하고...

# 子與人歌而善, 必使反之, 而後和之.

자여인가이선, 필사반지, 이후화지.

공자께서 사람들과 함께 노래를 부르다가 잘하면,
반드시 반복하게 하시고(다시 부르게 하시고),
그 후에 화답하셨다(따라 부르셨다).

反:돌이킬반/반복할반  和:화할화/화답할화

## 문법(文法)적 해석

1) 子與人歌而善:공자께서 사람들과 함께 노래를 부르다가 잘하면,
   - 與:~와 함께, ~와 더불어/전치사.
   - 而:만일(약) ~하면/단문을 연결시키는 가정 접속사이다.
   - 善(선):잘하다, 좋다, 훌륭하다/형용사.
2) 必使反之:반드시 반복하게 하시고(다시 부르게 하시고),
   - 使(사):~에게 ~하게 하다/사동보조사. 간접목적어 '人'이 생략
     되었으며, '之'는 '歌'를 가리킨다.
   - 反(반):반복(反復)하다, 되풀이하다.
3) 而後和之:그 후에 화답하셨다(따라 부르셨다).
   - 而後(이후):~이후에/접속사이며, 이후(以後)와 같다.
   - 和(화):화답하다, 따라 부르다.

공자께서는 아마도 음주가무飮酒歌舞에도 능했으리라.
쾌지나 칭칭 하네!

## 7. 述而篇.32章

子曰 "文, 莫吾猶人也,
躬行君子, 則吾未之有得."

자왈 "문, 막오유인야, 궁행군자, 즉오미지유득."

자왈 "학문은 아마도 내가 남과 같겠지만은,
몸소 군자(의 도)를 행하는 것이라면 나는 아직 얻음이 있지
않다(이루지 못했다)."

躬:몸궁/몸소궁

### 문법(文法)적 해석

1) 文, 莫吾猶人也:학문은 아마도 내가 남과 같겠지만은,
   - 莫(막):아마도, 대략/부사로써 동작이나 행위, 상황 등에 대한
     추측을 나타낸다.
   - 猶(유):~와 같다, ~듯 하다/비교 형용사로써 보어를 취한다.
   - 人:남, 타인/부정칭 대명사.
2) 躬行君子, 則吾未之有得:몸소 군자(의 도)를 행하는 것이라면
   나는 아직 얻음이 있지 않다(이루지 못했다)."
   - 躬(궁):몸소, 스스로/부사.
   - 君子:군자의 도(道), 군자의 도리를 의미한다.
   - 之:부정문에서 대명사가 목적어인 경우에 앞으로 도치가 될 수
     있다. '則吾未有得之'가 도치된 것이다.


공자께서는 문文에 겸손謙遜하셨고,
군자의 도道에 대해서는 더욱더 겸손謙遜해 하셨구나.
겸손謙遜이 덕행德行의 탄탄한 기초이구나.

## 7.述而篇.33章

子曰 "若聖與仁, 則吾豈敢?
抑爲之不厭, 誨人不倦, 則可謂云爾已矣."
公西華曰 "正唯弟子不能學也."

자왈 "약성여인, 즉오기감? 억위지불염, 회인불권, 즉가위운이이의."
공서화왈 "정유제자불능학야."

자왈 "만약 성인과 인자이라면 내 어찌 감히 〈될 수 있겠는가〉?
그러나 〈성과 인의 道를〉 행하는데 싫어하지 않고, 사람을
가르치는데 게으르지 않은 것이라면 그러할 뿐이다라고
말할 수 있다." 공서화가 말했다. "바로 제자(저희)들이 배울
수 없는 것입니다."

抑:누를억/그러나억 厭:싫어할염 誨:가르칠회 倦:게으를권 華:빛날화

### 문법(文法)적 해석

1) 若聖與仁, 則吾豈敢?:만약 성인과 인자이라면
   내 어찌 감히 〈될 수 있겠는가〉?
 - 若 ~, 則:만약 ~, 면/가정부사(若), 가정접속사(則)
 - 與(여): ~와/단어와 단어를 연결하는 접속사이다.
 - 豈(기):어찌/의문 부사.
2) 抑爲之不厭, 誨人不倦:그러나 〈성과 인의 道를〉 행하는데 싫어
   하지 않고, 사람을 가르치는데 게으르지 않은 것이라면
 - 抑(억):그러나/역접 접속사.
 - 之:무엇을 꼭 지칭하기 위해 쓰인 것이 아니라, 술어 뒤에 之가
   붙음으로써 그 술어를 술어답게 만들어주는 어감을 얻고, 어세를
   고르게 하기 위해 쓰인다.
 - 厭(염):싫어하다, 싫증내다.
3) 則可謂云爾已矣:~면 그러할 뿐이다라고 말할 수 있다.
 - 則:~면/가정, 조건의 접속사.

- 云爾(운이):~이(그)러하다, 등등의 말, 그러할(이와 같을) 뿐이다/
  대명사로써 생략한 말을 대신 가리킨다. 대개 대화나 인용문에서
  쓰인다.
- 已矣(이의):강한 긍정의 어기로써 이미 발생하였거나 새로운
  상황이 발생할 가능성이 있음을 나타내는 단정 종결사.
4) 公西華曰 "正唯弟子不能學也.":공서화가 말했다.
   "바로 제자(저희)들이 배울 수 없는 것입니다."
- 公西華(공서화):공자보다 42세 아래의 제자로, 성은 공서(公西),
  이름은 적(赤)이며, 자는 자화(子華)이고, 노나라 사람이다.
- 正(정):바로, 마침, 공교롭게도/부사.
- 唯(유):문장의 앞이나 중간에 쓰일 경우에 해석하지 않는다.


공자님의 겸손謙遜함의 끝은 어디까지일까?
시작만 있고 끝이 없는 겸손謙遜함.
아마도 우리가 배울 수 없는不能學 것이 아닐까요?

〈성과 인의 道를〉 행하는데 싫어하지 않다.
爲之不厭
誨人不倦
사람을 가르치는데 게으르지 않다.

## 7.述而篇.34章

子疾病, 子路請禱. 子曰 "有諸?"
子路對曰 "有之, 誄曰 '禱爾于上下神祇.' "
子曰 "丘之禱久矣."

자질병, 자로청도. 자왈 "유저?" 자로대왈 "유지, 뇌왈 '도이우상하신기.' " 자왈 "구지도구의."

공자께서 병이 심해지시자, 자로가 기도하기를 청하였다.
자왈 "그런 일이 있느냐?" 자로가 대답하기를 "있습니다.
뇌문에 '상하(하늘과 땅)의 신에게 너를 기도하였다.' "고
하였습니다. 자왈 "나는 기도한 것이 오래되었다."

禱:빌도  誄:제문뢰(뇌)  祇:땅귀신기

### 문법(文法)적 해석

1) 疾病(질병):병(疾)이 심해지다(病).
2) 子路請禱. 子曰 "有諸?:자로가 기도하기를 청하였다.
   자왈 "그런 일이 있느냐?"
  - 請禱(청도):기도하기를 청하다/동사가 연속 이어지는 연동사
   (連動詞)로 앞의 동사가 문장의 본동사이다.
  - 有諸(유저):'諸'는 '之乎'같으며, 의문 종결사이고, 그래서
   '有諸'는 '有之乎?'는 '그런 일이 있느냐?'로 해석한다.
3) 誄曰 '禱爾于上下神祇.':뇌문에 '상하(하늘과 땅)의 신에게 너를
   기도하였다.'
  - 誄(뇌):죽은 사람을 추모하고 명복을 비는 말이나 글이다.
  - 于:~에서/보어와 목적어 앞에 위치하며, 처소, 대상의 전치사이다.
  - 神祇(신지):하늘의 신을 '神'이라 하고, 땅의 신을 '祇'라고 한다.
4) 丘之禱(구지도):주어절이며, 之는 주격 후치사이다.

스승에 대한 자로의 걱정하는 마음. 절박하면서도 애틋한 정情을
느낄 수 있구나.

## 7. 述而篇.35章

# 子曰 "奢則不孫, 儉則固, 與其不孫也, 寧固."

자왈 "사즉불손, 검즉고, 여기불손야, 녕고."

자왈 "사치스러우면 공손하지 않고, 검소하면 고루하니,
공손하지 않는 것보다는 차라리 고루한 것이 낫다."

**奢**:사치할사 **孫**:공손할손 **儉**:검소할검 **固**:굳을고/고루할고 **寧**:차라리녕

## 문법(文法)적 해석

1) 奢則不孫, 儉則固:사치스러우면 공손하지 않고,
   검소하면 고루하니,
   - 則:~면/가정, 조건의 접속사.
   - 孫(손):공손하다/遜(손)과 같다.
   - 固(고):완고(頑固)하다, 고루(固陋)하다.
2) 與其不孫也, 寧固:공손하지 않는 것보다는
   차라리 고루한 것이 낫다.
   - 與其~, 寧~:~하기보다 차라리 ~하는 것이 낫다/선택형 비교이며,
     與其는 접속사로써 단문을 연결시키는 역할을 하며, 두 상황 중
     에서 선택하는 것을 나타낸다.


사람 사는 세상은 시공간을 초월해서도 비슷하구나.
2,500년 전에도 이러했단 말인가? 사치奢스러우면서도 공손孫하고,
검소儉하면서도 고루固하지 않을 수는 없는 것일까?

## 7. 述而篇. 36章

# 子曰 "君子坦蕩蕩, 小人長戚戚."

자왈 "군자탄탕탕, 소인장척척."

자왈 "군자는 평온하며 넓고 크며(너그러우며),
소인은 늘(항상) 근심한다."

坦:평탄할탄/평온할탄  蕩:방탕할탕/넓고클탕  長:길장/항상장  戚:친척척/근심할척

## 문법(文法)적 해석

1) 君子坦蕩蕩:군자는 평온하며 넓고 크며(너그러우며),
   - 坦(탄):평탄(平坦)하다, 평온(平穩)하다, 평정(平靜)을 얻다.
   - 蕩蕩(탕탕):(마음이)너그럽고 넓고 큰 모양.
2) 小人長戚戚:소인은 늘(항상) 근심한다.
   - 長(장):늘, 항상(恒常), 오래도록/부사.
   - 戚戚(척척):근심하고 염려하는 모양.
3) 주희(朱熹)에 따르면 "정자(程子)는 '군자는 이치(理)를 따르므로
   항상 퍼지고 태연하며, 소인은 사물(物)에 사역(使役) 당하므로
   걱정과 근심이 많다.' "라고 했다.


군자君子와 소인小人.
군자 같은 군자, 군자 같은 소인, 소인 같은 군자, 소인 같은 소인.
가장 곤란한 것은 군자君子같이 보이면서 소인小人인 사람이
아니겠는가?

## 7. 述而篇.37章

# 子溫而厲, 威而不猛, 恭而安.

자온이려, 위이불맹, 공이안.

공자께서는 온화하면서도 엄숙하시고, 위엄이 있으면서도
사납지 않으시며, 공손하면서도 〈대하기가〉 편안하셨다.

溫:따뜻할온/온화할온  厲:갈려/엄숙할려  威:위엄위  猛:사나울맹

## 문법(文法)적 해석

1) 子溫而厲:공자께서는 온화하면서도 엄숙하시고,
 - 溫(온):온화하다/형용사.
 - 而:그러나, 그런데/역접 접속사이며, 해석하지 않아도 된다.
 - 厲(려):엄숙하다, 엄정하다.
2) 恭而安:공손하면서도 〈대하기가〉 편안하셨다.
 - 공손함은 대하기가 편하지 않을 수도 있는데, 공자는 그렇지 않고
   대하기가 편안했다.
3) 주희(朱熹)에 따르면 이 문장은 "정자(程子)는 증자(曾子)의 말씀
   으로 여긴다.'"라고 하였다.


중용中庸.
넘치지도 않고, 부족함도 없는 중도中道이구나.

發憤忘食　분발하면 忘
樂以忘憂　먹는 것도 잊고,
　　　　　즐거움으로써
　　　　　근심을 잊는다.

# 泰伯

8.
泰伯
篇

21章

## 8.泰伯篇. 1章

子曰 "泰伯, 其可謂至德也已矣.
三以天下讓, 民無得而稱焉."

자왈 "태백, 기가위지덕야이의. 삼이천하양, 민무득이칭언."

자왈 "태백은 아마도 지극한 덕(지극한 덕을 지닌 사람)이라고
이를 만하다. 세 번 천하를 사양하였으나, 백성들이 〈은밀하게
왕위를 양위한〉 그를 칭송할 수가 없었다."

**泰**:클태 **讓**:사양할양 **稱**:일컬을칭/칭찬(송)할칭

### 문법(文法)적 해석

1) 泰伯:주(周)나라 태왕(太王), 고공단보(古公亶父)의 맏아들이다.
   태왕이 막내인 셋째 아들 계력(季歷)에게 왕위를 물려주고 싶어
   하자, 둘째 동생 중옹(仲雍)을 데리고 남방으로 도망침으로써
   왕위를 양보했다. 왕이 된 계력이 낳은 아들이 문왕이 되었고,
   문왕의 아들 무왕은 은나라를 멸망시키고 천하를 통일했다.
   태백이 사양한 나라는 은나라의 제후국인 주나라였지만 나중에
   무왕이 은나라를 멸망시키고 주나라를 세웠기 때문에 천하를
   사양했다고 한 것이다.
2) 其可謂至德也已矣:아마도 지극한 덕(지극한 덕을 지닌 사람)이라고
   이를 만하다.
   - 其:아마도/추측을 나타내는 부사.
   - 至德(지덕):백성들이 알 수 없도록 은밀하게 왕위를 양위한
     그 덕을 지닌 사람을 의미한다고 할 수 있다.
   - 也已矣(야이의):단정의 어기를 나타내는 종결사.
3) 三以天下讓:세 번 천하를 사양하였으나,
   - 三:세 번/부사.
   - 以:목적어와 술어 사이에 '之나, 是'를 넣어 도치하거나,
     목적어 앞에 '以'를 추가하여 도치한 것이다.
   - 讓(양):사양(辭讓)하다, 양보(讓步)하다, 겸손(謙遜)하다.

4) 民無得而稱焉:백성들이 〈은밀하게 왕위를 양위한〉 그를 칭송할 수가 없었다.
   - 得而:~할 수 있다/가능 보조사로써, 得以와 같다.
   - 稱(칭):칭송하다, 칭찬하다, 찬양하다.
   - 焉(언):'於是'이고, 是는 泰伯이며, 대명사를 포함한 종결사이다.


백이와 숙제는 고죽국의 왕위를 양보한 것으로
잘 알려져 있었지만 태백의 왕위 양보,
그것도 천하를 양보한 지덕至德은 잘 알려져 있지 않았는데,
아마도 공자로 인해 세상에 더욱더 알려지게 되었으리라.

泰伯┃至德! 讓天下
태백의 지덕한 덕! 천하를 양보하였구나.

## 8. 泰伯篇. 2章

子曰 "恭而無禮則勞, 慎而無禮則葸,
勇而無禮則亂, 直而無禮則絞.
君子篤於親, 則民興於仁, 故舊不遺, 則民不偷."

자왈 "공이무례즉로, 신이무례즉사, 용이무례즉란, 직이무례즉교.
군자독어친, 즉민흥어인, 고구불유, 즉민불투."

자왈 "공손하면서 예의가 없으면 수고롭고, 삼가하고 신중
하면서 예의가 없으면 두렵고, 용맹하면서 예의가 없으면
난을 일으키고, 정직하면서 예의가 없으면 박절하게 된다.
군자(위정자)가 친척에게 돈독하면 백성들이 인에 흥기하고,
옛 친구를 버리지 않으면 백성들이 야박해지지 않는다."

慎:삼갈신 葸:두려워할사 絞:목맬교/급할교/박절할교 篤:도타울독
偷:훔칠투/야박할투

### 문법(文法)적 해석

1) 恭而無禮則勞:공손하면서 예의가 없으면 수고롭고,
   - 而:그러나, 그런데/역접 접속사이며, 해석하지 않아도 된다.
   - 無:존재동사로써, '禮'를 보어로 취하며, 보어를 주어처럼
     해석한다.
   - 則(즉):~면/가정, 조건의 접속사.
   - 勞(로):수고롭다, 고달프다, 고단하다.
2) 葸(사):두려워하다/삼가하고 신중한 것이 너무 지나쳐서
   예의를 벗어나면 두려워지게 된다.
3) 絞(교):박절하다, 야박하다, 가혹하다.
4) 君子篤於親, 則民興於仁, 故舊不遺, 則民不偷:군자(위정자)가
   친척에게 돈독하면 백성들이 인에 흥기하고, 옛 친구를 버리지
   않으면 백성들이 야박해지지 않는다.
   - 君子:위정자(爲政者)를 의미하는 듯하다.
   - 주희(朱熹)에 따르면 "오역(吳棫)은 ''君子'이하는 마땅히 스스로

한 장(章)이 되어야 하며 증자의 말씀이다.'라고 하였으며, 내가
생각하건대 이 한 절(節)은 윗글과 더불어 서로 연결되지 않는다."
고 하였다.

- 篤(독):돈독하다, 두텁다, 후하다.
- 於:~에(게)/보어와 목적어 앞에 위치하며, 처소, 대상의
  전치사이다.
- 親(친):친척, 친족, 가까운 관계.
- 故舊(고구):옛 친구, 오랫동안 사귄 친구. 목적격으로 해석하며,
  강조하기 위하여 술어 앞으로 도치된 것이라 할 수 있다.
- 遺(유):(내)버리다, 포기하다.
- 偸(투):야박하다, 각박하다, 인정이 없다.


공손恭, 신중愼, 용맹勇, 정직直이 모두 예禮가 기본이다.
그럼 예禮의 기본은 무엇인가?

## 8.泰伯篇. 3章

曾子有疾, 召門弟子曰 "啓予足, 啓予手.
詩云'戰戰兢兢, 如臨深淵, 如履薄冰.'
而今而後, 吾知免夫, 小子!"

증자유질, 소문제자왈 "계여족, 계여수. 시운 '전전긍긍, 여림심연, 여리박빙.'
이금이후, 오지면부, 소자!"

증자가 병이 있자, 문하의 제자들을 불러놓고 말하였다.
"〈이불을 걷어〉내 발을 보고, 내 손을 보아라. 시경에 이르기를
'두려워하고 조심하기를 깊은 연못을 임하는 것과 같이 하고,
얇은 얼음을 밟는 것과 같이 하라.' 하였으니, 그런데 지금 이후
부터는 나는 〈이런 근심에서〉 면한 것을 알겠구나, 얘(제자)들아!"

啓:열계 戰:싸움전/두려워할전 兢:떨릴긍/조심할긍 臨:임할임 淵:못연
履:밟을리 薄:엷을박 冰:얼음빙

### 문법(文法)적 해석

1) 증자(曾子):공자보다 46세 아래의 제자로, 성은 증이고, 이름은
   삼(參)이며, 자는 자여(子輿)이고 대학(大學)을 저술했다고
   전해진다.
2) 召門弟子曰:문하의 제자들을 불러놓고 말하였다.
   - 술어+사람+曰:잘 쓰이는 관용구로써, '누구를 ~하면서 말하다'로
     해석한다.
   - 門弟子(문제자):'문하의 제자들'을 말한다.
3) 啓予足, 啓予手:〈이불을 걷어〉내 발을 보고, 내 손을 보아라.
   - 啓(계):보다, '(이불을)걷어 헤쳐서 보라'의 의미이다.
   - 予(여):나, 우리, 우리들/1인칭 대명사로서 주어, 관형어,
     목적어로 쓰인다. 予足/내(관형격) 발.
4) 詩云'戰戰兢兢, 如臨深淵, 如履薄冰.':시경에 이르기를 '두려워
   하고 조심하기를 깊은 연못을 임하는 것과 같이 하고, 얇은 얼음을
   밟는 것과 같이 하라.' 하였으니,

- 詩(시):시경, 소아·소민(小雅·小旻)에 나오는 구절이다.
- 戰戰兢兢(전전긍긍):관용어로써 몹시 두려워하여 떨면서 조심하는 것을 가리킨다.
- 如:~와 같다/비교 형용사로써 뒷 문장이 보어절이다.
- 臨(임):임(臨)하다, 대(對)하다.
- 履(리):밟다, (신을)신다.

5) 而今而後, 吾知免夫, 小子!:그런데 지금 이후 부터는 나는 〈이런 근심에서〉 면한 것을 알겠구나, 애(제자)들아!
- 而:그러나, 그런데/역접 접속사이며, 해석하지 않아도 된다.
- 今(금):지금, 현재, 이제, 오늘.
- 而後:~이후에/접속사이며, 이후(以後)와 같다.
- 夫(부):~구나/감탄문의 끝에 쓰여 감개, 청송, 비애 등의 어기를 나타내는 감탄 종결사이다.


신체발부수지부모身體髮膚受之父母라!
신체는 부모에게서 받았다. 그러므로 전전긍긍戰戰兢兢해야 하는구나.

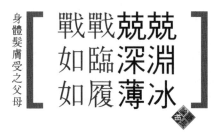

## 8.泰伯篇. 4章

曾子有疾, 孟敬子問之. 曾子言曰
"鳥之將死, 其鳴也哀, 人之將死, 其言也善.
君子所貴乎道者三, 動容貌, 斯遠暴慢矣,
正顏色, 斯近信矣, 出辭氣, 斯遠鄙倍矣.
籩豆之事, 則有司存."

증자유질, 맹경자문지. 증자언왈 "조지장사, 기명야애, 인지장사, 기언야선.
군자소귀호도자삼, 동용모, 사원포만의, 정안색, 사근신의, 출사기, 사원비배의.
변두지사, 즉유사존."

증자가 병이 있자, 맹경자가 그를 문병했다. 증자가 말했다.
"새가 장차 죽을 때에는, 그 울음소리가 슬프고, 사람이 장차
죽을 때에는, 그 말이 선합니다. 군자가 도에 귀하게 여기는
것이 세 가지가 있으니, 몸을 움직일 때에는 사나움과 거만함을
멀리하고, 얼굴빛을 바르게 할 때는 신의에 가깝게 하며, 말과
어조를 낼 때에는 비루함과 도리에 어긋남을 멀리해야 합니다.
제기의 〈소소한〉 일이라면, 유사(담당자)가 있습니다(있으니
그들에게 맡겨 두면 됩니다)."

鳴:울명 貌:모양모 暴:사나울포 慢:거만할만 鄙:비루할비 倍:곱배/배반할배
籩:제기변 豆:콩두/제기두

### 문법(文法)적 해석

1) 孟敬子問之:맹경자가 그를 문병했다.
 - 孟敬子(맹경자):노나라 대부로, 성은 중손(仲孫), 이름은 첩(捷)
   이며, 맹무백(孟武伯)의 아들이다.
 - 問(문):문병을 하다, 위문하다.
2) 曾子言曰 "鳥之將死, 其鳴也哀, 人之將死, 其言也善:새가 장차
   죽을 때에는, 그 울음소리가 슬프고, 사람이 장차 죽을 때에는,
   그 말이 선합니다.
 - 言(언):스스로 말하는 것이다.

- 之, 也::~가(이), ~은(는)/주격 후치사.
- 將:장차/차(且)와 함께 미래를 나타내는 시간 부사이다.
- 其:그(의)/3인칭 대명사로써, 其+명사는 '그의, 그것(대명사)의'
  뜻으로 관형어로 쓰인다.
3) 君子所貴乎道者三:군자가 도에 귀하게 여기는 것이
  세 가지가 있으니,
- 所 ~ 者:~라는 바의 것, ~라는 것(사람)/所+수식어가 者를 수식
  하는 형태로 '所'는 해석하지 않아도 된다.
- 乎:~에(게)/보어와 목적어 앞에 위치하며, 처소, 대상의 전치사이다.
4) 動容貌, 斯遠暴慢矣:몸을 움직일 때에는 사나움과 거만함을
  멀리하고,
- 動容貌(동용모):몸을 움직이다. 움직일 때 몸가짐이라 할 수 있다.
- 斯(사):~면(때에는)/가정, 조건의 접속사.
- 矣(의):단정 종결사로써 '확신'을 나타낸다.
5) 正顔色(정안색):얼굴빛(안색)을 바르게 하다.
6) 出辭氣, 斯遠鄙倍矣:말과 소리를 낼 때에는 비루함과 도리에
  어긋남을 멀리해야 합니다.
- 辭氣(사기):辭는 언어이고, 氣는 소리와 숨이다. 즉 말과 어조로
  해석할 수 있다.
- 鄙(비):비루하다, 천하다, 비천하다.
- 倍(배):어긋나다, 배반하다, 저버리다.
7) 籩豆之事, 則有司存:제기의 〈소소한〉 일이라면, 유사(담당자)가
  있습니다(있으니 그들에게 맡겨 두면 됩니다).
- 籩豆之事(변두지사):籩은 대나무로 만든 제기이고, 豆는 나무로
  만든 제기이므로 모두 제사 지낼 때 쓰는 제기이다.
  즉 籩豆之事는 제기를 다루는 일과 같이 사소한 일이다.
- 有司(유사):일을 맡아 주관하는 관리, 즉 담당자, 책임자이다.


새鳥가 장차 죽을 때에는, 그 울음소리가 슬프고哀,
사람人이 장차 죽을 때에는, 그 말이 선善합니다.
계속해서 선하지 않으면不善 죽지 않을 수도不死 있단 말인가?
그래서 악한惡 사람이 오래 사는구나.

## 8.泰伯篇. 5章

曾子曰 "以能問於不能, 以多問於寡, 有若無,
實若虛, 犯而不校, 昔者吾友嘗從事於斯矣."

증자왈 "이능문어불능, 이다문어과, 유약무, 실약허, 범이불교, 석자오우상종사어사의."

증자가 말하였다. "능하면서도 능하지 못한 사람에게 묻고,
많으면서도(많이 알면서도) 적은(적게 아는) 사람에게 묻고,
있으면서도 없는 것 같고, 가득하면서도 빈 것 같고, 〈남이
잘못을〉 범해도 따지지 않았는데, 옛날에 내 벗이 일찍이
이 일에 종사했었다(실천했었다)."

寡:적을과  虛:빌허  犯:범할범  校:학교교/따져볼교  嘗:맛볼상/일찍이상

### 문법(文法)적 해석

1) 以能問於不能:능하면서도 능하지 못한 사람에게 묻고,
  - 以:~로써/수단, 방법을 나타내는 전치사.
  - 於:~에/보어와 목적어 앞에 위치하며, 처소, 대상의 전치사이다.
2) 有若無:있으면서도 없는 것 같고,
  - 若:~와 같다, ~듯 하다/비교 형용사로써 보어 '無'를 취한다.
3) 犯而不校:〈남이 잘못을 〉범해도 따지지 않았는데,
  - 而:그런데, 그러나/역접 접속사이며, 해석하지 않아도 된다.
4) 昔者吾友嘗從事於斯矣:옛날에 내 벗이 일찍이 이 일에 종사
   했었다(실천했었다).
  - 者:~(때)에/시간을 나타내는 말 뒤에 쓰이는 의존명사(불완전명사)
    또는 특수 지시대명사이다.
  - 吾友(오우):나의 친구, 마융(馬融)은 "안연(顔淵)이라고 했고",
    주희(朱熹)도 "그 말이 옳다"고 했다.


증자曾子의 친구友, 안연顔淵.
안연顔淵은 이러하여 단명短命하였는가? 미인박명美人薄命이구나.

## 8. 泰伯篇. 6章

曾子曰 "可以託六尺之孤, 可以寄百里之命,
臨大節而不可奪也, 君子人與? 君子人也."

증자왈 "가이탁육척지고, 가이기백리지명, 임대절이불가탈야, 군자인여? 군자인야."

증자가 말했다. "육 척의 고아(어린 임금)를 맡길 수 있고,
백리(제후국)의 운명을 맡길 수 있으며, 큰 절개에(나라의
큰 일에) 임해서 〈그 절개를〉 빼앗을 수 없다면 군자다운
사람인가? 군자다운 사람이다."

託:맡길탁  孤:외로울고/고아고/어린임금고  寄:부칠기/맡길기  奪:빼앗을탈

### 문법(文法)적 해석

1) 可以託六尺之孤:육 척의 고아(어린 임금)를 맡길 수 있고,
  - 可以:~할 수 있다/가능 보조사.
  - 六尺之孤:孤는 고아, 즉 어린 임금을 말하며, 그 당시 '一尺'은
    대략 23.1cm였으며, '六尺'은 대략 138.6cm 정도였다. 그래서
    六尺之孤는 키가 육척 밖에 안되는 어린 임금을 의미한다.
2) 可以寄百里之命:백리(제후국)의 운명을 맡길 수 있으며,
  - 寄(기):맡기다, 부탁하다.
  - 百里之命:百里는 사방 백리의 제후국을 말하며, 百里之命은
    나라의 운명 또는 국정을 의미한다.
3) 君子人與? 君子人也:군자다운 사람인가? 군자다운 사람이다.
  - 君子:군자답다'의 의미로, 명사가 형용사로 전성된 것이다.
  - 與:의문의 어기를 내포한 의문 종결사.
  - 也:서술, 단정의 종결사.

절개와 지조가 이와 같다면 군자라고 할 수 있을 것이다.
그러나 명命은 아마도 단명短命할 수도 있지 않았을까?

## 8.泰伯篇. 7章

# 曾子曰 "士不可以不弘毅, 任重而道遠.
# 仁以爲己任, 不亦重乎? 死而後已, 不亦遠乎?"

증자왈 "사불가이불홍의, 임중이도원. 인이위기임, 불역중호? 사이후이, 불역원호?"

증자가 말했다. "선비는 〈마음이〉 넓고 굳세지 않으면
안 되니, 임무가 무겁고 길이 멀다(멀기 때문이다).
인으로써 자신의 임무로 여기니, 또한 무겁지 않는가?
죽은 이후에야 끝나니, 또한 멀지 않는가?"

弘:넓을홍 毅:굳셀의 任:맡을임

## 문법(文法)적 해석

1) 士不可以不弘毅:선비는 〈마음이〉 넓고 굳세지 않으면 안 되니,
 - 不可以不:~하지 않으면 안 된다, 반드시 해야 한다/이중 부정으로
   강한 강조를 나타내며, 必과 같다.
 - 毅(의):(의지 등이) 굳세다, 강하다, 의연하다.
2) 仁以爲己任, 不亦重乎?:인으로써 자신의 임무로 여기니,
   또한 무겁지 않는가?
 - 以爲:~라고 여기다, ~라고 생각하다, ~로 삼다.
 - 己:자기, 자기 자신/1인칭 대명사.
 - 不亦 ~ 乎?:또한 ~하지 않는가?/반어문의 한 형태로, 의문이 아닌
   강한 강조를 의미하며, 긍정은 부정, 부정은 긍정를 의미한다.
3) 死而後已, 不亦遠乎?:죽은 이후에야 끝나니, 또한 멀지 않는가?"
 - 而後(이후):~이후에/접속사이며, 이후(以後)와 같다.
 - 已(이):그치다, 그만두다, 끝나다.


군자君子가 되기도 힘들고, 또한 선비士가 되기도 힘드는구나.
하지만 먼저 인간人間이라도 되면 좋으련만?

## 8.泰伯篇. 8章

# 子曰 "興於詩, 立於禮, 成於樂."

자왈 "흥어시, 립어례, 성어악."

자왈 "시(를 통해)에서 일어나고, 예(를 통해)에서 서며,
음악(을 통해)에서 완성한다."

興:일흥/흥할흥

### 문법(文法)적 해석

1) 興於詩:시(를 통해)에서 일어나고,
 - 於:~에/보어와 목적어 앞에 위치하며, 처소, 대상의 전치사이다.
 - 詩(시):시경(詩經)을 말한다.
 - 주희(朱熹)는 "배우는 자가 처음에 선(善)을 좋아하고, 악(惡)을
    미워하는 마음을 일으켜서 스스로 그칠 수 없게 하는 것을 반드시
    여기(詩)에서 얻은 것이다."라고 하였다.


공자님의 학문의 경지는 어디까지일까?
시경詩, 예禮, 악樂, 역易, 서경書, 춘추春秋 .....
하지만 사서論語, 大學, 中庸, 孟子는 보지 못하셨구나.

## 8. 泰伯篇. 9章

# 子曰 "民可使由之, 不可使知之."

자왈 "민가사유지, 불가사지지."

자왈 "백성은 〈도리를〉 따르게 할 수는 있어도,
〈이치를〉 알게 할 수는 없다."

由:말미암을유/따를유

### 문법(文法)적 해석

1) 民可使由之:백성은 〈도리를〉 따르게 할 수는 있어도,
  - 使:~에게 ~하게 하다/사동보조사. 간접목적어 '民'이 생략되었다.
  - 由(유):따르다, 말미암다.
  - 之:무엇을 꼭 지칭하기 위해 쓰인 것이 아니라, 술어 뒤에 之가
    붙음으로써 그 술어를 술어답게 만들어주는 어감을 얻고, 어세를
    고르게 하기 위해 쓰인다. 해석하지 않아도 되지만 대명사, 목적어로
    본다면 '일반적인 사실이나 진리'를 의미한다고 할 수 있다.
2) 不可使知之:〈이치를〉 알게 할 수는 없다.
  - 知:알다, 이치와 진리를 알다.
  - 주희(朱熹)는 "백성은 옳은 도리의 당연히 그러함을 따르게 할 수는
    있으나, 그것이 그러한 이유를 알게 할 수는 없다."라고 하였다.

백성들이 이치를 잘 모를지언정 믿고 따를 수 있도록
위정자爲政者의 밝고 투명한 리더십이 필요합니다.

## 8.泰伯篇.10章

## 子曰 "好勇疾貧, 亂也,
## 人而不仁, 疾之已甚, 亂也."

자왈 "호용질빈, 난야, 인이불인, 질지이심, 난야."

자왈 "용맹을 좋아하면서 가난을 싫어하면, 난을 일으키고
(어지럽게 하고), 사람이 인하지 않다고 해서, 미워하는 것이
너무 심해도, 난을 일으킨다(어지럽게 한다)."

疾:병질/미워할질　貧:가난할빈　亂:어지러울란(난)　已:이미이/너무이　甚:심할심

### 문법(文法)적 해석

1) 好勇疾貧, 亂也:용맹을 좋아하면서 가난을 싫어하면, 난을
　　일으키고(어지럽게 하고),
　- 疾(질):미워하다, 증오(憎惡)하다.
2) 人而不仁, 疾之已甚, 亂也:사람이 인하지 않다고 해서, 미워하는
　　것이 너무 심해도, 난을 일으킨다(어지럽게 한다).
　- 而:접속사로써, 단어와 구 혹은 단문을 연결하는 역할을 하며,
　　병렬관계를 나타내며, 해석하지 않아도 된다.
　- 之:목적어'人而不仁'를 강조하기 위해 앞에 제시하고, 그 자리에
　　대명사 '之'를 사용한 것이라고 할 수 있다.
　- 已(이):너무/부사.


무엇을 미워疾하더라도 지나치면 상대방뿐만 아니라
자신을 상亂하게 하고, 나아가서는 세상을 어지럽힐亂 수도 있구나.

## 8.泰伯篇.11章

子曰 "如有周公之才之美, 使驕且吝,
其餘不足觀也已."

자왈 "여유주공지재지미, 사교차린, 기여부족관야이."

자왈 "만약 주공의 재주의 아름다움만이 있고, 가령 교만하고
또 인색하다면, 그 나머지는 보기에 부족하다(볼 것이 없다)."

使:하여금사/가령사  驕:교만할교  吝:인색할린(인)  餘:남을여

### 문법(文法)적 해석

1) 如有周公之才之美:만약 주공의 재주의 아름다움만이 있고,
  - 如:만약 ~면/가정, 조건의 부사.
  - 有:존재동사로써, 뒤 문장(喜色)을 보어로 취하며, 보어를
    주어처럼 해석한다.
  - 周公:주나라 문왕(文王)의 넷째 아들이며, 무왕(武王)의 동생으로
    성은 희(姬), 이름은 단(旦)이다. 무왕을 도와 주나라를 건설하고,
    무왕이 죽자 어린 성왕(成王)을 도와 주나라의 문물제도를 확립
    했다. 노나라의 시조이고, 공자는 그를 이상적인 인물로 여겼다.
  - 之:~의/관형격 후치사.
2) 使驕且吝:가령 교만하고 또 인색하다면,
  - 使(사):가령(假令), 만일(萬一), 설사(設使) ~ 면/가정 부사.
  - 且(차):또~/'又'와 같이 구와 구, 절과 절을 연결하는 접속사.
3) 其餘不足觀也已:그 나머지는 보기에 부족하다(볼 것이 없다).
  - 足:~하기에 충분(充分)하다, ~할 수 있다/가능 보조사.
  - 也已(야이):긍정과 단정의 어기를 나타내는 종결사이다.


재주才만 있고, 공손하지 않고, 교만驕하고 또 인색吝하다면
볼 것도 없지만 또한 그 재주가 화禍가 되어 자신에게 돌아올 것이다.

# 子曰 "三年學, 不至於穀, 不易得也."

자왈 "삼년학, 부지어곡, 불이득야."

자왈 "삼 년 동안 배우고, 녹봉에 이르지 않음을(벼슬에 뜻을 두지 않는 자를), 쉽게 얻을(할) 수 없다."

穀:곡식곡/녹봉곡   易:바꿀역/쉬울이

## 문법(文法)적 해석

1) 三年學:삼 년 동안 배우고,
 - 三年:삼 년 동안/부사. 날짜와 같은 시간은 그 자체로 보면 명사에 해당하지만 동사 앞에 와서 동사에 영향을 미치면 부사로 전성된다.
2) 不至於穀:녹봉에 이르지 않음을(벼슬에 뜻을 두지 않는 자를),
 - 至(지):이르다, 도착하다/주희(朱熹)는 "至가 의심컨대 마땅히 '志'字가 되어야 할 듯하다."라고 하였다.
 - 穀(곡):녹(祿), 녹봉으로 받는 쌀, 즉 녹미(祿米)를 말한다.
3) 不易得也:쉽게 얻을 수 없다.
 - 易(이):쉽게/부사.
 - 得(득):'三年學, 不至於穀'가 목적어이며, 목적어를 강조하거나, 목적어가 긴 경우에, 이처럼 앞으로 도치할 수 있다.


삼 년을 공부한다三年學.
벼슬길穀로 나아간다. 이런 사람들이 많다.
공부하지 않는다不學.
벼슬길穀로 나아간다. 이런 사람들이 더 많다?

## 8.泰伯篇.13章

子曰 "篤信好學, 守死善道. 危邦不入, 亂邦不居.
天下有道則見, 無道則隱. 邦有道, 貧且賤焉,
恥也, 邦無道, 富且貴焉, 恥也."

자왈 "독신호학, 수사선도. 위방불입, 란방불거.
천하유도즉현, 무도즉은. 방유도, 빈차천언, 치야, 방무도, 부차귀언, 치야."

자왈 "독실하게 믿고 배우기를 좋아하며, 죽음으로써 선한 도를
지키며, 위태로운 나라에는 들어가지 않고, 어지러운 나라에는
살지 않는다. 천하에 도가 있으면 나타나고, 도가 없으면 숨는다.
나라에 도가 있는데, 가난하고 또 천한 것은 부끄러운 일이며,
나라에 도가 없는데, 부유하고 또 귀한 것은 부끄러운 일이다."

篤:도타울독/독실할독  危:위태할위  邦:나라방  隱:숨을은  賤:천할천

### 문법(文法)적 해석

1) 篤信好學:독실하게 믿고 배우기를 좋아하며,
   - 篤(독):독실하게, 매우/부사.
   - 好學(호학):배우기를 좋아하다/동사가 연속 이어지는 연동사
     (連動詞)로 앞의 동사가 문장의 본동사이다.
2) 守死善道:죽음으로써 선한 도를 지키며,
   - 守死(수사):죽음으로써 지키다/'死'는 보어이다.
3) 危邦不入, 亂邦不居:위태로운 나라에는 들어가지 않고,
   어지러운 나라에는 살지 않는다.
   - 危邦, 亂邦:위태로운 나라에, 어지러운 나라에/보어로써 강조
     하기 위해 문장 앞으로 도치된 것이라 할 수 있다. 또한 '위태로운
     나라는, 어지러운 나라는'으로 주어처럼 해석할 수도 있다.
4) 天下有道則見, 無道則隱:천하에 도가 있으면 나타나고,
   도가 없으면 숨는다.
   - 有, 無:존재동사들로써, '道'를 보어로 취하며, 보어를 주어처럼
     해석한다.

- 則:~면/가정, 조건의 접속사.
- 見(현):나타나다, 드러나다/現과 같다.
- 隱(은):숨다, 은거하다, 드러나지 아니하다.
5) 貧且賤焉, 恥也:가난하고 또 천한 것은 부끄러운 일이며,
- 且(차):또/구와 구, 절과 절을 연결하는 접속사.
- 焉(언):문장의 중간이나 끝에 쓰여, 어기를 완화시키거나
쉬어감을 나타낸다. 이런 경우에는 해석하지 않는다.


학문과 절개와 도道, 그리고 빈천貧賤과 부귀富貴.
그냥 편안하게 잘 살富면 안되는 것인가?


有道※ [見
貧且賤-恥
論語
隱※
恥-富且貴] 無道※

## 8.泰伯篇.14章

# 子曰 "不在其位, 不謀其政."

자왈 "부재기위, 불모기정."

자왈 "그 자리에 있지 않으면 그 정사를 꾀(도모)하지 않는다."

位:자리위  謀:꾀할모/도모할모

## 문법(文法)적 해석

1) 不在其位, 不謀其政:그 자리에 있지 않으면 그 정사를 꾀(도모)
   하지 않는다.
   - 其:그, 자기, 자기 자신/3인칭 대명사이며, '일반적인 사람'을
     가리킨다고 할 수 있다.
   - 位(위):자리, 지위, 직위.
   - 不 ~, 不 ~ :앞 절(조건절) 부정, 뒤 절(결과절) 부정의 형태로,
     '~ 하지 않으면, ~ 하지 않는다.'로 해석한다.
   - 謀(모):꾀하다, 도모(圖謀)하다, 의논하다.
   - 政(정):정치, 정사(政事).


간섭, 참견謀하는 사람들이 주위에 너무나도 많구나.
관심의 또 다른 표현일까?

# 子曰 "師摯之始, 關雎之亂, 洋洋乎盈耳哉!"

자왈 "사지지시, 관저지란, 양양호영이재!"

자왈 "악사인 지가 처음에 〈벼슬할 때〉 연주하던, 관저의
마지막 악장은 성대하게 흘러넘쳐 귀를 〈가득〉 채웠도다!"

師:스승사/악공사  摯:잡을지  關:관계할관  雎:물수리저  亂:풍류끝장단란
洋:큰 바다양/성대할양/넘칠양  盈:찰영

## 문법(文法)적 해석

1) 師摯之始:악사인 지가 처음에 〈벼슬할 때〉 연주하던,
 - 師(사):음악을 담당하는 직책인 악사 또는 악공이다.
 - 摯(지):노나라 악사의 최고 직책인 태사(太師)의 이름.
 - 始(시):처음에 부임해서 벼슬을 할 때 연주하다.
2) 關雎之亂:관저의 마지막 악장은
 - 關雎(관저):시경의 국풍(國風) 중에 주공(周公)이 남쪽에서 모은
   노래인 주남(周南)의 첫 번째 작품명이다. 즉 시경의 맨 첫 번째
   작품명이며, 관저(關雎)는 물수리로 물에 사는 수리이며 일명
   왕저(王雎)라고도 한다. 비파나 북이 나오는 것으로 보아 일반
   서민이 아닌 귀족의 젊은이가 아가씨를 그리워하는 노래이다.
   3편. 팔일편(八佾篇) 20장에 관저(關雎)의 내용에 대해서 평하였다.
 - 亂(란):음악이나 시의 마지막 장(章)을 말한다.
3) 洋洋乎盈耳哉!:성대하게 흘러넘쳐 귀를 〈가득〉 채웠도다!
 - 洋洋(양양):성대하게 흘러넘치는 모양, 훌륭하고 아름다운 모양.
 - 乎:형용사 접미사.
 - 哉:~(로)구나, ~도다/감탄문의 끝에 쓰여 찬양, 비통, 감개 등의
   어기를 나타내는 감탄 종결사이다.

시경詩을 음악樂으로 연주하셨다. 공자께서는 시경詩뿐만 아니라
음악樂에서도 최고의 경지洋洋였음이 틀림없구나.

## 8.泰伯篇.16章

子曰 "狂而不直, 侗而不愿, 悾悾而不信,
吾不知之矣."

자왈 "광이부직, 통이불원, 공공이불신, 오부지지의!"

자왈 "어리석으면서 정직하지 않고, 무지하면서 성실하지
않으며, 무능하면서 미덥지 못함(못한 사람)을 나는 알지 못한다."

狂:미칠광/어리석을광　侗:무지할통　愿:원할원/성실할원　悾:정성공/어리석을공

### 문법(文法)적 해석

1) 狂而不直:어리석으면서 정직하지 않고,
  - 狂(광):어리석다, 고지식하다.
  - 而:그러나, 그런데/역접 접속사이며, 해석하지 않아도 된다.
2) 侗而不愿:무지하면서 성실하지 않으며,
  - 侗(통):무지(無知)하다, 어리석다, 미련하다.
  - 愿(원):성실(誠實)하다.
3) 悾悾而不信:무능하면서 미덥지 못함(못한 사람)을,
  - 悾悾(공공):무능한 모양을 가리킨다.
4) 吾不知之矣:나는 알지 못한다.
  - 之:앞 문장 전체가 '知'의 목적어라고 볼 수 있다.
    이처럼 목적어를 강조하거나, 목적어가 긴 경우에 앞으로 도치
    하고 그 자리에 '之'를 쓸 수 있다.


사람은 하나를 잘 못하면 하나를 잘 하는 것이 있거늘,
즉 양면성이 있거늘, 어리석고狂 무지하고侗 무능하면悾
착하기直,愿,信라도, 인간성이라도 좋아야 하는데,
그때나 지금이나 이러지 못하는 사람들로 넘쳐나는구나.

## 8.泰伯篇.17章

# 子曰 "學如不及, 猶恐失之."

자왈 "학여불급, 유공실지."

자왈 "배움은 미치지 못할 듯이 하고도, 오히려 (배운 것을)
잃을까 두려워한다."

猶:오히려유　恐:두려울공

## 문법(文法)적 해석

1) 學如不及:배움은 미치지 못할 듯이 하고도,
 - 如:~와 같다, ~듯 하다/비교 형용사로써 뒤 문장이 보어구이다.
2) 猶恐失之:오히려 (배운 것을) 잃을까 두려워 한다.
 - 猶:오히려/부사. 술어 앞에서 부사 역할을 한다.
 - 恐失(공실):잃을 것을 두려워하다/동사가 연속 이어지는 연동사
  (連動詞)로 앞의 동사가 문장의 본동사이다.
 - 之:무엇을 꼭 지칭하기 위해 쓰인 것이 아니라, 술어 뒤에 之가
  붙음으로써 그 술어를 술어답게 만들어주는 어감을 얻고, 어세를
  고르게 하기 위해 쓰인다. 만약 여기서 대명사, 목적어로 쓰였다면
  '學'를 가리킨다고 할 수 있으며, 해석하지 않아도 된다.

배움學에 미치지 못한不及 듯이 하면서도 잃을까失봐 두려워한다恐.
공자님의 배움學에 대한 마음가짐, 무섭고도 두렵습니다恐.

## 8.泰伯篇.18章

# 子曰"巍巍乎! 舜禹之有天下也, 而不與焉!"

자왈 "외외호! 순우지유천하야, 이불여언!"

자왈 "높고 크구나! 순임금과 우임금은 천하가 있으면서도 (소유하시고도), 간여하지 않으셨다!"

**巍**:높고클외  **與**:더불여/참여할여/간여할여

## 문법(文法)적 해석

1) 巍巍乎!:높고 크구나!
   - 巍巍(외외):높고 큰 모양을 나타낸다.
   - 乎:~이구나/감탄의 어기를 나타내는 감탄 종결사이다.
2) 舜禹之有天下也, 而不與焉!:순임금과 우임금은 천하가
   있으면서도(소유하시고도), 간여하지 않으셨다!
   - 舜禹(순우):순임금과 우임금은 요임금의 뒤를 이어 왕위를 물려
     받았고, 요임금과 함께 전설적인 성군(聖君)이었다.
   - 與(여):간여(干與)하다, 간섭(干涉)하다.
   - 焉:於是'이고, 대명사를 포함한 서술, 단정 종결사이면서
     감탄문의 끝에 쓰여, 찬양이나 감탄 등의 어기를 나타낸다.


간여하지 않았다不與? 그런데도 높고 크구나巍巍乎!
과연 이것이 가능하였단 말인가?

## 8.泰伯篇.19章

子曰 "大哉, 堯之爲君也! 巍巍乎! 唯天爲大,
唯堯則之. 蕩蕩乎! 民無能名焉.
巍巍乎, 其有成功也! 煥乎, 其有文章!"

자왈 "대재, 요지위군야! 외외호! 유천위대, 유요칙지. 탕탕호! 민무능명언.
외외호, 기유성공야! 환호, 기유문장!"

자왈 "위대하도다, 요의 임금됨이여! 높고 크도다!
오직 하늘만이 위대하거늘, 오직 요임금만이 본받았도다.
넓고 크도다! 백성들이 형용하지(말로 표현하지) 못하는구나.
높고 크도다, 그에게 이룬 공적이 있음이여!
빛나도다, 그에게 문장이(찬란한 문화가) 있음이여!

堯:요임금요 巍:높고클외 則:본받을칙 蕩:방탕할탕/넓고클탕 煥:빛날환 章:글장

## 문법(文法)적 해석

1) 大哉, 堯之爲君也!:위대하도다, 요의 임금됨이여!
 - 감탄문이며, 그 자체로는 도치가 아닌 본래의 문형이라 볼 수
   있지만 평서문을 기준으로 보면 앞부분의 감탄사와 뒤의 문장이
   도치된 형태, 즉 주어와 술어의 도치 형식으로 볼 수 있다.
 - 哉:~(로)구나, ~도다/감탄문의 끝에 쓰여 찬양, 비통, 감개 등의
   어기를 나타내는 감탄 종결사이다.
 - 堯(요):전설상의 제왕으로 오제(五帝)의 한 사람이다.
   성은 기(祁)요, 이름은 방훈(放勳)으로 제곡의 아들이다.
   그는 어질기가 하늘과 같고 지혜가 산과 같았다고 한다.
   당(唐)에 봉해졌으므로 도당씨(陶唐氏)라고도 한다.
 - 之:~의/관형격 후치사.
 - 爲:~이 되다/불완전 자동사로 보아 君을 취한다.
2) 巍巍乎! 唯天爲大:높고 크도다! 오직 하늘만이 위대하거늘,
 - 巍巍(외외):높고 큰 모양을 나타낸다.
 - 乎:~이구나/감탄의 어기를 나타내는 감탄 종결사이다.

- 爲大:위대하다/爲+형용사는 '~하다'의 뜻이며, 爲는 연계동사이다.
3) 唯堯則之:오직 요임금만이 본받았도다.
- 則(칙):본받다, 모범으로 삼다, 따르다.
4) 蕩蕩乎! 民無能名焉:넓고 크도다! 백성들이 형용하지(말로 표현
  하지) 못하는구나.
- 巍巍(탕탕):넓고 큰(아득한, 먼) 모양을 가리킨다.
- 無:~않다/부정 보조사로, 동사 앞에 위치하며 不과 같다.
- 名(명):이름하다, 형용하다, 말로 표현하다, 지칭(指稱)하다.
5) 煥乎, 其有文章!:빛나도다, 그에게 문장이(찬란한 문화가) 있음이여!
- 煥(환):빛나다, 밝다.
- 其:그, 자기, 자기 자신/3인칭 대명사이며, '堯'를 가리킨다.
- 有:존재동사로써, 뒤 문장을 보어로 취하며, 보어를 주어처럼
  해석한다.
- 文章(문장):예악과 법도, 즉 '찬란한 문화'를 의미한다고
  할 수 있다.


요임금堯의 위대함이여大哉! 형용할名 수는 없지만 이룬 공적功과
찬란한 문화文章가 있었기에 성군聖君으로 칭송되고 있구나.

## 8. 泰伯篇. 20章

舜有臣五人, 而天下治. 武王曰 "予有亂臣十人."
孔子曰 "才難, 不其然乎? 唐虞之際, 於斯爲盛,
有婦人焉, 九人而已. 三分天下有其二, 以服事殷,
周之德, 其可謂至德也已矣."

순유신오인, 이천하치. 무왕왈 "여유란신십인." 공자왈 "재난, 불기연호?
당우지제, 어사위성, 유부인언, 구인이이. 삼분천하유기이, 이복사은, 주지덕,
기가위지덕야이의."

순임금은 신하 다섯 사람이 있어서, 천하가 다스려졌다.
무왕이 말했다. "나는 다스리는 신하 열 사람이 있다."
공자왈 "인재가 〈얻기가〉 어렵구나, 그것이 그러하지 않는가?
당나라(堯)에서 우나라(舜)의 즈음에(넘어가는 시기에),
이(때)보다 성하였고, 이 중에 부인이 있으니, 아홉 사람뿐이다.
〈주나라의 문왕은〉 천하를 셋으로 나누어 그 둘이 있었는데도
복종함으로써 은나라를 섬겼으니, 주나라의 덕은 아마도
지극한 덕이라고 말할 수 있다."

亂:다스릴란(난)  唐:나라이름당  虞:나라이름우  際:즈음제  盛:성할성  殷:은나라은

### 문법(文法)적 해석

1) 舜有臣五人:순임금은 신하 다섯 사람이 있어서,
   - 舜(순):순임금은 성이 요(姚)이고, 이름은 중화(重華)이다.
     전설상의 제왕으로 오제(五帝)의 한 사람이며, 천자가 된 후
     우(虞)나라를 세워 50년 동안 제위했다고 한다.
   - 五人:다섯 사람, 신하 다섯 사람은 우(禹), 직(稷:주나라의 조상),
     설(契:은나라의 조상), 고요(皋陶), 백익(伯益) 이다.
2) 武王:문왕의 아들로 은나라를 멸망시키고 주나라를 세운 임금.
3) 予有亂臣十人:나는 다스리는 신하 열 사람이 있다.
   - 亂(란):다스리다, 치(治)와 통한다.

- 十人:주공(周公) 단(旦), 소공(召公) 석(奭), 태공(太公) 망(望),
  필공(畢公), 영공(榮公), 태전(太顚), 굉요(閎夭), 산의생(散宜生),
  남궁괄(南宮适), 태사(太姒:무왕의 어머니)이다.
  자식으로서 어머니 태사(太姒)를 신하로 삼는 의리가 없으니,
  아마도 읍강(邑姜:무왕의 妃)일 것이다.

4) 才難, 不其然乎?:인재가 〈얻기가〉 어렵구나,
   그것이 그러하지 않는가?
   - 才(재):인재, 재능이 있는 사람.
   - 不其然乎?:그것이 그러하지 않는가?/반어문의 한 형태로, 의문이
     아닌 강한 강조를 의미하며 긍정은 부정, 부정은 긍정을 의미한다.

5) 唐虞之際, 於斯爲盛:당나라(唐)에서 우나라(虞)의 즈음에(넘어
   가는 시기에), 이(때)보다 성하였고,
   - 唐虞之際:당나라(唐)에서 우나라(虞)의 즈음(넘어가는 시기),
     즉 요임금에서 순임금으로 넘어가는 시기를 의미한다.
   - 際(제):때, 즈음, 시기, 무렵/시간적 혹은 공간적 서로 잇닿는
     지점을 가리킨다.
   - 於斯:두 가지로 해석할 수 있는데, 於를 처소나 대상 전치사로
     '이때에'라고 해석하면 唐虞에 성한 것을 의미하고, 於를 비교
     전치사로 '이때 보다'라고 해석하면 唐虞 보다 武王이 성한 것을
     의미한다. 주희(朱熹)는 전자로 해석했으며, 일반적으로는 뒤의
     문맥상으로 보아 후자로 해석하기도 한다. 옮긴이는 후자의
     해석을 따른다.
   - 爲:연계동사로써 주어와 보어 사이에 놓여 이를 연결하는 역할을
     하며, 형용사 '盛'는 보어이며, 爲盛는 '성하다'의 뜻을 나타낸다고
     할 수 있다.

6) 有婦人焉, 九人而已:이 중에 부인이 있으니, 아홉 사람뿐이다.
   - 婦人(부인):문왕의 부인인 태사(太姒:무왕의 어머니), 또는
     무왕의 부인인 읍강(邑姜:무왕의 妃)이다.
   - 焉:於是'이고, 是는 亂臣十人이며, 대명사를 포함한 서술, 단정
     종결사이다.
   - 而已:~ (일)뿐이다/한정 종결사.

7) 三分天下有其二, 以服事殷:〈주나라의 문왕은〉 천하를 셋으로
   나누어 그 둘이 있었는데도 복종함으로써 은나라를 섬겼으니,

- 주희(朱熹)에 따르면 "혹자는 '마땅히 '三分' 이하를 끊어서 나누어 '孔子曰' 시작해서 스스로 한 장(章)이 되어야 한다.' "라고 하였다.
- 三:셋으로/수사로써 부사 역할을 한다.
- 以:~로써/수단, 방법을 나타내는 전치사.
8) 周之德, 其可謂至德也已矣:주나라의 덕은 아마도 지극한 덕이라고 말할 수 있다.
- 之:~의/관형격 후치사.
- 其:아마도/추측을 나타내는 부사.
- 至(지):지극하다, 극에 이르다/형용사.
- 也已矣(야이의):긍정과 단정의 어기를 나타내는 종결사이다.


예昔나 지금今이나 인재人才를 구하기가 어렵구나.
하지만 지금은 인재人災가 넘쳐나는구나.


"才難"
인재를 얻기가 어렵구나!

子曰"禹, 吾無間然矣. 菲飮食, 而致孝乎鬼神,
惡衣服, 而致美乎黻冕, 卑宮室而盡力乎溝洫.
禹, 吾無間然矣."

자왈 "우, 오무간연의. 비음식, 이치효호귀신, 악의복, 이치미호불면,
비궁실이진력호구혁. 우, 오무간연의."

자왈 "우임금은 내가 흠잡을 데가 없으시다. 〈자신의〉 음식을
박하게 하면서도, 〈제사에는〉 귀신에게 효성을 다하시고,
〈자신의〉 의복을 검소하게 하면서도, 〈제사 때의〉 예복과
예모에는 아름다움을 다하시고, 〈자신의〉 궁실은 낮게
하면서도 도랑을 만드는데(治水 사업에) 힘을 다하셨다.
우임금은 내가 흠잡을 데가 없으시다."

禹:성씨우  間:흠잡을간  菲:엷을비/박할비  黻:수불  冕:면류관면  卑:낮출비
溝:도랑구  洫:도랑혁

## 문법(文法)적 해석

1) 禹(우):순(舜)임금으로부터 나라를 물려받은 우(禹)임금은 홍수를
   잘 다스려 마침내 하(夏, 기원전 2070년~기원전 1600년)나라를
   세웠으며, 중국 고대의 전설상의 국가인 하나라의 첫 임금이다.
2) 吾無間然矣:우임금은 내가 흠잡을 데가 없으시다.
   - 間(간):흠잡다, 비난하다, 헐뜯다.
   - 然矣(연의):서술, 단정을 나타내는 종결사이다.
3) 菲飮食, 而致孝乎鬼神:〈자신의〉 음식을 박하게 하면서도,
   〈제사에는〉 귀신에게 효성을 다하시고,
   - 菲(비):박하다, 보잘 것 없다, 형편없다.
   - 乎:~에(게)/보어와 목적어 앞에 위치하며, 처소, 대상의 전치사이다.
4) 惡衣服, 而致美乎黻冕:의복을 검소하게 하면서도,
   〈제사 때의〉 예복과 예모에는 아름다움을 다하시고,
   - 惡(악):악하게 하다, 나쁘게 하다, 검소하게 하다.

- 黻冕(불면):제사 때에 입는 예복과 예모. 즉 제복을 말한다.
5) 卑宮室而盡力乎溝洫:〈자신의〉궁실은 낮게 하면서도 도랑을
   만드는데(治水 사업에) 힘을 다하셨다.
- 溝洫(구혁):전답(田畓) 사이에 있는 도랑을 가리키는데,
   작은 것을 구(溝)라 하고 큰 것을 혁(洫)이라 한다.
- 盡力乎溝洫:전답(田畓)사이의 물길과 경계를 바르게 하고
   가뭄과 장마를 대비한 것으로 관개(治水 치수)사업을 의미한다.


우임금禹은 흠잡을間 데가 없었다.
자신에게는 박菲하게 하면서 백성들에게는 후厚하게 하셨네.

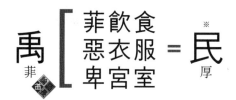

戰戰兢兢
如臨深淵
如履薄冰

身體髮膚受之父母

# 子罕

9.子罕篇

30章

## 9. 子罕篇. 1章

## 子罕言利與命與仁.

자한언리여명여인.

공자께서는 이익과 천명과 인을 드물게 말씀하셨다.

罕:드물한

### 문법(文法)적 해석

1) 子罕言利與命與仁:공자께서는 이익과 천명과 인을
   드물게 말씀하셨다.
   - 罕(한):(매우, 극히)드물게/부사.
   - 與(여): ~와/단어와 단어를 연결하는 일반 접속사.
   - 仁:'실현하기 어려운 도리'이기에 드물게 말씀하셨다.
2) 주희(朱熹)에 따르면 "정자(程子)는 '利을 계획하면
   義를 해치고, 命의 이치(理)는 작고, 仁의 道는 크니,
   모두 부자께서 드물게 말씀하신 것이다.' "라고 하였다.

공자께서 드물게罕 말씀하셨다는 것은 싫어하거나 황당하거나,
아니면 너무 어렵기 때문이 아닐까?

## 9. 子罕篇. 2章

達巷黨人曰 "大哉, 孔子! 博學而無所成名."
子聞之, 謂門弟子曰 "吾何執? 執御乎?
執射乎? 吾執御矣."

달항당인왈 "대재, 공자! 박학이무소성명."
자문지, 위문제자왈 "오하집? 집어호? 집사호? 오집어의."

달항 고을의 사람이 말했다. "위대하도다, 공자여! 널리
배웠으나 〈어느 한 분야에서도〉 명성을 이룬 바가 없구나."
공자께서 이를 들으시고, 제자들에게 말씀하셨다. "나는
무엇을 전문으로 할까? 말 모는 일을 전문으로 할까? 활 쏘는
일을 전문으로 할까? 나는 말 모는 일을 전문으로 해야겠다."

巷:거리항　博:넓을박　執:잡을집　御:말몰어/거느릴어　射:쏠사

## 문법(文法)적 해석

1) 達巷黨人曰:달항 고을의 사람이 말했다.
   - 達巷黨人:달항 고을의 사람이라는 뜻이며, 그 사람의 이름은
     전해지지 않는다. 당(黨)은 약 500호의 마을이다.
2) 大哉, 孔子!:위대하도다, 공자여!
   - '孔子, 大哉!'가 도치된 것으로 주어와 술어의 도치이며,
     주로 감탄문과 의문문에서 이루어진다.
3) 博學而無所成名:널리 배웠으나 〈어느 한 분야에서도〉 명성을
   이룬 바가 없구나.
   - 博(박):널리, 두루/부사.
   - 而:그러나, 그런데/역접 접속사이며, 해석하지 않아도 된다.
   - 無:존재동사로써, 뒤 문장 전체를 보어절로 취하며, 보어절를
     주어처럼 해석한다.
   - 所:~바(것)/所+술어가 오며, 불완전명사(의존명사) 또는
     특수 지시대명사이다.
   - 名(명):명성, 명예.

4) 吾何執?:나는 무엇을 전문으로 할까?
 - 何:의문 대명사로, 동사의 목적어이므로 동사 앞으로 도치됨.
 - 執(집):(어떤 일에) 종사하다, (한 가지를) 전문으로 하다.
5) 執御乎? 執射乎? 吾執御矣:말 모는 일을 전문으로 할까?
   활 쏘는 일을 전문으로 할까? 나는 말 모는 일을 전문으로
   해야겠다.
 - 御(어):말 몰기, 수레(마차) 몰이로 육예(六藝) 중에 하나이며,
   육예(六禮)는 예(禮/예법), 악(樂/음악), 사(射/활쏘기), 어(御/
   마차 몰기), 서(書/서예), 수(數/수학)이다.
 - 乎:의문, 반문의 어기를 나타내는 의문 종결사.
 - 矣(의):단정 종결사로써 '확신'을 나타낸다.


공자께서는 누군가의 험담에 농담으로 답하시면서도
겸손함을 잃지 않으셨구나.

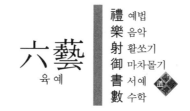

## 9. 子罕篇. 3章

子曰 "麻冕, 禮也, 今也純, 儉, 吾從衆.
拜下, 禮也, 今拜乎上, 泰也, 雖違衆, 吾從下."

자왈 "마면, 예야, 금야순, 검, 오종중. 배하, 예야, 금배호상, 태야, 수위중, 오종하."

자왈 "삼베로 만든 관이 예인데, 지금은 생사이니(생사로 만드니),
검소하므로, 나는 사람들을 따르겠다. 〈堂〉 아래에서 절하는
것이 예인데, 지금은 〈堂〉 위에서 절하니, 교만하므로, 비록
사람들과 어긋나더라도 나는 〈堂〉 아래를(아래에서 절하는
것을) 따르겠다."

麻:삼마 冕:면류관면 純:순수할순/실순 儉:검소할검 拜:절배
泰:클태/교만할태 違:어긋날위/어길위

### 문법(文法)적 해석

1) 麻冕, 禮也, 今也純:삼베로 만든 관이 예인데, 지금은 생사이니,
  - 麻冕(마면):삼베실로 짠 검은색의 관. 가늘고 촘촘하여 만들기가
    어렵다.
  - 純(순):생사(生絲), 실로 짠 관으로써, 삼베관보다 만들기가 쉽다.
2) 拜下, 禮也, 今拜乎上, 泰也:〈堂〉 아래에서 절하는 것이 예인데,
    지금은 〈堂〉 위에서 절하니, 교만하므로,
  - 拜下(배하):〈당(堂)〉 아래에서 절하다. 신하가 마땅히 당(堂)
    아래에서 절해야 하나, 군주가 사양하면 당(堂) 위로 올라가서
    절을 한다.
  - 乎:~에서/보어와 목적어 앞에 위치하며, 처소, 장소의 전치사이다.
  - 泰(태):교만(驕慢)하다, 거만하다, 뽐내다.

예禮에 맞지 않는 검소함儉은 따를지언정,
예禮에 맞지 않는 교만함泰은 따르지 않으셨구나.

## 9. 子罕篇. 4章

# 子絶四, 毋意, 毋必, 毋固, 毋我.

자절사, 무의, 무필, 무고, 무아.

공자께서 네 가지를 끊으셨으니(절대로 하지 않으셨으니),
사사로운 생각이 없으셨으며, 기필코 함이 없으셨으며,
고집함이 없으셨으며, 아집을 부리는 일이 없으셨다.

**絶**:끊을절 **毋**:말무/없을무 **意**:뜻의/사사로운 마음의

### 문법(文法)적 해석

1) 子絶四:공자께서 네 가지를 끊으셨으니(절대로 하지 않으셨으니),
  - 絶四(절사):네 가지를 끊다. 네 가지를 절대로 하지 않으셨다.
2) 毋意, 毋必, 毋固, 毋我:사사로운 생각이 없으셨으며, 기필코 함이
    없으셨으며, 고집함이 없으셨으며, 아집을 부리는 일이 없으셨다.
  - 毋(무):~없다/無와 같으므로, 존재동사로써 보어로 취하며,
    보어를 주어처럼 해석한다.
  - 意(의):사사로운 뜻이나 생각.
  - 必(필):기필코 하려고 함.
  - 固(고):고집부리는 일, 고집함.
  - 我(아):나 자신이 아니면 안 된다고 생각하는 아집이나 이기심.


공자께서 네 가지毋意, 毋必, 毋固, 毋我를
절대로 하지 않으셨다絶?
인간으로서 이것이 가능한 것일까?
정말로 성인聖人이라고 말할 수 있구나.

## 9. 子罕篇. 5章

子畏於匡, 曰 "文王旣沒, 文不在玆乎?
天之將喪斯文也, 後死者不得與於斯文也.
天之未喪斯文也, 匡人其如予何?"

자외어광, 왈 "문왕기몰, 문부재자호? 천지장상사문야, 후사자부득여어사문야.
천지미상사문야, 광인기여여하?"

공자께서 광 땅에서 두려움에 있을 때(위태로운 일을 당했을 때),
자왈 "문왕이 이미 돌아가셨고, 문화가 여기에(나에게) 있지
않는가? 하늘이 장차 이 문화를 잃게 한다면(없애려 한다면)
뒤에 죽는 사람이(내가) 이 문화에 참여할 수 없을 것이다.
〈그러나〉 하늘이 아직 이 문화를 잃게 하지 않는다면(없애려
하지 않는다면) 광 땅 사람들이 장차 나를 어찌 하겠는가?"

畏:두려워할외  匡:바를광  沒:빠질몰/죽을몰  玆:이자/여기자  喪:잃을상

### 문법(文法)적 해석

1) 子畏於匡:공자께서 광 땅에서 두려움에 있을 때(위태로운 일을
   당했을 때),
   - 畏(외):두려워하다, 두려움에 빠지다, 위태로운 일을 당하다.
   - 於:~에서/보어와 목적어 앞에 위치하며, 처소, 장소의 전치사이다.
   - 匡(광):주희(朱熹)에 따르면 "지명(地名)이며, 사기(史記)에
     이르기를 '양호(陽虎)가 일찍이 광 땅에서 난폭한 짓을 했었는데,
     공자의 모습이 양호(陽虎)와 비슷했으므로 광 땅의 사람들이 에워
     쌌다."고 하였다.

2) 文王旣沒, 文不在玆乎?:문왕이 이미 돌아가셨고, 문화가 여기에
   (나에게) 있지 않는가?
   - 文王(문왕):주(周)나라 문왕(文王)이며, 성은 희(姬)이고, 이름은
     창(昌)이다. 태왕(太王)의 손자이고, 왕계(王季)의 아들이며, 무왕
     (武王)의 아버지이다. 인(仁)을 좋아하고, 노인을 공경하며, 어린
     아이에게 자애로웠고 현사(賢士)를 예로써 대하였다고 한다.

- 旣(기):이미, 벌써/부사.
- 沒(몰):죽다, 마치다, 다하다.
- 文不在玆乎?:의문문이 아닌 반어문으로 강한 강조를 나타내며, 긍정은 부정, 부정은 긍정을 의미한다.
- 文(문):문물, 문화.
- 玆(자):여기에, 이, 이것/지시 대명사이며, 此와 같다.

3) 後死者不得與於斯文也:뒤에 죽는 사람이(내가) 이 문화에 참여할 수 없을 것이다.
- 앞 문장이 의미상 가정문이다.
- 後死者:뒤에 죽는 사람, 공자 자신을 말한다.
- 與(여):같이하다, 참여(參與)하다/동사.
- 於:~에/보어와 목적어 앞에 위치하며, 처소, 대상의 전치사이다.
- 斯文(사문):문왕이 전해 주어 노나라에 보존되고 있는 주나라의 문화를 말한다.

4) 匡人其如予何?:광 땅 사람들이 장차 나를 어찌 하겠는가?
- 앞 문장이 의미상 가정문이다.
- 其:장차, 곧, 막/부사.
- 如 ~ 何:관용어로써 술어로는 '어떻게 할 것인가, 어떠하다'이며, 부사어로 '어찌, 어떻게'로 해석한다.


## 군자는 두려워하지 않는다不畏?
### 위태로움畏에서도 당당함이 군자君子의 참모습일까?

"좋은 것도 지나치거나 부족하면 좋지 않고, 용기가 부족하면 비겁해지지만, 용기가 지나치면 어리석은 행동을 하게 된다."
- 아리스토텔레스 -

## 9.子罕篇. 6章

大宰問於子貢曰"夫子聖者與?何其多能也?"
子貢曰"固天縱之將聖,又多能也."
子聞之曰"大宰知我乎?吾少也賤,故多能鄙事.
君子多乎哉?不多也."
牢曰"子云,'吾不試,故藝.'"

태재문어자공왈 "부자성자여? 하기다능야?" 자공왈 "고천종지장성, 우다능야."
자문지왈 "태재지아호? 오소야천, 고다능비사. 군자다호재? 부다야."
뢰왈 "자운 '오불시, 고예.'"

태재가 자공에게 물었다. "선생님께서는 성인이십니까?
어찌 능한 것이 많으십니까? 자공이 말하였다.
진실로 하늘이 그를 거의 성인이 되도록 내버려두었고(허락
하였고), 또 능한 것이 많으십니다."
공자께서 이 말을 들으시고 말씀하셨다.
"태재가 나를 아는가? 나는 젊었을 때 천했기에, 그러므로
비천한 일에 능함이 많다. 군자는 〈능함이〉 많은가? 많지 않다."
뢰가 말하였다. "선생님께서 말씀하시길 '내가 〈관직에〉 등용
되지 않았기에 , 그러므로 〈여러 가지〉 재주가 있다.'라고 하셨다."

大:큰대/클태 固:진실로고 縱:세로종/내버려둘종 鄙:천할비 牢:우리뢰(뇌)
試:시험시/임용할시 藝:재주예

### 문법(文法)적 해석

1) 大宰(태재):관직 이름이며, 나라의 정치를 총괄하여 다스리는
   직책이고, 어느 나라 사람인지는 알 수 없으며, 太宰와 같다.
2) 夫子聖者與? 何其多能也?:선생님께서는 성인이십니까?
   어찌 능한 것이 많으십니까?
   - 태재는 능함이 많은 것을 성인(聖人)이라고 여긴 것이다.
   - 夫子(부자):대부(大夫) 이상이 되는 벼슬자리에 있는 사람을
   칭하는 말로 쓰였으며, 공자가 노(魯)나라의 대부를 지냈기에

그의 제자들이 공자를 대부(大夫)라고 했으며, 나중에는 제자가
그 스승을 칭하는 말로 '선생님, 스승'으로 쓰였다.
- 與:의문의 어기를 내포한 의문 종결사.
- 何 ~ 也:의문사 ~ 서술 종결사를 사용하여, 의문의 뜻을 나타내는
  경우이며, 여기서 也는 의문 종결사이다.
- 其:부사격 후치사로써 주로 의문사나 의문 부사 뒤에 온다.
- 多:특수형용사로써 술어로 쓰이는 경우, 보어 '能'를 취하며
  주어처럼 풀이한다.
3) 固天縱之將聖, 又多能也:진실로 하늘이 그를 거의 성인이 되도록
   내버려두었고(허락하였고), 또 능한 것이 많으십니다.
- 固(고):진실로 ~/가정 부사.
- 縱(종):내버려 두다, 허락하다, 놓아주다.
- 將(장):거의, 대부분/부사.
- 又(우):또, 또한/부사.
4) 大宰知我乎?:태재가 나를 아는가?
- 의문의 의미도 있지만, '~ 아는구나!' 처럼 감탄의 의미로도
  해석할 수 있다.
- 乎:의문 종결사, 또는 감탄 종결사.
5) 吾少也賤, 故多能鄙事:나는 젊었을 때 천했기에,
   그러므로 비천한 일에 능함이 많다.
- 也:~가(이), ~은(는)/주격 후치사.
- 故:그러므로/원인에 따른 결과를 나타내는 인과 접속사.
6) 君子多乎哉? 不多也:군자는 〈능함이〉 많은가? 많지 않다.
- 乎哉:의문과 반문의 어기를 나타내는 종결사.
7) 牢(뢰):공자 제자로서, 성은 금(琴), 이름은 뢰(牢)이며,
   자는 자개(子開) 또는 자장(子張)이고, 위(衛)나라 사람이다.
8) 吾不試, 故藝:내가 〈관직에〉 등용되지 않았기에, 그러므로
   〈여러 가지〉 재주가 있다.
- 試(시):등용되다, 쓰이다.
- 藝(예):재주가 있다, 재능이 있다, 기술이 있다.


공자님의 겸손함謙遜.
천했기에賤, 등용되지不試 않았기에 다능多能하다고 하셨네.
모든 덕행德行의 기본은 겸손謙遜이구나.

# 子曰 "吾有知乎哉? 無知也. 有鄙夫問於我, 空空如也, 我叩其兩端而竭焉."

자왈 "오유지호재? 무지야. 유비부문어아, 공공여야, 아고기양단이갈언."

자왈 "내가 아는 것이 있는가? 아는 것이 없다. 〈그러나〉 어떤 비루한 사람이 나에게 묻는다면, 〈그가〉 아무리 무식하더라도, 나는 그 양 끝을 물어서(들어서) 다 말해주리라."

鄙:비루할비 空:빌공 叩:두드릴고/물을고 兩:두량(양) 端:끝단 竭:다할갈/말할갈

## 문법(文法)적 해석

1) 吾有知乎哉?:내가 아는 것이 있는가?
  - 乎哉(호재):의문과 반문의 어기를 나타내는 종결사.
2) 有鄙夫問於我:〈그러나〉 어떤 비루한 사람이 나에게 묻는다면,
  - 有:불특정한 대상을 지목할 때 붙여주는 관용어로써, 이때는 어떤, 어느, 또는 해석하지 않을 수도 있다.
3) 空空如也:〈그가〉 아무리 무식하더라도 ,
  - 空空(공공):어리석은 모양, 어리석고 무식한 모양/형용사.
  - 如:모양이나 상태를 나타내는 의태어로써 형용사 접미사이다.
4) 我叩其兩端而竭焉:나는 그 양 끝을 물어서(들어서) 다 말해주리라.
  - 叩(고):두드리다, 묻다, 물어 보다.
  - 兩端(양단):양쪽 끝, 처음부터 끝까지, 사물의 기점과 종점.
  - 竭(갈):다하다, 말하다.
  - 焉:於是'이고, 是는 其兩端이며 대명사를 포함한 서술, 단정 종결사이다.

공자님의 겸손함謙遜과 배움에 대한 열정叩.
공자께서 아는 것知이 없다면 누가 아는 것이 있으랴?

## 9. 子罕篇. 8章

# 子曰 "鳳鳥不至, 河不出圖, 吾已矣夫!"

자왈 "봉조부지, 하불출도, 오이의부!"

자왈 "봉황새가 〈날아〉 오지 않고, 황하에서 그림(하도)도
나오지 않으니, 나는 끝났구나!"

鳳:봉(황)새봉  河:물하/황하하  圖:그림도  已:이미이/끝날이

## 문법(文法)적 해석

1) 鳳鳥不至:봉황새가 (날아)오지 않고,
   - 鳳鳥(봉조):신령스러운 새이며, 순(舜)임금 때에 와서 춤을
     추었고, 문왕(文王) 때에 기산(岐山)에서 울었다고 한다.
2) 河不出圖:황하에서 그림(하도)도 나오지 않으니,
   - 河圖(하도):황하(黃河)에서 나온 용마(龍馬)의 등에 그려진 그림으로,
     복희(伏羲) 때에 나왔으며, 성왕(聖王)이 나타날 징조라고 한다.
3) 吾已矣夫!:나는 끝났구나!
   - 已(이):끝나다, 그치다, 그만두다.
   - 矣夫:~하구나/감탄과 추측의 어기를 나타내는 종결사.


공자께서 말년(약 71여 세)에 하셨던 말씀이다.
서산에 해는 기울고 있는데 자신의 도道를 펼칠 기회가 없음已을
한탄하셨구나.

## 9. 子罕篇. 9章

子見齊衰者, 冕衣裳者與瞽者, 見之,
雖少必作, 過之必趨.

자견자최자, 면의상자여고자, 견지, 수소필작, 과지필추.

공자께서 상복을 입은 사람, 예모와 예복을 입은 사람과 장님을
보시고, 이들을 만날 때는, 비록 나이가 적더라도 반드시 일어
나시고, 지나갈 때에는 반드시 종종걸음을 하셨다.

齊:옷자락자/상복자  衰:상복최  冕:면류관면  裳:치마상/아랫도리옷상  瞽:장님고
作:일어날작  趨:달아날추/ 종종걸음칠추

### 문법(文法)적 해석

1) 子見齊衰者, 冕衣裳者與瞽者:공자께서 상복을 입은 사람,
   예모와 예복을 입은 사람과 장님을 보시고,
   - 見:뒤 문장 전체를 목적절로 취한다.
   - 齊衰(자최):상복.
   - 冕衣裳者(면의상자):면(冕)은 관(冠)이고, 의(衣)는 상의(上衣)이며,
     상(裳)은 하복(下服)이고, 면관(冕冠)을 쓰고 의상(衣裳)을 차려
     입은 것은 귀한 자의 옷차림이다.
   - 瞽者(고자):장님.
2) 雖少必作:비록 나이가 적더라도 반드시 일어나시고,
   - 作(작):일어나다, 일으키다.
3) 過之必趨:지나갈 때에는 반드시 종종걸음을 하셨다.
   - 趨(추):종종걸음치다, 빨리 걷다, (걸음이)빠르다, 달아나다.


슬픈 일을 당했거나, 높은 자리에 있는 사람, 그리고 장애인에 대해
똑같이 몸소 예禮를 실천하시는 모습을 볼見 수 있구나.

## 9. 子罕篇. 10章

顔淵喟然歎曰 "仰之彌高, 鑽之彌堅,
瞻之在前, 忽焉在後.
夫子循循然善誘人, 博我以文, 約我以禮.
欲罷不能, 既竭吾才, 如有所立卓爾.
雖欲從之, 末由也已."

안연위연탄왈 "앙지미고, 찬지미견, 첨지재전, 홀언재후. 부자순순연선유인, 박아이문,
약아이례. 욕파불능, 기갈오재, 여유소립탁이. 수욕종지, 말유야이."

안연이 크게 한숨 쉬고 탄식하면서 말했다. "〈선생님의 道는〉
우러러볼수록 더욱 높고, 뚫을수록 더욱 견고하며, 바라보면
앞에 있더니 갑자기 뒤에 있도다. 선생님께서는 〈차근차근〉
질서정연하게 사람들을 잘 인도하시며, 학문으로써 나를 넓혀
주시고 예로써 나를 절제하게 해주신다. 그만두려고 해도 그만
둘 수 없으며, 이미 나의 재주를 다하여도, 마치 〈道가〉 높이
선 것이 있는 듯하다. 비록 따르고자 해도 따라갈 수가 없구나."

喟:한숨쉴위 歎:탄식할탄 仰:우러러볼앙 彌:더욱미 鑽:뚫을찬 堅:굳을견
瞻:볼첨 忽:갑자기홀 循:돌순/질서정연할순 誘:꾈유/인도할유
罷:마칠파/그만둘파 卓:높을탁 末:없을말 由:말미암을유/따를유

### 문법(文法)적 해석

1) 顔淵喟然歎曰:안연이 크게 한숨 쉬고 탄식하면서 말했다.
   - 然:모양이나 상태를 나타내는 의태어로써, 형용사 접미사.
2) 仰之彌高, 鑽之彌堅:〈선생님의 道는〉 우러러볼수록 더욱 높고,
   뚫을수록 더욱 견고하며,
   - 之:공자의 道를 의미한다고 할 수 있다.
   - 彌(미):더욱, 두루, 널리/부사.
3) 忽焉在後:갑자기 뒤에 있도다.
   - 忽焉(홀언):갑자기, 어느새, 홀연히/焉은 형용사 접미사.

4) 夫子循循然善誘人:선생님께서는 〈차근차근〉 질서정연하게
　사람들을 잘 인도하시며,
　- 循循然(순순연):차근차근, 질서정연하게/然은 부사 접미사.
　- 善(선):잘, 교묘히/부사.
　- 誘(유):인도하다, 이끌다, 유도하다.
5) 博我以文, 約我以禮:학문으로써 나를 넓혀 주시고 예로써 나를
　절제하게 해주신다.
　- 博(박):넓다, 넓혀 주다.
　- 以文:'以'는 전치사로써 전치사를 수반한 부사구는 문구 뒤에 위치
　하는 경우가 많다.
　- 約(약):절제하다, 단속하다.
6) 如有所立卓爾:마치 〈道가〉 높이 선 것이 있는 듯하다.
　- 如:~와 같다, ~듯 하다/비교 형용사로써 '有' 이하 의 문장는
　보어절이다.
　- 卓爾(탁이):높이 서 있는 모양, 우뚝 솟아난 모양.
　爾는 형용사 접미사이다.
7) 末由也已:따라갈 수가 없구나.
　- 末(말):~없다, ~아니다, ~않다/금지, 부정을 나타내며
　부정보조사이다.
　- 由(유):따르다, 말미암다.
　- 也已(야이):긍정과 단정의 어기를 나타내는 종결사이다.


공자께서 항상 수제자首弟子인 안연顏淵을 칭찬하였거늘,
이 장章에서는 스승孔子에 대한 안연의 찬미가 애틋하다.
"비록 따르고자 해도 따라갈 수가 없구나雖欲從之, 末由也已."

子疾病, 子路使門人爲臣. 病間, 曰
"久矣哉, 由之行詐也! 無臣而爲有臣,
吾誰欺? 欺天乎? 且予與其死於臣之手也,
無寧死於二三子之手乎? 且予縱不得大葬,
予死於道路乎?"

자질병, 자로사문인위신. 병간, 왈 "구의재, 유지행사야! 무신이위유신, 오수기? 기천호?
차여여기사어신지수야, 무녕사어이삼자지수호? 차여종부득대장, 여사어도로호?"

공자께서 병이 심해지자, 자로가 문인으로 하여금 가신이 되게
하였다. 병이 차도가 있으시자, 말씀하셨다. "오래되었구나,
유가 거짓을 행한 지가! 가신이 없으면서 가신이 있는 체하다니,
내가 누구를 속이겠는가? 하늘을 속이겠는가? 또 내가 가신의
손에서 죽기보다는 차라리 너희들의 손에서 죽는 것이 낫지
않겠는가? 또 내 비록 큰(성대한) 장례는 얻지 못한다 하더라도,
내가 길에서 죽기야 하겠는가?"

間:사이간/차도가있을간　詐:속일사　欺:속일기　縱:세로종/비록종　葬:장사지낼장

### 문법(文法)적 해석

1) 子路使門人爲臣:자로가 문인으로 하여금 가신이 되게 하였다.
   - 子路(자로):공자보다 9세 아래의 제자로, 성은 중(仲)이고,
     이름은 유(由)이며, 자는 자로(子路), 계로(季路)이다.
   - 使:~에게(으로 하여금) ~하게 하다/사동 보조사.
   - 爲:爲+명사, ~이 되다/(자)동사. '爲臣'는 가신이 되다.
 2) 病間:병이 차도가 있으시자,
   - 病(병):(심한) 병, 병고(病苦)
   - 間(간):차도(差度)가 있다, 병이 조금 낫다.
3) 久矣哉, 由之行詐也!:오래되었구나, 유가 거짓을 행한 지가!
   - '由之行詐也, 久矣哉!'가 도치된 것으로 주어와 술어의 도치이며,

주로 감탄문과 의문문에서 이루어진다.
- 矣哉(의재):~도다, ~구나/감탄문의 끝에 쓰여 감탄의 어기를
  나타내는 감탄 종결사이다.
- 由(유):路(자로)의 이름이다.
- 之:~가(이), ~은(는)/주격 후치사.
4) 無臣而爲有臣:가신이 없으면서 가신이 있는 체하다니,
- 無, 有:각각 존재동사로써, 보어로 취하며, 보어를 주어처럼
  해석한다.
- 爲(위):~인 체하다, 가장(假裝)하다, 꾸미다/僞(위)와 같다.
5) 吾誰欺? 欺天乎?:내가 누구를 속이겠는가? 하늘을 속이겠는가?
- 誰欺(수기):의문사가 동사의 목적어으로 동사 앞으로 도치된
  것이다.
- 乎:의문, 반문의 어기를 나타내는 의문 종결사.
6) 且予與其死於臣之手也, 無寧死於二三子之手乎?:또 내가 가신의
  손에서 죽기보다는 차라리 너희들의 손에서 죽는 것이 낫지
  않겠는가?
- 且(차):~와, 또한/접속사로써 구, 절, 단문을 연결시킨다.
- 與其 ~, 無寧 ~ : ~ 하느니, 차라리 ~ 하는 편이 낫지
  않겠는가/선택형 비교.
- 二三子:너희들, 그대들/2인칭 복수 대명사, '제자들'을 말한다.
7) 且予縱不得大葬:또 내 비록 큰(성대한) 장례는 얻지 못한다
  하더라도,
- 縱(종):비록 ~ 라도/가정, 양보의 부사이며, 雖(수)와 같다.
- 得:얻다, 찾다/타동사, '할 수 있다' 가능 보조사로 자주 쓰이지만,
  뒤에 술어가 아닌 목적어(명사/명사구)가 오면 타동사가 된다.
- 大葬(대장):큰 장례, 성대한 장례식.


세상에는 할 수 있지만 하지爲 말아야 하는 것들이 있거늘,
자로의 스승님에 대한 무조건적인 존경과 받듦을 볼 수 있구나.

子貢曰"有美玉於斯, 韞櫝而藏諸? 求善賈而沽諸?"
子曰"沽之哉! 沽之哉! 我待賈者也."

자공왈 "유미옥어사, 온독이장저? 구선가이고저?" 자왈 "고지재! 고지재! 아대가자야."

자공이 말하였다. "여기에 아름다운 옥이 있다면, 궤 속에 넣어
보관하시겠습니까? 좋은 값(상인)을 구하여 파시겠습니까?"
자왈 "팔아야지! 팔아야지! 나는 〈좋은〉 값을(상인을)
기다리는 자이다."

韞:감출온 櫝:궤독 藏:감출장 賈:값가/상인고 沽:팔고 待:기다릴대

## 문법(文法)적 해석

1) 有美玉於斯:여기에 아름다운 옥이 있다면,
 - 의미상, 문맥상 가정이다.
 - 有:존재동사로써, 뒤 문장 전체를 보어절로 취하며, 보어절을
   주어처럼 해석한다.
 - 於:~에/보어와 목적어 앞에 위치하며, 처소, 대상의 전치사이다.
2) 韞櫝而藏諸?:궤 속에 넣어 보관하시겠습니까?
 - 韞(온):감추다, 깊이 간직해 두다.
 - 藏(장):감추다, 숨기다, 간직하다.
 - 諸(저):대명사를 포함한 의문 종결사로써 '之乎'와 같다.
3) 求善賈而沽諸?:좋은 값(상인)을 구하여 파시겠습니까?
 - 賈(가):값(가)과 상인(고), 두 가지로 해석할 수 있다.
4) 沽之哉!:팔아야지!
 - 哉(재):찬양, 비통, 감개 등의 어기를 나타내는 감탄 종결사이다.

스승님의 벼슬하지 않음을 아름다운 옥美玉을 사고파는 것으로
비유해서 질문한 자공子貢의 언변 실력, 그것에 대한 공자의 답변.
그 스승에 그 제자이구나.

# 子欲居九夷. 或曰"陋, 如之何?"
# 子曰"君子居之, 何陋之有?"

자욕거구이. 혹왈 "루, 여지하?" 자왈 "군자거지, 하루지유?"

공자께서 동쪽 오랑캐의 땅에 살려고 하시니, 어떤 이가 말했다.
"누추할 텐데, 어떻게 하시겠습니까?"
자왈 "군자가 거주한다면 무슨 누추함이 있겠는가?"

**夷**:오랑캐이   **陋**:더러울루(누)/누추할루(누)

## 문법(文法)적 해석

1) 子欲居九夷:공자께서 동쪽 오랑캐의 땅에 살려고 하시니,
   - 九夷(구이):동쪽 지역에 있는 아홉 종류의 오랑캐의 땅.
     동쪽 오랑캐를 이(夷), 서쪽 오랑캐를 융(戎),
     남쪽 오랑캐를 만(蠻), 북쪽 오랑캐를 적(狄)이라고 하였다.
2) 如之何?:어떻게 지내시려 하시겠습니까?
   - 如 ~ 何:관용어로써 술어로는 '어떻게 할 것인가, 어떠하다'이며,
     부사어로 '어찌, 어떻게'로 해석한다.
3) 何陋之有?:무슨 누추함이 있겠는가?
   - 何:무슨, 어떤/의문 형용사.
   - 之:강조를 위해 보어인 何陋가 앞으로 도치된 것이고,
     이때 동사 앞에 목적격 후치사 之를 추가한 것이다.

공자께서 만약에 오랑캐 땅九夷에 갔었더라면 과연 오랑캐들을
교화시킬 수 있었을까?

## 9. 子罕篇. 14章

# 子曰 "吾自衛反魯, 然後樂正, 雅頌, 各得其所."

자왈 "오자위반로, 연후악정, 아송, 각득기소."

자왈 "내가 위나라에서 노나라로 돌아온 연후에 음악이
바르게 되어, 아와 송이 각각 그(제) 자리를 얻게 되었다."

衛:지킬위 反:돌아올반 雅:맑을아/바를아 頌:칭송할송

### 문법(文法)적 해석

1) 吾自衛反魯, 然後樂正:내가 위나라에서 노나라로 돌아온 연후에
   음악이 바르게 되어,
   - 自 ~ 反~ :~에서(~로부터) ~ 되돌아오다./自는 출발 지점을
     나타내는 전치사. 反은 되돌아오다, 되돌아가다.
   - 然後(연후):~연후에/순접의 접속사.
2) 雅頌, 各得其所:아와 송이 각각 그(제) 자리를 얻게 되었다.
   - 雅頌(아송):시경(詩經)은 풍(風), 아(雅), 송(頌), 세 부분으로
     나누어진다. 풍(風)은 국풍(國風)이라고도 하며, 여러 제후국에서
     채집한 민요, 민가이다. 아(雅)는 소아(小雅)와 대아(大雅)로 나누어
     지며 궁궐에서 연주되는 것이 대부분이다. 송(頌)은 종묘의 제사에
     쓰이던 악가(樂歌)로 주송(周頌), 노송(魯頌), 상송(商頌)이 있다.
   - 各(각):각각/부정칭 지시대명사.
   - 得(득):~얻다/보조사가 아니라 타동사로써 '其所'가 목적어이다.
   - 其:그, 그것, 이, 이것/지시대명사로, 사람이나 사물, 시간
     등을 나타낸다.
   - 所(소):자리, 곳, 장소, 위치, 처소/명사.

노나라로 돌아온 후, 아마도 68여 세 이후일 것이다.
공자님의 열정은 나이와는 무관한 것인가?

## 9. 子罕篇. 15章

子曰 "出則事公卿, 入則事父兄,
喪事不敢不勉, 不爲酒困, 何有於我哉?"

자왈 "출즉사공경, 입즉사부형, 상사불감불면, 불위주곤, 하유어아재?"

자왈 "나가면 벼슬이 높은 이를 섬기고, 들어오면 부형을 섬기며,
상을 당했을 때는 감히 힘쓰지(정성을 다하지) 않음이 없고,
술 때문에 곤란하지 않는 것, 〈이 중에〉 무엇이 나에게 있는가?"

卿:벼슬경  勉:힘쓸면  困:곤할곤

### 문법(文法)적 해석

1) 出則事公卿:나가면 벼슬이 높은 이를 섬기고,
   - 則(즉):~면/가정, 조건의 접속사.
   - 公卿(공경):벼슬이 높은 관직에 있는 사람, 즉 임금이나 경대부
     (卿大夫)를 가리킨다.
2) 喪事不敢不勉:상을 당했을 때는 감히 힘쓰지(정성을 다하지)
   않음이 없고,
   - 不 ~ 不:이중부정으로 강한 긍정을 나타낸다.
3) 不爲酒困, 何有於我哉?:술 때문에 곤란하지 않는 것,
   〈이 중에〉 무엇이 나에게 있는가?
   - 爲:때문에/전치사로써, 동작이나 행위가 발생한 원인을 나타낸다.
   - 哉(재):질문의 어기를 나타내는 의문 종결사로써 의문 대명사인
     하(何), 안(安) 등과 함께 쓰인다.


공자께서는 나가시나, 들어가시나, 상을 당했을 때나 예禮로써
정성을 다하였고, 술酒로써도 곤란함을 만들지 않으셨구나.
그 당시에도 술로써 곤란함, 패가망신敗家亡身한 사람들이
있었는가 보다.

## 9. 子罕篇. 16章

# 子在川上曰 "逝者如斯夫! 不舍晝夜."

자재천상왈 "서자여사부! 불사주야."

공자께서 냇가에 있으면서 말씀하셨다.
"〈흘러〉 가는 것이 이와 같구나! 밤낮을 쉬지 않구나."

逝:갈서 舍:집사/쉴사/그칠사 晝:낮주

### 문법(文法)적 해석

1) 逝者如斯夫!:〈흘러〉 가는 것이 이와 같구나!
 - 者:의존명사(불완전명사) 또는 특수 지시대명사로 앞 문장을
   취해서 명사구가 되며, '~하는 사람, ~하는 것'으로 해석한다.
 - 如:~와 같다, ~듯 하다/비교 형용사로써 보어 '斯'를 취한다.
 - 夫(부):~구나/감탄문의 끝에 쓰여 감개, 칭송, 비애 등의 어기를
   도와주는 감탄 종결사이다.
2) 不舍晝夜:밤낮을 쉬지 않구나.
 - 舍(사):쉬다, 휴식(休息)하다.


우리네 인생人生처럼, 가고逝 또 가고逝
그침이 없이, 쉼舍 없이 가는구나.
이 말씀을 하시면서 공자님의 심정은 어떠했을까?

## 9. 子罕篇.17章

# 子曰 "吾未見好德如好色者也."

자왈 "오미견호덕여호색자야."

자왈 "나는 아직 덕을 좋아하는 것이 여색을 좋아하는 것과
같이 하는 자를 보지 못하였다."

色:빛색/여색색

## 문법(文法)적 해석

1) 吾未見好德如好色者也:나는 아직 덕을 좋아하는 것이여색을
좋아하는 것과 같이 하는 자를 보지 못하였다.
  - 未見:뒤 문장 전체를 목적절로 취한다.
  - 如:~와 같다, ~듯 하다/비교 형용사로써 보어 '好色'를 취한다.
  - 者:의존명사(불완전명사) 또는 특수 지시대명사로 앞 문장'好德
    如好色者'를 취해서 명사구가 되며, '~하는 사람, ~하는 것'으로
    해석한다.

여색色을 좋아하듯이,
덕德을 좋아하는 것이 불가능하단 말인가?

## 9.子罕篇.18章

子曰 "譬如爲山, 未成一簣, 止, 吾止也.
譬如平地, 雖覆一簣, 進, 吾往也."

자왈 "비여위산, 미성일궤, 지, 오지야. 비여평지, 수복일궤, 진, 오왕야."

자왈 "비유하면 산을 쌓다가, 아직 한 삼태기의 흙을 이루지
못하고, 중지하면 내가 중지한 것(이다)과 같다. 비유하면 땅을
평평하게 하는데 비록 한 삼태기의 흙을 뒤엎더라도(부었더
라도), 나아가면, 내가 나아간 것(이다)과 같다.

**譬**:비유할비  **簣**:삼태기궤  **覆**:뒤엎을복

### 문법(文法)적 해석

1) 譬如爲山:비유하면 산을 쌓다가, ~것(이다)과 같다.
   - 譬如(비여):비유하면 ~ 과 같다.
   - 爲山:'爲+명사'는 '~하다'로 해석하며, 목적어의 성격에 따라
     그 뜻을 적절하게 해석할 수 있다. '爲山'는 산을 쌓다(만들다).
2) 雖覆一簣:비록 한 삼태기의 흙을 덮었어도,
   - 雖(수):비록 ~ 할지라도/가정, 조건, 양보의 부사.
   - 覆(복):뒤엎다, 뒤집다, 뒤집어 놓다.
   - 簣(궤):흙을 담는 그릇, 삼태기.


이루고成, 이루지成 못한 것은 모두 자신에게서 비롯되는구나.
한 삼태기簣의 흙이라!

## 9. 子罕篇.19章

# 子曰 "語之而不惰者, 其回也與!"

자왈 "어지이불타자, 기회야여!"

자왈 "〈道를〉 말해주면 게으르지 않는 자는,
아마도 안회일 것이다!"

惰:게으를타

## 문법(文法)적 해석

1) 語之而不惰者:〈道를〉 말해주면 게으르지 않는 자는,
   - 語(어):말하다, 일러주다.
   - 惰(타):게으르다, 나태(懶怠)하다, 소홀(疏忽)히 하다.
2) 其回也與!:아마도 안회일 것이다!
   - 其:아마도/추측을 나타내는 부사.
   - 也與:~일 것이다/감탄, 긍정적인 추측의 어기를 나타내는
     종결사이다.

공자님의 안회回에 대한 칭찬과 사랑은 끝이 없구나.

게으름惰, 모든 잘못의 원인일 수도 있다.
"뇌는 기능적으로 게으르다." - 그레고리 번스.

## 9. 子罕篇. 20章

# 子謂顔淵曰 "惜乎! 吾見其進也, 未見其止也."

자위안연왈 "석호! 오견기진야, 미견기지야."

공자께서 안연을 평하여 말씀하셨다.
"애석하구나! 나는 그가 〈앞으로〉 나아가는 것을 보았지,
그가 그치는 것을 보지 못했다."

惜:아낄석/애석할석

### 문법(文法)적 해석

1) 子謂顔淵曰:공자께서 안연을 평하여 말씀하셨다.
   - 술어+사람+曰:잘 쓰이는 관용구로써, 누구을 ~하면서 말하다.
   - 謂(위):이르다, 말하다, (논)평하다.
2) 惜乎! 吾見其進也:애석하구나! 나는 그가 〈앞으로〉 나아가는
   것을 보았지,
   - 惜乎(석호):감탄사로써, 놀람, 느낌, 부름, 응답을 나타내며
   독립어로 떨어져 문장 앞에 사용된다.
   - 見:뒤 문장 전체를 목적절로 취한다.
   - 其:그가/3인칭 대명사로써 안연을 가리킨다

공자님의 안회에 대한 사랑이 이제는 애석함惜이 된다.
미인박명美人薄命이라 했던가?

# 子曰 "苗而不秀者, 有矣夫!
# 秀而不實者, 有矣夫!"

자왈 "묘이불수자, 유의부! 수이불실자, 유의부!"

자왈 "싹이 나고서 꽃이 피지 않는 자도 있구나!
꽃이 피고서 열매를 맺지 않는 자도 있구나!"

苗:싹묘  秀:빼어날수/(꽃이)필수  實:열매실

## 문법(文法)적 해석

1) 苗而不秀者, 有矣夫!:싹이 나고서 꽃이 피지 않는 자도 있구나!
   - 苗(묘):싹이 나다, 모, 모종, 벼싹.
   - 而:그러나, 그런데/역접 접속사이며, 해석하지 않아도 된다.
   - 秀(수):꽃이 피다, 꽃.
   - 者:의존명사(불완전명사) 또는 특수 지시대명사로 앞 문장를
     취해서 명사구가 되며, '~하는 사람, ~하는 것'으로 해석한다.
   - 矣夫(의부):~하구나/矣와 夫가 연용된 것이며, 감탄의 어기를
     나타냄과 동시에 추측의 의미를 겸하는 종결사이다.
2) 實(실):열매를 맺다, 열매, 과실, 씨, 종자.

가다가 또 가다가...
빨리 가지 못함을, 꽃이 피지 못함을 걱정하지 말고
중단하는 것을 걱정하면서 열매가 맺을 때까지 가자꾸나.
문심혜두文心慧竇가 열릴 때까지 가자꾸나.
지지지중지之之之中知, 행행행중성行行行中成이라.

## 9. 子罕篇. 22章

子曰 "後生可畏, 焉知來者之不如今也?
四十五十而無聞焉, 斯亦不足畏也已."

자왈 "후생가외, 언지래자지불여금야? 사십오십이무문언, 사역부족외야이."

자왈 "후배들이 두려울 수 있으나, 어찌 후배들이 지금(의 우리)
보다 못하리란 것을 알겠는가? 사십, 오십이면서도 들음(명성)이
없으면(이름이 알려지지 않는다면), 이 또한 두려워하기에
부족하다(두려워할 것이 못 된다)."

畏:두려워할외

### 문법(文法)적 해석

1) 後生(후생):뒤에 태어난 사람, 즉 후배, 젊은이.
2) 焉知來者之不如今也?:어찌 후배들이 지금(의 우리) 보다 못하리란
   것을 알겠는가?
   - 焉:어찌, 어떻게/반어 부사. 반어부사는 의문부사와 함께 쓰인다.
   - 來者(래자):앞으로 오는 사람, 후배, 젊은이.
   - 不如:~보다 못하다/열등 비교이며, 뒤 문장은 보어이다.
3) 四十五十而無聞焉:사십, 오십이면서도 들음(명성)이 없으면
   (이름이 알려지지 않는다면),
   - 四十五十:(대략) 사십, 오십이면서도/근접한 두 숫자를 연용해서
     약수를 나타낸 것이다.
   - 而:(만일, 만약) ~하면/가정, 조건을 나타내는 가정 접속사이다.
   - 聞(문):명성, 명망.
   - 焉(언):술어와 붙어서 그 술어의 대상을(목적어) 내포하기도 하고,
     또는 단순히 처소격의 의미를 갖는 서술형 종결사로 쓰인다.

들림聞이 없다면 끝장인가? 나다움으로 살면 안되는 것인가?
그런데 나다움爲己之生이 무엇이란 말인가?

## 9. 子罕篇.23章

子曰 "法語之言, 能無從乎? 改之爲貴.
巽與之言, 能無說乎? 繹之爲貴.
說而不繹, 從而不改, 吾末如之何也已矣."

자왈 "법어지언, 능무종호? 개지위귀. 손여지언, 능무열호? 역지위귀.
열이불역, 종이불개, 오말여지하야이의."

자왈 "올바른 말은 따르지 않을 수 있겠는가? 〈이 말에 따라
잘못을〉 고치는 것이 중요하다. 공손하게 해주는 말은 기뻐하
지 않을 수 있겠는가? 〈이 말의 참뜻을〉 찾는 것이 중요하다.
기뻐하기만 하고 〈참뜻을〉 찾지 않으며, 따르기만 하고
〈잘못을〉 고치지 않는다면 나는 그를 어떻게 할 수가 없다."

**巽**·공손할손  **繹**·풀역/찾을역  **末**·끝말/없을말

## 문법(文法)적 해석

1) 法語之言, 能無從乎? 改之爲貴:올바른 말은 따르지 않을 수
   있겠는가? 〈이 말에 따라 잘못을〉 고치는 것이 중요하다.
  - 法語之言:바른 말, 올바른 말, 훌륭한 말.
  - 無:~않다/부정 보조사로, 동사 앞에 위치하며 不과 같다.
  - 乎:의문, 반문의 어기를 나타내는 의문 종결사.
  - 之:무엇을 꼭 지칭하기 위해 쓰인 것이 아니라, 술어 뒤에 之가
    붙음으로써 그 술어를 술어답게 만들어주는 어감을 얻고, 어세를
    고르게 하기 위해 쓰인다. 해석하지 않아도 되지만 대명사, 목적어로
    본다면 '잘못됨'을 의미한다고 할 수 있다.
  - 爲貴:중요하다, 소중하다/爲+형용사는 '~하다'의 뜻이며,
    爲는 연계동사이다.
2) 巽與之言, 能無說乎? 繹之爲貴:공손하게 해주는 말은 기뻐하지
   않을 수 있겠는가? 〈이 말의 참뜻을〉 찾는 것이 중요하다.
  - 巽(손):공순(恭順)하고 온순하다, 유순(柔順)하다/부사로 전성된
    것이다.

- 與(여):주다, 베풀어주다.
- 之:수식어+之+피수식어의 형태의 관형격 후치사로, 수식어가
  '동사구'이면, 해석은 '~(하)는, ~한'으로 한다. 그래서 '巽與之'를
  '공손하게 해주는'으로 해석할 수 있다.
- 繹(역):찾다, 풀어내다, 실마리를 뽑아내다.
3) 吾末如之何也已矣:나는 그를 어떻게 할 수가 없다.
- 末:~없다, ~아니다, ~않다/금지, 부정을 나타내며, 부정보조사.
- 如 ~ 何:관용어로써 술어로는 '어떻게 할 것인가, 어떠하다'이며,
  부사어로 '어찌, 어떻게'로 해석한다.
- 也已矣(야이의):긍정과 단정의 어기를 나타내는 종결사이다.


올바른法語 말, 공손하게 해주는巽與 말을 듣고 잘못을 고치고,
참뜻을 찾아야만 하는구나.
그런데 올바른 말, 공손하게 해주는 말인지 아닌지를
먼저 알아야 할 텐데.

## 9. 子罕篇. 24章

## 子曰 "主忠信, 毋友不如己者, 過則勿憚改."

자왈 "주충신, 무우불여기자, 과즉물탄개."

자왈 "충성(진실된 마음)과 신의(믿음)를 주로 하고, 자기보다
못한 자를 벗하지 말며, 잘못이 있으면 고치기를 꺼리지 말라."

毋:말무  友:벗우/벗할우  過:허물과/잘못과  憚:꺼릴 탄

### 문법(文法)적 해석

1) 1편, 학이(學而)편, 8장에 나왔으며, 앞 문장의 일부분이 생략됨.
2) 毋友不如己者:자기보다 못한 자를 벗하지 말라.
   - 毋(무):~말라/금지 보조사 無(무)와 같다.
   - 不如:~보다 못하다/열등 비교.
   - 友:벗하다, 사귀다/동사.
3) 過則勿憚改:잘못이 있으면 고치기를 꺼리지 말라.
   - 則(즉):~면/가정, 조건의 접속사.
   - 勿(물):~말라/금지 보조사.
   - 憚(탄):꺼리다, 삼가다, 기피하다.

진실된 마음忠과 신의信, 잘못을 고치며改過,
나보다 못한 자와 벗하지 말라毋友不如己者?

근주자적近朱者赤, 근묵자흑近墨者黑이라!
붉은색朱을 가까이하는 사람은 붉은색赤으로 물들고, 먹墨을
가까이하는 사람은 검은색黑으로 물드는구나.

## 9. 子罕篇. 25章

子曰 "三軍可奪帥也, 匹夫不可奪志也."

자왈 "삼군가탈수야, 필부불가탈지야."

자왈 "삼군이라도 〈그〉 장수를 빼앗을 수 있지만,
필부라도 〈그〉 뜻을 빼앗을 수 없다."

奪:빼앗을탈 帥:장수수 匹:짝필

### 문법(文法)적 해석

1) 三軍可奪帥也:삼군이라도 〈그〉 장수를 빼앗을 수 있지만,
   - 三軍(삼군):큰 제후국이 가지고 있는 대규모의 군사를 말하며,
     1軍은 12,500명이고, 천자는 6軍, 제후는 나라의 규모에 따라
     3軍, 2軍, 1軍을 둘 수 있었다.
   - 帥(수):장수, 장군, 통솔자, 우두머리, 인솔자.
2) 匹夫不可奪志也:필부라도 〈그〉 뜻을 빼앗을 수 없다.
   - 匹夫(필부):평범한 남자, 평범한 사람.
3) 주희(朱熹)에 따르면 "후중량(侯仲良)이 말하길 '삼군(三軍)의
   용맹함은 남에게 있고, 필부(匹夫)의 뜻은 자신에게 있으므로,
   장수는 빼앗을 수 있으나 뜻은 빼앗을 수 없다. 만약 빼앗을 수
   있다면 또한 뜻이라고 말할 수 없는 것이다.'"라고 하였다.


필부匹夫의 뜻志일지언정, 아마도 사소하고 하찮은 뜻志이 아니라
강직하고 큰 뜻志이었을 것이다?

## 9. 子罕篇. 26章

子曰 "衣敝縕袍, 與衣狐貉者立, 而不恥者,
其由也與! '不忮不求, 何用不臧?'"
子路終身誦之, 子曰 "是道也, 何足以臧?"

자왈 "의폐온포, 여의호학자립, 이불치자, 기유야여!
'불기불구, 하용부장?' 자로종신송지, 자왈 "시도야, 하족이장?"

자왈 "해진 솜옷을 입고, 여우나 담비의 가죽으로 만든 옷을
입은 자와 함께 서 있어도, 부끄러워하지 않는 자는 아마도 유일
것이다! '〈남을〉 해치지도 않고 〈남의 것을〉 탐하지도 않으니,
어찌하여 훌륭하지 않은가?'" 자로가 종신토록 이것(시 구절)을
외우고자 하니, 자왈 "이런 도가 어찌 훌륭할 수 있겠는가?"

敝:해질폐  縕:솜옷온  袍:도포포/솜옷포  狐:여우호  貉:담비학  忮:해칠기
臧:착할장/훌륭할장  誦:외울송

## 문법(文法)적 해석

1) 衣敝縕袍, 與衣狐貉者立:해진 솜옷을 입고, 여우나 담비의 가죽
   으로 만든 옷을 입은 자와 함께 서 있어도
   - 衣(의):옷을 입다, 옷을 입히다/동사.
   - 敝縕袍(폐온포):敝(폐)는 해지다, 낡다. 縕袍(온포)은 솜옷.
     천한 사람들이 입는 낡은 옷을 말한다.
   - 與:~함께, ~와 더불어/전치사.
   - 狐貉(호학):狐는 여우, 貉은 담비. 여우와 담비의 털 가죽으로
     만든 옷. 귀한 사람들이 입는 값비싼 옷을 말한다.
   - 者:의존명사(불완전명사) 또는 특수 지시대명사로 앞 문장을
     취해서 명사구가 되며, '~하는 사람, ~하는 것'으로 해석한다.
2) 其由也與!:아마도 유일 것이다!
   - 其:아마도/추측을 나타내는 부사.
   - 由:공자보다 9세 아래의 제자로, 성은 중(仲)이고, 이름은 유(由)
     이며, 자는 자로(子路) 또는 계로(季路)이고, 노나라 사람으로 성격이

우직하고 용맹스러우며 정치에 재능이 있었고, 논어에서 가장 많이 등장하는 제자이다.

- 也與:~일 것이다/감탄, 긍정적인 추측의 어기를 나타내는 종결사이다.

3) 不忮不求, 何用不臧?:〈남을〉 해치지도 않고 〈남의 것을〉 탐하지도 않으니, 어찌하여 훌륭하지 않은가?

- 시경(詩經), 패풍(邶風), 웅치(雄雉)의 마지막 시 구절로써 멀리 떠난 남편을 아내가 안타까워 부른 노래이다. 공자께서 이 구절을 인용하여 자로(子路)를 찬미한 것이다.
- 何用(하용):어찌하여/用은 以와 같이 동작이나 행위가 발생하는 원인을 나타내는 전치사이며, 의문사가 전치사 앞으로 도치된 것이며, 何以와 같다.
- 臧(장):착하다, 선하다, 좋다, 훌륭하다.

4) 子路終身誦之:자로가 종신토록 이것(시 구절)을 외우고자 하니,

- 終身(종신):평생, 늘, 항상.
- 誦(송):외우다, 암송(暗誦)하다, 읊다.

5) 是道也, 何足以臧?:이런 도가 어찌 훌륭할 수 있겠는가?

- 也:~가(이), ~은(는)/주격 후치사.
- 足以(족이):~할 수 있다, ~에 충분하다, 충분히~하다/가능 보조사.


공자께서 제자 자로子路에게 칭찬을 하면不忮不求, 何用不臧
자로子路는 항상 앞서 간다. 그래서 꼭 한 마디씩 듣는다.
스승님과 나이가 9살 차이인 자로子路님이
가끔씩은 애처롭게 느껴지는 것은 무엇 때문일까?

## 9.子罕篇.27章

# 子曰 "歲寒, 然後知松栢之後彫也."

자왈 "세한, 연후지송백지후조야."

자왈 "한 해(날씨)가 추워진 연후에 소나무와 측백(잣)나무가
뒤에 시든다는 것을 안다."

**歲**:해세/세월세 **寒**:찰한 **栢**:측백나무백/잣나무백 **彫**:새길조/시들조

## 문법(文法)적 해석

1) 歲(세):(한) 해, 시일, 세월(歲月), 광음, 나이, 연령.
   歲寒(세한):한 해가 추워지다. 즉 날씨가 추워지다.
2) 然後知松栢之後彫也:연후에 소나무와 측백(잣)나무가 뒤에
   시든다는 것을 안다.
   - 然後(연후):~연후에, ~뒤에/순접의 접속사.
   - 知:뒤 문장 전체를 목적절로 취한다.
   - 之:~가, ~이/주격 후치사.
   - 後:~뒤에/後처럼 방향, 위치를 나타낼 경우, 동사 앞에 와서
     부사로 쓰인다. 東, 西, 南, 北, 上, 下, 左, 右, 前, 後, 內, 外, 遠,
     近 등이 있다.
   - 彫(조):시들다/凋(조)와 통한다.
3) 주희(朱熹)에 따르면 "범조우(范祖禹)는 '소인(小人)이 치세
   (治世)에 있어서는 혹 군자(君子)와 더불어 다르지 않고, 오직
   이해(利害)를 임하여 사변(事變)을 만난 연후에 군자(君子)의
   지킴을 볼 수 있다'"라고 하였다.


세한歲寒의 소나무松와 측백(잣)나무栢의 절개라.
불행 속에서도 송백松栢은 푸르름을 잃지 않구나.

"불행은 진정한 친구가 아닌 자를 가려준다." - 아리스토텔레스 -

## 9. 子罕篇. 28章

# 子曰 "知者不惑, 仁者不憂, 勇者不懼."

자왈 "지자불혹, 인자불우, 용자불구."

자왈 "지혜로운 사람은 의혹되지(미혹되지) 않고,
인한 사람은 근심하지 않고, 용감한 사람은 두려워하지 않는다."

惑:의혹할혹/미혹할혹　懼:두려워할구

### 문법(文法)적 해석

1) 知者不惑:지혜로운 사람은 의혹되지(미혹되지) 않고,
   - 知(지):지혜, 智(지)와 통한다.
   - 者:의존명사(불완전명사) 또는 특수 지시대명사로 앞 문장을
     취해서 명사구가 되며, '~하는 사람, ~하는 것'으로 해석한다.
   - 惑(혹):미혹되다(시키다), 현혹되다(시키다).
2) 주희(朱熹)는 "(지혜의) 밝음이 이치를 밝힐 수 있으므로 의혹되지
   않고, 이치가 사사로움을 이길 수 있으므로 근심하지 않고, 기(氣)가
   도(道)와 의(義)에 짝할 수 있으므로 두려워하지 않는 것이다.
   이는 학문의 순서이다."라고 했다.
3) 이 문장은 14편. 헌문(憲問)편. 30장에 다시 나온다. 重出.


근심하지憂 않고, 미혹에惑 빠지지 않으며, 두려움이懼 없는
사람이 될 수 있을까?

## 9. 子罕篇. 29章

子曰 "可與共學, 未可與適道,
可與適道, 未可與立, 可與立, 未可與權."

자왈 "가여공학, 미가여적도, 가여적도, 미가여립, 가여립, 미가여권."

자왈 "더불어 함께 배울 수는 있어도, 함께 도에 나아갈 수
없으며, 함께 도에 나아갈 수는 있어도, 함께 설 수는 없으며,
함께 설 수는 있어도, 함께 권도(權道)를 행할 수는 없다(일의
경중을 저울질하여 처리할 수는 없다)."

適:맞을적/갈적　權:권세권/저울질할권

### 문법(文法)적 해석

1) 可與共學, 未可與適道:더불어 함께 배울 수는 있어도, 함께 도에
   나아갈 수 없으며,
   - 可:~할 수 있다. 可以와 같다/가능 보조사.
   - 與:~와 더불어, 함께/전치사이며, 목적어는 생략 됨.
   - 共(공):함께, 공동으로/부사.
   - 未:아니다/부정 보조사.
   - 適(적):가다, 나아가다.
2) 可與立, 未可與權:함께 설 수는 있어도 함께 권도(權道)를 행할
   수는 없다(일의 경중을 저울질하여 처리할 수는 없다).
   - 立(립):서다/'함께 선다는 것'은 뜻을 독실히 하고 변하지 않는
     것을 말한다.
   - 權(권):저울, 즉 저울질하여 상황에 따라 경중을 헤아려 처리
     하는 것이다.

배우고學, 나아가고適, 서고立, 권도權를 행할 수 있어도
이 모든 것을 누구誰와 더불어 함께 할 수 있단 말인가?

## 9.子罕篇.30章

'唐棣之華, 偏其反而! 豈不爾思? 室是遠而!'
子曰 "未之思也, 夫何遠之有?"

'당체지화, 편기반이! 기불이사? 실시원이!' 자왈 "미지사야, 부하원지유?"

'산앵두나무 꽃이 나부끼면서 뒤집어지는구나(팔랑팔랑
나부끼네)! 어찌 너를 생각하지 않았겠는가? 〈마는〉 집이 멀구나!'
자왈 "생각하지 않는 것이지, 어찌 멂이 있겠는가?"

唐:당나라당 棣:산앵두나무체 華:빛날화/꽃화 偏:치우칠편/나부낄편

### 문법(文法)적 해석

1) 唐棣之華, 偏其反而!:산앵두나무 꽃이 나부끼면서
   뒤집어지는구나(팔랑팔랑 나부끼네)!
   - 네 구절의 시는 시경(詩經)에 보이지 않는 일시(逸詩)이다.
   - 唐棣之華(당체지화):唐棣(당체)는 산앵두나무이며,
     華(화)는 花와 통용되어 꽃을 뜻함.
   - 偏(편):팔랑팔랑 나부끼는 모습, 즉 편(翩)과 통한다.
   - 其:어기를 완만하게 해주며 해석하지 않는 어조사, 즉 후치사다.
   - 反(반):뒤집히다, 뒤집다, 즉 번(翻)과 통한다.
   - 而:~구나, ~한가/감탄의 어기를 나타내는 감탄 종결사다.
2) 豈不爾思? 室是遠而!:어찌 너를 생각하지 않았겠는가? 〈마는〉
   집이 멀구나!
   - 豈(기):어찌/의문 부사.
   - 爾思(이사):부정문에서 인칭 대명사가 목적어이므로 '思爾'가
     도치된 것이다.
   - 是:문장의 중간에 쓰여 해석하지 않으며, 어조사, 즉 후치사다.
   - 而:~구나, ~한가/감탄의 어기를 나타내는 감탄 종결사다.
3) 未之思也, 夫何遠之有?:생각하지 않는 것이지, 어찌 멂이
   있겠는가?
   - 未:아니다/부정 보조사.

- 之思(지사):부정문에서 대명사가 목적어이므로 '思之'가 도치된 것이다.
- 夫:문장의 첫머리에 쓰여 문장을 이끄는 어기를 나타내는데, 해석하지 않는다. 즉 발어사이다.
- 遠之有(원지유):'有遠'가 도치된 문장으로 보어(목적어)를 강조하기 위해 앞으로 도치시키고 후치사 '之'를 보어(목적어)와 술어 사이에 쓴 것이다.

생각思하지 않는 것이지, 어찌 멂遠이 있는가?
모든 것이 핑계일 뿐, 인이 멀리 있는가仁遠乎哉?

改繹貴

鄉
黨

10.
鄉
黨篇

17章

## 10.鄉黨篇. 1章

# 孔子於鄉黨, 恂恂如也, 似不能言者.
# 其在宗廟朝廷, 便便言, 唯謹爾.

공자어향당, 순순여야, 사불능언자. 기재종묘조정, 편편언, 유근이.

공자께서 향당(마을)에 계실 때에는, 성실하게 〈과묵하게〉
하시어, 말씀을 못하는 사람 같으셨다. 〈그러나〉 그가 종묘와
조정에 계실 때에는 분명하게 말씀을 잘하셨지만, 다만 삼가고
조심했을 뿐이었다.

恂:정성순/성실할순 似:같을사 宗:마루종/제사종 廟:사당묘 廷:조정정
便:편할편/말잘할편 謹:삼갈근

## 문법(文法)적 해석

1) 주희(朱熹)는 "옛 주석에는 모두 한 장(章)이었으나, 지금 나누어
   17절(節)로 되었다."고 했으며, 옮긴이도 이에 따라 17장(章)으로
   나누었다.
2) 孔子於鄉黨:공자께서 향당(마을)에 계실 때에는,
   - 於(어): ~에 있다(계시다), 존재하다/동사.
   - 鄉黨(향당):鄉은 12,500가구이고, 黨은 500가구이며,
     鄉黨은 '마을'을 의미한다.
3) 恂恂如也, 似不能言者:성실하게 〈과묵하게〉 하시어, 말씀을
   못하는 사람 같으셨다.
   - 恂恂(순순):성실하면서 과묵하고 조심하는 모양, 공순하고
     유순한 모양.
   - 如:모양이나 상태를 나타내는 의태어로써 형용사 접미사.
   - 似(사):~와 같다, ~듯 하다/비교 형용사로써 '不能言者'의 문장은
     보어이다.
   - 者:의존명사(불완전명사) 또는 특수 지시대명사로 앞 문장를
     취해서 명사구가 되며, '~하는 사람, ~하는 것'으로 해석한다.

4) 便便言, 唯謹爾:분명하게 말씀을 잘하셨지만, 다만 삼가고
   조심했을 뿐이었다.
   - 便便(편편):분명하고 유창하게 말하는 모양으로써 '분명하게
     말하다, 또렷하게 말하다'로 해석한다.
   - 唯:다만, 단지, 오로지/부사.
   - 爾(이):~일 뿐이다, ~일 따름이다/제한과 한정의 어기를 나타
     내는 한정 종결사이다.
5) 주희(朱熹)는 "이 한 장(章)은 공자께서 향당(鄕黨)과 종묘(宗廟)
   와 조정(朝廷)에 계실 때의 말과 모양이 같지 않음을 적은 것이다."
   라고 하였다.


겸손과 과묵! 삼가와 조심!
공자께서는 상황에 따라 몸가짐을 다르게 하셨구나.
아마도 처세의 달인이셨구나.

## 10.鄕黨篇. 2章

# 朝, 與下大夫言, 侃侃如也, 與上大夫言,
# 誾誾如也. 君在, 踧踖如也, 與與如也.

조, 여하대부언, 간간여야, 여상대부언, 은은여야. 군재, 축적여야, 여여여야.

조정에서 하대부와 더불어 이야기할 때는 강직하셨고,
상대부와 더불어 이야기할 때는 온화하셨다.
임금이 계실 때는 공경하면서 삼가셨고, 위엄이 있으셨다."

侃:굳셀간/강직할간  誾:온화할은  踧:삼갈축  踖:밟을적/삼갈적

### 문법(文法)적 해석

1) 與下大夫言, 侃侃如也:하대부와 더불어 이야기할 때는 강직하셨고,
  - 與:~와 더불어, 함께/전치사.
  - 예기(禮記)에 제후의 상대부는 경(卿)이고, 그 이하의 대부(大夫)는
    하대부라고 했으며, 하대부는 다섯 사람이라고 기록되어 있다.
  - 侃侃(간간):굳세고 강직한 모양.
  - 如(여):모양이나 상태를 나타내는 의태어로써, 형용사 접미사.
2) 誾誾(은은):온화하고 화락(和樂)한 모양.
3) 君在, 踧踖如也, 與與如也:임금이 계실 때는 공경하면서도 삼가
    셨고, 위엄이 있으셨다.
  - 君在(군재):군주가 조회(朝會)를 볼 때이다.
  - 踧踖(축적):공경하면서도 삼가며 조심하는 모양.
  - 與與(여여):위엄이 있는(알맞은) 모양.
4) 주희(朱熹)는 "이 한 장(章)은 공자께서 조정에 계실 때에
    윗사람을 섬기고, 아랫사람을 대함에 같지 않음을 적은 것이다."
    라고 하였다.

윗사람에게는 온화하셨고, 아랫사람에게는 강직하셨지만
마음만은 똑같이 공경하고 삼가지 않았을까?

## 10.鄕黨篇. 3章

君召使擯, 色勃如也, 足躩如也.
揖所與立, 左右手, 衣前後, 襜如也.
趨進, 翼如也. 賓退, 必復命曰"賓不顧矣."

군소사빈, 색발여야, 족곽여야. 읍소여립, 좌우수, 의전후, 첨여야. 추진, 익여야.
빈퇴, 필복명왈 "빈불고의."

임금이 불러 손님을 접대하게 하면, 낯빛을 바로잡으시고,
발걸음을 바삐 하셨다(조심하셨다). 함께 서 있는 사람에게
읍할 때는, 손을 좌로 하고 우로 하셨는데, 옷자락이 앞뒤로
가지런하셨다. 빨리 걸어 나아가실 때에는, 새가 날개를 편
듯하셨다. 손님이 물러가면, 반드시 "손님이 돌아보지 않았습니다
(않고 잘 갔습니다)."라고 명을 고하셨다.

擯:손님맞는사신빈 勃:낯변할발/노할발 躩:바삐갈곽 揖:읍할읍 襜:가지런할첨
趨:달아날추/빨리갈추 翼:날개익 復:회복할복/고할복 顧:돌아볼고

## 문법(文法)적 해석

1) 君召使擯, 色勃如也, 足躩如也.:임금이 불러 손님을 접대하게
   하면, 낯빛을 바로잡으시고, 발걸음을 바삐 하셨다(조심하셨다).
   - 使:~에게 ~하게 하다/사동보조사. 간접목적어는 생략되었다고
     할 수 있다.
   - 擯(빈):손님을 맞이(접대)하다.
   - 勃如(발여):낯빛을 바로잡는 모양이다.
   - 如(여):모양이나 상태를 나타내는 의태어로써 형용사 접미사.
   - 躩如(곽여):발자국을 바삐 하면서 마음대로 떼지 못하고 조심하는
     모양이다.
2) 揖所與立, 左右手, 衣前後, 襜如也:함께 서 있는 사람에게 읍할 때는,
   손을 좌로 하고 우로 하셨는데, 옷자락이 앞뒤로 가지런하셨다.
   - 所與立:'함께 서 있는 사람'이란 함께 擯(빈)이 된 사람을 말한다.
   - 所:~사람(들), 바(것)/所+술어가 오며, 불완전명사(의존명사)

또는 특수 지시대명사로, 주어는 대체로 所앞에 온다.
- 襜如(첨여):옷이 가지런한 모양이다.
3) 趨進, 翼如也:빨리 걸어 나아가실 때에는, 새가 날개를 편 듯하셨다.
- 趨(추):(종종 걸음으로) 빨리 가다, 빨리(급히) 걷다.
- 翼如(익여):단정하고 아름다워, 새가 날개를 편 듯한 모양이다.
4) 賓退, 必復命曰 "賓不顧矣:손님이 물러가면, 반드시 "손님이 돌아
보지 않았습니다(않고 잘 갔습니다)."라고 명을 고하셨다.
復(복):고하다, 보고하다, 말하다.
5) 주희(朱熹)는 "이 한 장(章)은 공자께서 군주의 빈상(擯相)이 되었
을 때의 모양을 적은 것이다."라고 하였다.


어떤 일에서도 최선을 다하시는 모습翼如也,
역시 공자께서는 군자君子였습니다.

## 10.鄕黨篇. 4章

入公門, 鞠躬如也, 如不容. 立不中門, 行不履閾.
過位, 色勃如也, 足躩如也, 其言似不足者.
攝齊升堂, 鞠躬如也, 屛氣似不息者.
出降一等, 逞顏色, 怡怡如也.
沒階趨進, 翼如也. 復其位, 踧踖如也.

입공문, 국궁여야, 여불용. 립부중문, 행불리역. 과위, 색발여야, 족곽여야,
기언사부족자. 섭자승당, 국궁여야, 병기사불식자. 출강일등, 영안색, 이이여야.
몰계추진, 익여야. 복기위, 축적여야.

공문(궁궐 문)에 들어가실 때에는, 몸을 굽히시어, 용납하지
않은 듯(문이 작은 듯)하셨다. 서 있을 때에는 문 가운데 서지
않으셨고, 다니실 때는 문지방을 밟지 않으셨다. 〈임금의〉
자리를 지날 때에는, 낯빛을 바로잡으시고, 발걸음을 바삐 하셨고
(조심하셨고), 그 말씀은 부족한(잘 하지 못하는) 사람 같으셨다.
옷자락을 잡고 당(대청)에 오르실 때에는, 몸을 굽히시며, 숨을
죽이시어 숨을 쉬지 않는 사람 같으셨다. 나와서 한 계단을
내려서서는, 얼굴빛(얼굴의 긴장)을 풀고, 온화해 하셨다.
계단을 다 내려와서는 빨리 걸어 나아가시는데, 새가 날개를
편 듯하셨다. 자신의 자리에 돌아와서는 〈다시〉 삼가며
조심하셨다.

**鞠**:굽힐국 **躬**:몸궁 **履**:밟을리 **閾**:문지방역 **勃**:낯변할발/노할발 **躩**:바삐갈곽
**攝**:다스릴섭/잡을섭 **齊**:옷자락자 **升**:오를승 **屛**:병풍병/숨을죽일병 **降**:내릴강
**等**:무리등/계단등 **逞**:쾌할령(영)/풀령(영) **怡**:기쁠이/온화할이 **沒**:빠질몰/다할몰
**階**:섬돌계/계단계 **復**:회복할복/돌아올복 **踧**:삼갈축 **踖**:밟을적/삼갈적

## 문법(文法)적 해석

1) 入公門, 鞠躬如也, 如不容:공문(궁궐 문)에 들어가실 때에는,
   몸을 굽히시어, 용납하지 않은 듯(문이 작은 듯) 하셨다.
   - 公門(공문):궁궐의 큰 문.

- 鞠躬如(국궁여):몸을 굽히는 듯한 모양이며, 如는 형용사 접미사이다.
- 如不容:용납하지 않은 듯하다. 문이 작은 것을 염려하듯이
  공손하기를 지극히 하신 것이다. 如는~와 같다, ~듯 하다/비교
  형용사이다.

2) 立不中門:서 있을 때에는 문 가운데 서지 않으셨고,
- 中:가운데 있다, 중앙에 있다/동사.

3) 過位, 色勃如也, 足躩如也, 其言似不足者:〈임금의〉 자리를 지날
   때에는, 낯빛을 바로 잡으시고, 발걸음을 바삐하셨고(조심하셨고),
   그 말씀은 부족한(잘 하지 못하는) 사람 같으셨다.
- 過位(과위):位는 군주의 빈자리, 즉 비어 있는 임금의 자리
  앞을 지나다.
- 勃如(발여):낯빛을 바로 잡는 모양이다.
- 似(사):~와 같다, ~듯 하다/비교 형용사로 '不足者'는 보어이다.

4) 攝齊升堂:옷자락을 잡고 당(대청)에 오르실 때에는,
- 齊(자):옷자락, 옷의 아랫자락.

5) 屛(병):숨을 죽이다/동사.

6) 出降一等, 逞顔色, 怡怡如也:나와서 한 계단을 내려서서는,
   얼굴빛(얼굴의 긴장)을 풀고, 온화해 하셨다.
- 等(등):층계, 계단/명사.
- 逞(영):(안색 등)을 부드럽게 하다, 펴다.
- 怡怡(이이):온화한 모양, 기뻐하는 모양, 화목한 모양.
- 如:모양이나 상태를 나타내는 의태어로 형용사 접미사.

7) 翼如(익여):단정하고 아름다워, 새가 날개를 편 듯한 모양이다.

8) 復其位, 蹴踖如也:자신의 자리에 돌아와서는 〈다시〉 삼가며
   조심하셨다.
- 復(복):돌아오다(가다).
- 其位(기위):자신의 자리.

9) 주희(朱熹)는 "이 한 장(章)은 공자께서 조정(朝廷)에 계실 때의
   용모를 기록한 것이다."라고 하였다.


공자님의 일거수일투족一擧手一投足이 모두 예禮에 근거하고 있다.
진실로 예禮에 맞게 행동한다는 것은 참 힘들구나.

## 10.鄕黨篇. 5章

執圭, 鞠躬如也, 如不勝. 上如揖, 下如授.
勃如戰色, 足蹜蹜如有循. 享禮, 有容色.
私覿, 愉愉如也.

집규, 국궁여야, 여불승. 상여읍, 하여수. 발여전색, 족축축여유순.
향례, 유용색. 사적, 유유여야.

홀을 잡으실 때에는, 몸을 굽히시어, 이기지 못하는 듯이
하셨다. 위로는 읍할 때와 같게 하시고, 아래로는 〈물건을〉
줄 때와 같이 하셨다. 낯빛이 변하여 두려워하는 빛을 띠시는
듯이 하셨고, 발걸음은 종종걸음치면서 따르듯이(발뒤꿈치를
끄는 듯이) 하셨다. 예물을 제후에게 바칠 때에는 온화하고
부드러운 낯빛이 있으셨다(낯빛을 하셨다). 사사로이 만나볼
때에는 온화하고 즐거워하셨다.

圭:홀규 授:줄수 戰:두려워할전 蹜:종종걸음칠축 循:돌순/따를순
享:누릴향/잔치향 覿:볼적 愉:즐거울유

### 문법(文法)적 해석

1) 執圭, 鞠躬如也, 如不勝:홀을 잡으실 때에는, 몸을 굽히시어,
   이기지 못하는 듯이 하셨다.
   - 圭(규):옥으로 만든 홀(笏)로, 위가 둥글고 아래는 모가 나 있거나
     혹은 위쪽이 뾰족하고 아래가 모나 있다. 제후가 사신으로 보내는
     사람에게 주어서 증표로 삼게 한 것이다.
   - 如:~와 같다, ~듯 하다/비교 형용사로써 '不勝'은 보어이다.
   - 不勝(불승):군주의 기물(器物)을 잡음에 가벼운 것을 잡아도 이기지
     못하는 것처럼 하는 것이니, 공경하고 삼가함이 지극한 것이다.
2) 上如揖, 下如授:위로는 읍할 때와 같게 하시고, 아래로는 〈물건을〉
   줄 때와 같이 하셨다.
   - 上如揖:규를 잡을 때 높아도 읍(揖)할 때의 위치를 지나지 않는다.
   - 下如授:규를 잡을 때 낮아도 물건을 줄 때의 위치를 지나지 않는다.

3) 勃如戰色, 足躩躩如有循:낯빛이 변하여 두려워하는 빛을 띠시는
   듯이 하셨고, 발걸음은 종종걸음치면서 따르듯이(발뒤꿈치를
   끄는 듯이) 하셨다.
   - 戰色(전색):조심하여 얼굴빛이 두려워하는 것이다.
   - 躩躩(축축):발걸음을 좁게 떼어 종종걸음치며 걷는 것이다.
   - 如有循(여유순):발뒤꿈치를 끄는 듯이.
4) 享禮, 有容色:예물을 제후에게 바칠 때에는 온화하고 부드러운
   낯빛이 있으셨다(낯빛을 하셨다).
   - 享禮(향례):사신이 준비해 온 예물을 드리는 의식.
5) 私覿, 愉愉如也: 사사로이 만나볼 때에는 온화하고 즐거워하셨다.
   - 覿(적):보다, 뵙다, 만나다, 상견하다, 알현하다.
   - 愉愉(유유):얼굴을 부드럽게 하여 온화하고 즐거워하는 모양.
6) 주희(朱熹)는 "이 한 장(章)은 공자께서 군주를 위해 이웃나라에
   방문할 때의 예(禮)를 적은 것이다."라고 했다.


사신으로서 다른 나라 군주에 대한 예(禮)를 볼 수 있구나.
그런데 공자께서 사신으로 다른 나라에 가셨던 적이 있었던가?

몸을 굽히시어, 이기지 못하는 듯이,
위로는 읍할 때와 같이,
아래로는 〈물건을〉 줄 때와 같이...

## 10.鄕黨篇. 6章

君子不以紺緅飾, 紅紫不以爲藝服. 當暑袗絺綌,
必表而出之. 緇衣羔裘, 素衣麑裘, 黃衣狐裘.
藝裘長, 短右袂. 必有寢衣, 長一身有半.
狐貉之厚以居. 去喪無所不佩. 非帷裳必殺之.
羔裘玄冠不以弔. 吉月必朝服而朝.

군자불이감추식, 홍자불이위설복. 당서진치격, 필표이출지. 치의고구, 소의예구, 황의호구.
설구장, 단우몌. 필유침의, 장일신유반. 호학지후이거. 거상무소불패. 비유상필쇄지.
고구현관불이조. 길월필조복이조.

군자는 감색과 주홍색으로 꾸미지 않으시며(옷깃을 달지 않으
시며), 붉은색과 자주색으로 평상복을 만들지 않으셨다.
더위를 당하시어 가는 갈포와 굵은 갈포로 만든 홑옷을,
반드시 겉에 입고 외출하셨다. 검은 옷에는 검은 염소 가죽
갖옷을 입고, 흰 옷에는 흰 사슴 새끼 가죽 갖옷을 입고, 누런
옷에는 누런 여우 가죽 갖옷을 입으셨다. 평상시에 입는 갖옷은
길게 하되, 오른쪽 소매를 짧게 하셨다. 반드시 잠옷이 있으셨는데,
길이가 한 길하고 또 반이었다. 여우와 담비의 두터움(두터운
털가죽)으로 거처하셨다. 탈상하고는 〈패물을〉 차지 않는 것이
없으셨다. 조복이나 제복이 아니면 반드시 〈폭을〉 줄으셨다.
염소 가죽 갖옷과 검은 관을 쓰고는 조문하지 않으셨다.
매월 초하루에는 반드시 조복을 입고 조회하셨다.

紺:감색감 緅:검붉을추 飾:꾸밀식/선두를식 紫:자줏빛자 藝:평상복설 袗:홑옷진
絺:가는갈포치 綌:굵은갈포격 緇:검을치 羔:새끼양고 裘:갖옷구 麑:사슴새끼예
狐:여우호 袂:소매몌 寢:잠잘침 貉:담비학 佩:찰패 帷:휘장유 裳:치마상
殺:죽일살/줄일쇄 冠:갓관 弔:조문할조 吉:초하루길

## 문법(文法)적 해석

1) 君子不以紺緅飾:군자는 감색과 주홍색으로 꾸미지 않으시며
   (옷깃을 달지 않으시며),

- 君子:공자(孔子)를 말한다.
- 以:~로써/수단, 방법을 나타내는 전치사.
- 紺緅(감추):紺은 감색으로 재계할 때 입는 옷의 색이며, 緅은
  주홍색으로 상복에 쓰는 색이었으므로 평상복에 쓰지 않았다.
- 飾(식):꾸미다, 장식하다, 옷깃을 달다.
2) 紅紫不以爲褻服:붉은색과 자주색으로 평상복을 만들지 않으셨다.
- 以:'紅紫'을 가리키는 지시대명사 '之'가 생략되었으며,
  以다음에 之등의 대명사가 오는 경우는 생략할 수 있다.
- 爲:'爲+명사'는 '~하다'로 해석하며, 목적어의 성격에 따라
  그 뜻을 적절하게 해석할 수 있다. '爲褻服'는 평상복을 만들다.
- 褻服(설복):평소에 입는 옷, 평상복.
- 홍색(紅色)과 자색(紫色)은 간색(間色)이니 바르지 않고,
  또 부인과 여자의 옷 색깔에 가깝다.
3) 當暑袗絺綌, 必表而出之:더위를 당하시어 가는 갈포와 굵은
  갈포로 만든 홑옷을, 반드시 겉에 입고 외출하셨다.
- 當暑(당서):더위를 당하다.
- 袗絺綌(진치격):袗는 홑옷, 絺는고운 갈포, 綌은 굵은 갈포.
- 表(표):겉에 입다/동사.
4) 緇衣羔裘, 素衣麑裘, 黃衣狐裘:검은 옷에는 검은 염소 가죽
  갓옷을 입고, 흰 옷에는 흰 사슴 새끼 가죽 갓옷을 입고, 누런
  옷에는 누런 여우 가죽 갓옷을 입으셨다.
- 羔裘(고구):검은 염소의 털가죽을 사용하여 만든 옷이다.
- 麑裘(예구):새끼 사슴의 털가죽을 사용하여 만든 옷이다.
- 狐裘(호구):여우의 털가죽을 사용하여 만든 옷이다.
5) 褻裘長, 短右袂:평상시에 입는 갓옷은 길게 하되, 오른쪽 소매를
  짧게 하셨다.
- 褻裘長(설구장):평상시에 입는 갓옷을 길게 한 것은 따뜻하게 하기
  위해서다.
- 短右袂(단우메):오른쪽 소매를 짧게 한 것은 일하는 데 편하게 하기
  위해서다.
6) 長一身有半:길이가 한 길하고 또 반이었다.
- 有:수와 수 사이에 쓰여지는 접속사로써, 우(又)의 용법과 같다.
7) 狐貉之厚以居:여우와 담비의 두터움(두터운 털가죽)으로 거처하셨다.

- 以:~로써/전치사로 사용되어 도치되었다고 할 수 있다.
- 居(거):거처하다, 머물다.
8) 非帷裳必殺之:조복이나 제복이 아니면 반드시 〈폭을〉 줄으셨다.
  - 非:바로 뒤에 어떤 대상을 명사어로 설정하여 부정하기도 하고,
    또는 '~아니면' 처럼 부정적인 조건을 나타낼 때 쓰기도 한다.
  - 帷裳(유상):조정에 나갈 때 입는 조복(朝服)이나 제사를 지낼 때
    입는 제복(祭服) 등의 예복을 말한다.
  - 殺(쇄):(폭을) 줄이다, 덜다.
9) 羔裘玄冠不以弔:염소 가죽 갓옷과 검은 관을 쓰고는 조문하지
    않으셨다.
  - 以:'羔裘玄冠'을 가리키는 지시대명사 '之'가 생략되었으며,
    以다음에 之등의 대명사가 오는 경우는 생략할 수 있다.
  - 弔(조):조문하다, 위문하다, 조상하다.
10) 吉月(길월):음력 매월 초하루이며, 정월 초하루라는 설도 있다.
11) 주희(朱熹)는 "이 한 장(章)은 공자의 의복(衣服)의 법도(制)를
    적은 것이다."라고 하였다.


공자님의 옷衣에 대한 감각. 예禮를 입으셨구나.
의복衣服의 법도라!

衣
예禮를 입는다
공자: BC 551 ~ 479

## 10.鄕黨篇. 7章

# 齊必有明衣, 布. 齊必變食, 居必遷坐.

재필유명의, 포. 재필변식, 거필천좌.

재계하실 때에는 반드시 밝은(깨끗한) 옷이 있으셨니, 삼베(로
만들었다)였다. 재계하실 때에는 반드시 음식을 바꾸셨고,
거처도 반드시 자리를 옮기셨다.

齊:재계할재　布:베포　遷:옮길천　坐:앉을좌/자리좌

### 문법(文法)적 해석

1) 齊必有明衣, 布:재계하실 때에는 반드시 밝은(깨끗한) 옷이
　　있으셨니, 삼베(로 만들었다)였다.
　- 齊(재):재계(齋戒)하다. 재계할 때에는 반드시 목욕을 하고 명의
　　(明衣)를 입는다. 이는 몸을 청결하게 하는 것이다.
　　'齋'와 같은 뜻이다.
　- 布(포):삼베 또는 칡베.
2) 變食(변식):음식을 바꾸다. 음식은 평소와 달리 술을 마시지
　　않고 마늘을 먹지 않음을 말한다.
3) 遷坐(천좌):자리를 옮기다. 평상시에 거처하던 곳을
　　바꾸는 것이다.
4) 주희(朱熹)는 "이 한 장(章)은 공자께서 재계에 삼가신 일을
　　적은 것이다."라고 하였다.

재계齋할 때에는
몸과 마음의 깨끗함, 경건, 그리고 삼가고 조심함이구나.

## 10.鄕黨篇. 8章

食不厭精, 膾不厭細. 食饐而餲, 魚餒而肉敗, 不食.
色惡不食, 臭惡不食. 失飪不食, 不時不食.
割不正不食, 不得其醬不食. 肉雖多, 不使勝食氣.
唯酒無量, 不及亂. 沽酒市脯不食. 不撤薑食, 不多食.
祭於公, 不宿肉. 祭肉不出三日, 出三日, 不食之矣.
食不語, 寢不言. 雖疏食菜羹, 瓜祭, 必齊如也.

사불염정, 회불염세. 사의이애, 어뇌이육패, 불식. 색악불식, 취악불식. 실임불식, 불시불식.
할부정불식, 부득기장불식. 육수다, 불사승기. 유주무량, 불급란. 고주시포불식. 불철강식, 부다식.
제어공, 불숙육. 제육불출삼일, 출삼일, 불식지의. 식불어, 침불언. 수소사채갱, 과제, 필재여야.

밥은 곱게 찧은 쌀을 싫어하지 않으셨고, 회는 가늘게 썬 것을
싫어하지 않으셨다. 밥이 쉬어 상한 것과, 생선이 썩었고 고기가
썩은 것은 먹지 않으셨다. 빛깔이 나쁜 것은 먹지 않으셨고, 냄새가
나쁜 것도 먹지 않으셨다. 익힘을 잃은 것은(잘못 익힌 것은) 먹지
않으셨고, 때가 아닌 것(제철이 아닌 음식)도 먹지 않으셨다.
자른 것이 바르지 않으면 먹지 않으셨고, 그 장을(음식에 알맞는
장을) 얻지 못하면 먹지 않으셨다. 고기가 비록 많아도 밥 기운을
이기게 하지 않으셨다. 오직 술만이 양이 없었으나 어지러움에
이르지 않으셨다. 〈시장에서〉 산 술과 사 온 포는 먹지 않으셨다.
생강 먹는 것을 거두지 않으셨나, 많이 먹지 않으셨다. 나라에서
제사 지낼 때에 〈받은〉 고기는 〈밤을〉 묵히지 않으셨다. 〈집에서〉
제사 지낸 고기도 3일을 넘기지 않으셨고, 3일을 넘기면, 먹지
않으셨다. 식사를 하실 때에 이야기를 하지 않으셨고, 잠잘 때에
말씀이 없으셨다. 비록 거친 밥과 나물국일지라도, 〈반드시〉
고수레를 하셨으며, 반드시 엄숙하고 삼가하셨다.

食:밥사 厭:싫어할염 精:정할정/곱게찧을정 膾:회회 細:가늘세 饐:밥쉴의(애)
餲:밥쉴애 餒:주릴뇌/썩을뇌 敗:패할패/썩을패 臭:냄새취 飪:익힐임 割:벨할
醬:장장 量:헤아릴량(양)/분량양 沽:팔고/살고 市:저자시/살시 脯:포포 撤:거둘철

薑:생강강 宿:잘숙/묵일숙 疏:소통할소/거칠소 菜:나물채 羹:국갱 瓜:오이과
祭:제사제/고수레제 齊:엄숙할재/삼가할재

## 문법(文法)적 해석

1) 食不厭精, 膾不厭細:밥은 곱게 찧은 쌀을 싫어하지 않으셨고,
   회는 가늘게 썬 것을 싫어하지 않으셨다.
   - 食(사):밥/동사로써 '먹이다', 명사로써 '밥, 곡식을 익힌 음식'일
     때에는 '사'로 읽는다.
   - 精(정):곱게 찧은 쌀, 정제한 쌀, 정미, 백미.
   - 細(세):가늘다.
2) 食饐而餲, 魚餒而肉敗, 不食:밥이 쉬여 상한 것과, 생선이 썩었고
   고기가 썩은 것은 먹지 않으셨다.
   - 饐而餲(의이애):밥이 쉬여 상한 것, 밥맛이 변한 것.
   - 餒(뇌):(생선) 썩다, 부패하다.
   - 敗(패):(고기) 썩다, 부패하다, 상하다.
3) 失飪不食, 不時不食:익힘을 잃은 것은(잘못 익힌 것은) 먹지
   않으셨고, 때가 아닌 것(제철이 아닌 음식)도 먹지 않으셨다.
   - 失飪(실임):익히는 데 실패한 것, 즉 잘못 잊힌 것.
   - 不時(불시):제철의 산물이 아닌 것이나 오곡이 여물지 않은 것과
     과일이 덜 익은 것을 말한다.
4) 割不正不食, 不得其醬不食:자른 것이 바르지 않으면 먹지 않으셨고,
   그 장을(음식에 알맞은 장을) 얻지 못하면 먹지 않으셨다.
   - 앞 절 (조건절) 부정, 뒤 절 (결과절) 부정의 형태로, '~ 하지
     않으면, ~ 하지 않는다.'로 해석한다.
   - 割不正(할부정):자른 것이 반듯하지 않는 것,
   - 得其醬(득기장):간이 제대로 들은 것.
5) 肉雖多, 不使勝食氣:고기가 비록 많아도 밥 기운을 이기게 하지
   않으셨다.
   - 雖:비록~ 할지라도/가정, 조건, 양보의 부사. 주어는 雖앞에
     쓰는 것이 일반적이다.
   - 使:~에게 ~하게 하다/사동보조사. 간접목적어 '肉'이 생략 되었다.
6) 沽酒市脯不食:〈시장에서〉 산 술과 사 온 포는 먹지 않으셨다

- 沽(고):사다, 팔다, 매매하다.
- 市(시):사다, 팔다.
- 脯(포):(육)포, 말린 고기.

7) 食不語, 寢不言:식사를 하실 때에 이야기를 하지 않으셨고, 잠잘 때에 말씀이 없으셨다.
- 語, 言:대답하거나 이야기하는 것을 '語'라 하고, 스스로 말하는 것을 '言'이라 한다.

8) 瓜祭, 必齊如也:〈반드시〉 고수레를 하셨으며, 반드시 엄숙하고 삼가하셨다.
- 瓜祭(과제):노논어(魯論語)에는 '瓜'자가 '必'로 되어 있으며, '祭'는 음식을 먹기 전에 모든 종류의 음식을 조금씩 덜어내어 조상에게 바친 것을 말하는데 즉 고수레를 하는 것을 의미한다.
- 齊如(재여):엄숙하고 삼가하는 모양, 如는 형용사 접미사.

9) 주희(朱熹)는 "이 한 장(章)은 공자의 음식의 예절(禮節)을 적은 것이다."라고 하였다.

공자님의 음식에 대한 철학, 정말로 이렇게 하셨을까?
특히 술에는 양이 없다고唯酒無量?
마셔도 마셔도 어지러움에 이르지 않았다不及亂?
그리고 술 때문에 곤란함을 겪지 않았다不爲酒困?

食 | 唯酒無量
不及亂
孔子非人也?

## 10.鄕黨篇. 9章

# 席不正, 不坐.

석부정, 부좌.

자리가 바르지 않으면, 앉지 않으셨다.

席:자리석

## 문법(文法)적 해석

1) 席不正, 不坐.:자리가 바르지 않으면, 앉지 않으셨다.
   - 앞 절(조건절) 부정, 뒤 절(결과절) 부정의 형태로, '~ 하지 않으면, ~ 하지 않는다.'로 해석한다.
2) 주희(朱熹)에 따르면 "사량좌(謝良佐)는 '성인은 마음이 바른 것에 편안히 여긴다. 그러므로 자리에 바르지 않는 것은 비록 작더라도 거처하지 않는다.' "라고 하였다.


공자께서는 자리席가 바르지 않으면不正 앉지도 거처하지도 않으셨구나.

글자 수가 다섯 자.
논어에서 글자 수('子曰'까지 포함해서..)가 가장 짧은 문장이다.
속담에 "풀 베기 싫어하는 놈이 단 수만 센다"더니,
나를 두고 하는 말이구나.

## 10.鄕黨篇.10章

# 鄕人飮酒, 杖者出, 斯出矣.
# 鄕人儺, 朝服而立於阼階.

향인음주, 장자출, 사출의. 향인나, 조복이립어계.

마을 사람들이(과) 술을 마실 때에, 지팡이를 짚은 노인이
나가면 〈그제야〉 나가셨다. 마을 사람들이 〈역귀를 쫓는〉
나래를 행할 때에, 조복을 입고 동쪽 층계에 서 계셨다.

杖:지팡이장 儺:굿할나 阼:동편층계조 階:섬돌계/층계계

## 문법(文法)적 해석

1) 杖者出, 斯出矣.:지팡이를 짚은 노인이 나가면 〈그제야〉 나가셨다.
   - 60세가 되면 향당(鄕黨)에서 지팡이를 짚는다. 노인이 나가기
     전에는 감히 먼저 나가지 않으시고, 이미 나가면 뒤에 남아 있지
     않으신 것이다. 예기(禮記)에 따르면 "50세에는 집안에서 지팡이를
     짚고, 60세에는 향당에서 지팡이를 짚고, 70세에는 국도(國都)에서
     지팡이를 짚고, 80세에는 조정에서 지팡이를 짚는다."라고 했다.
   - 杖者(장자):지팡이를 짚을 만큼 나이가 많은 사람, 즉 노인이다.
   - 斯(사):~면/가정, 조건의 접속사.
2) 儺(나):역귀(疫鬼)를 쫓던 의식으로써, 음력 섣달그믐에 행해
   졌으며, 일종의 굿의 일종이다.
3) 朝服而立於阼階:조복을 입고 동쪽 층계에 서 계셨다.
   - 於:~에/보어와 목적어 앞에 위치하며, 처소, 장소의 전치사이다.
   - 阼階(조계):동쪽 섬돌(계단).
4) 주희(朱熹)는 "이 한 장(章)은 공자께서 향당(鄕黨)에 거처하실
   때의 일을 적은 것이다."라고 하였다.

공자께서는 언제, 어디서나 그리고 누구에게나 일관된 모습으로
예禮를 실천하셨구나.

## 10.鄕黨篇.11章

問人於他邦, 再拜而送之.
康子饋藥, 拜而受之, 曰 "丘未達, 不敢嘗."

문인어타방, 재배이송지.
강자궤약, 배이수지, 왈 "구미달, 불감상."

다른 나라에 사람을 보내어 〈안부를〉 물으실 때에, 두 번
절하고 보내셨다. 계강자가 약을 보내오자, 절하고 받으시고
말씀하셨다. "나는 〈약의 성분을〉 알지 못하기 때문에,
감히 맛보지 못하겠습니다."

他:다를타  拜:절배  送:보낼송  饋:보낼궤  藥:약약  嘗:맛볼상

### 문법(文法)적 해석

1) 問人:사람을 보내어 안부를 묻다.
2) 再拜而送之:두 번 절하고 보내셨다.
  - 주희(朱熹)는 "사자(使者)에게 절하고 보내어 친히 만나보는
    것처럼 하신 것은 공경하신 것이다."라고 하였다.
3) 康子饋藥:계강자가 약을 보내오자,
  - 康子(강자):노(魯)나라의 대부인 계손비(季孫肥)로 당시 노나라의
    실권을 쥔 삼환 중에 한 가문의 사람이다. 康(강)은 그의 시호이다.
  - 饋(궤):음식이나 물건 따위를 보내다.
4) 丘未達, 不敢嘗:나는 〈약의 성분을〉 알지 못하기 때문에, 감히
    맛보지 못하겠습니다.
  - 達(달):통달하다, 능숙하다.
  - 嘗(상):(음식을)맛보다, 먹어 보다, 경험하다.
5) 주희(朱熹)는 "이 한 장(章)은 공자께서 남들과 더불어 사귈
    때의 성의(誠意)를 적은 것이다."라고 하였다

두 번 절再拜이라. 공자님의 예禮를 누가 흉내라도 낼 수 있으랴?

## 10.鄕黨篇.12章

# 廐焚, 子退朝, 曰 "傷人乎?" 不問馬.

구분, 자퇴조, 왈 "상인호?" 불문마.

마구간이 불탔는데, 공자께서 조정에서 물러나서(퇴조하시여),
"사람이 다쳤는냐?"라고 하시고, 말을(말에 대해서) 묻지
않으셨다.

**廐**:마구간구 **焚**:불사를분 **傷**:다칠상

### 문법(文法)적 해석

1) 廐焚:마구간이 불탔는데,
   - 廐(구):마구간.
   - 焚(분):불이 나다, 불사르다.
2) 傷人乎? 不問馬:사람이 다쳤느냐? 라고 하시고,
   말을(말에 대해서) 묻지 않으셨다.
   - 傷(상):다치다, 상하다, 상처를 입히다.
   - 乎:의문의 어기를 나타내는 의문 종결사.
   - 주희(朱熹)는 "공자께서 사람을 귀하게 여기고 가축을 천하게
     여김이 이치가 마땅히 이와 같았다."라고 하였다.


사람이 다쳤느냐傷人乎?
공자님의 인간 생명 존중 사상을 볼 수 있구나.

## 10.鄕黨篇.13章

君賜食, 必正席先嘗之. 君賜腥, 必熟而薦之.
君賜生, 必畜之. 侍食於君, 君祭先飯.
疾, 君視之, 東首, 加朝服拖紳.
君命召, 不俟駕行矣. 入太廟, 每事問.

군사식, 필정석선상지. 군사성, 필숙이천지. 군사생, 필휵지. 시식어군, 군제선반.
질, 군시지, 동수, 가조복타신. 군명소, 불사가행의. 입태묘, 매사문.

임금이 음식을 주시면(하사하시면), 반드시 자리를 바로
하고서 먼저 맛보셨다. 임금이 날고기를 주시면, 반드시
익혀서 〈조상께〉 올리셨다. 임금이 산 것을 주시면, 반드시
기르셨다. 임금을 모시고 식사를 할 때에 임금이 고수레를
하시면 먼저 밥을 드셨다. 병이 났을 때, 임금이 문병을 오시면,
머리를 동쪽으로 두고, 〈누워〉 조복을 가하여(덮은 뒤)
띠를 〈그 위에〉 펼쳐 놓으셨다. 임금이 명하여 부르시면,
수레에 멍에 하기를 기다리지 않고 〈바로 걸어서〉 가셨다.
태묘에 들어가서서는 모든 일을 물으셨다.

賜:줄사  腥:날고기성  熟:익을숙  薦:올릴천  畜:기를휵  侍:모실시  飯:먹을반
拖:끌타  紳:큰띠신  俟:기다릴사  駕:멍에가  廟:사당묘

### 문법(文法)적 해석

1) 君賜腥, 必熟而薦之:임금이 날고기를 주시면, 반드시 익혀서
　〈조상께〉 올리셨다.
 - 腥(성):날고기, 생고기.
 - 薦(천):올리다, 권하다, 바치다.
2) 君賜生, 必畜之:임금이 산 것을 주시면, 반드시 기르셨다.
 - 生:산 짐승.
 - 畜(휵):기르다, 양육(養育)하다.
3) 君祭先飯:임금이 고수레를 하시면 먼저 밥을 드셨다.
 - 祭(제):음식을 먹기 전에 모든 종류의 음식을 조금씩 덜어내어

조상에게 바친 것을 말하는데 즉 고수레를 하는 것을 의미한다.

- 飯(반):임금을 위해서 먼저 시식하며 먹는다.

4) 東首, 加朝服拖紳:머리를 동쪽으로 두시고, 〈누워〉 조복을 가하여 (덮은 뒤) 띠를 〈그 위에〉 펼쳐 놓으셨다.

- 東(동):동쪽으로 향하다(두다)/동사. '東首'는 머리를 동쪽으로 두는 것으로 생기(生氣)를 받기 위해서이다.

- 加朝服拖紳:병들어 누워 있을 적에 옷을 입고 띠를 맬 수 없으므로, 예복과 혁대를 덮어 놓는 것이다.

5) 不俟駕行矣:수레에 멍에 하기를 기다리지 않고 〈바로 걸어서〉 가셨다.

- 俟(사):기다리다, 기대하다.

- 駕(가):멍에를 메다(하다).

- 지체 없이 달려 나가면 멍에를 한 수레가 따라오는 것이다.

6) 入太廟, 每事問:태묘에 들어가셔서는 모든 일을 물으셨다.

- 중출(重出). 3편 팔일(八佾)편. 15장에 나왔다.

- 入:~에 들어가다.

- 太廟(태묘):노(魯)나라 시조인 주공(周公)의 사당이다.

- 每事問(매사문):모든 일을 물으셨다/목적어를 강조하기 위해 도치된 것으로 每는 대명사로써 매, 모든 등으로 해석한다.

7) 주희(朱熹)는 "이 한 장(章)은 공자께서 군주를 섬기는 예(禮)를 적은 것이다."라고 하였다.


공자께서 임금님君을 예禮로써 섬겼던 모습들이 눈에 선하게 그려집니다.

## 10.鄕黨篇.14章

### 朋友死, 無所歸, 曰 "於我殯."
### 朋友之饋, 雖車馬, 非祭肉, 不拜.

붕우사, 무소귀, 왈 "어아빈." 붕우지궤, 수거마, 비제육, 불배

벗이 죽었는데, 돌아갈(의탁할) 곳이 없으면, "나(내 집)에게
빈소를 차려라."라고 하셨다. 벗이 선물을 보냈는데, 비록 수레와
말이라도 제사 지낸 고기가 아니면 절하지 않으셨다.

**歸**:돌아갈귀/의탁할귀 **殯**:빈소빈 **饋**:보낼궤 **拜**:절배

### 문법(文法)적 해석

1) 無所歸, 曰 "於我殯:돌아갈(의탁할) 곳이 없으면, "나(내 집)에게
   빈소를 차려라."라고 하셨다.
   - 歸(귀):돌아가다, 의탁(依託)하다.
   - 於我:보어로써 강조하기 위해 문장 앞으로 도치된 것이다.
   - 殯(빈):빈소를 차리다.
2) 朋友之饋, 雖車馬:벗이 선물을 보냈는데, 비록 수레와 말이라도,
   - 之:~가(이), ~은(는)/주격 후치사.
   - 饋(궤):음식이나 물건 따위를 보내다.
   - 雖(수):비록~ 할(일)지라도/조건, 양보의 부사.
3) 非祭肉, 不拜:제사 지낸 고기가 아니면 절하지 않으셨다.
   - 非:바로 뒤에 어떤 대상을 명사어로 설정하여 부정하기도 하고,
     또는 '~아니면' 처럼 부정적인 조건을 나타낼 때 쓰기도 한다.
4) 주희(朱熹)는 "이 한 장(章)은 공자의 붕우(朋友)를 사귀는
   의(義)를 적은 것이다."라고 했다.


친구朋友를 사귀는 도리道. 지란지교芝蘭之交, 지초와 난초라는
향기로운 꽃의 어울림, 사귐이구나.

## 10.鄕黨篇.15章

寢不尸, 居不容. 見齊衰者, 雖狎, 必變.
見冕者與瞽者, 雖褻, 必以貌.
凶服者式之, 式負版者. 有盛饌, 必變色而作.
迅雷風烈, 必變.

침불시, 거불용. 견자최자, 수압, 필변. 견면자여고자, 수설, 필이모.
흉복자식지, 식부판자. 유성찬, 필변색이작. 신뢰풍렬, 필변.

잠잘 때에는 시체처럼 하지 않으셨고, 집에 거처할 때에는
모양을 내지 않으셨다. 상복 입은 자를 보시면 비록 친한 사이라
할지라도 반드시 〈낯빛이〉 변하셨다. 관을 쓴(예복을 입은)
사람과 장님을 보시면 비록 가까운 사이라 할지라도 반드시
예모(예절에 맞는 몸가짐)를 하셨다. 상복을 입은 자에게
경의를 표하셨고, 〈나라의〉 지도와 호적을 짊어진 자에게
경의를 표하셨다. 훌륭한 음식이 있으면 반드시 낯빛을 고치고
(바로 잡고) 일어나셨다. 빠른 우레와 바람이 맹렬하면 반드시
〈낯빛이〉 변하셨다.

寢:잠잘침 尸:시체시 容:모양낼용 齊:상복자 衰:상복최 狎:친압할압 冕:면류관면
瞽:봉사고 褻:평상복설/친압할설 貌:모양모/예모모 式:법식/경례할식 負:질부
版:나무판자판/호적부판 盛:성할성 饌:음식찬 迅:빠를신 雷:우레뢰 烈:매울렬

## 문법(文法)적 해석

1) 寢不尸, 居不容:잠잘 때에는 시체처럼 하지 않으셨고,
   집에 거처할 때에는 모양을 내지 않으셨다.
   - 尸(시):시체(屍體)처럼 누워 있다. 누워서 죽은 사람과 같음을
     말한다.
   - 容(용):모양을 내다, 치장하다, 몸을 꾸미다.
2) 狎(압):익숙하다, 친압하다, 지날칠 정도로 가깝다.
3) 褻(설):가깝다, 친근하다.
4) 必以貌:반드시 예모(예절에 맞는 몸가짐)를 하셨다.

- 以:~하다, 행하다/동사.
- 貌(모):예모(禮貌), 예의, 즉 예절에 맞는 몸가짐.

5) 凶服者式之, 式負版者:상복을 입은 자에게 경의를 표하셨고, 〈나라의〉 지도와 호적을 짊어진 자에게 경의를 표하셨다.
- 式(식):수레 앞에 가로로 댄 나무이며, 머리를 숙여 경의를 표하다, 예의를 표하다.
- 之:목적어 '凶服者'를 강조하기 위해 앞에 제시하고, 그 자리에 대명사 '之'를 사용한 것이다.
- 負(부):(등에) 짊어지다, (책임을) 지다.
- 版(판):나라의 지도나 호적(戶籍)을 말한다.

6) 有盛饌, 必變色而作:훌륭한 음식이 있으면 반드시 낯빛을 고치고 (바로 잡고) 일어나셨다.
- 盛饌(성찬):풍성하게 차린 훌륭한 음식.
- 作(작):일어나다. 주희(朱熹)는 "일어난 것은 주인의 예(禮)를 공경한 것이지, 그 성찬(盛饌) 때문이 아니다."라고 하였다.

7) 迅雷風烈, 必變:빠른 우레와 바람이 맹렬하면 반드시 〈낯빛이〉 변하셨다.
- 迅(신):빠르다, 신속하다.
- 烈(렬):맹렬하다, 대단하다, 강하다.
- 주희(朱熹)에 따르면 "반드시 낯빛이 변하신 것은 하늘의 노(怒)함에 공경하신 까닭이다"라고 하였다.

8) 주희(朱熹)는 "이 한 장(章)은 공자의 용모(容貌)의 변하심을 적은 것이다."라고 하였다.


비록 가깝고 친한 사이狎라 할지라도 예禮에 벗어나지 않으셨고, 낯빛의 변하심變, 또한 예禮를 벗어나지 않으셨구나.

## 10.鄕黨篇.16章

# 升車, 必正立, 執綏.
# 車中不內顧, 不疾言, 不親指.

승거, 필정립, 집수. 거중불내고, 부질언, 불친지.

수레에 오르서서는 반드시 바르게 서서 〈손잡이〉 끈을
잡으셨다. 수레 안에서는 안쪽으로 돌아보지 않으셨고,
빨리 말씀하지 않으셨고, 친히 손가락질을 하지 않으셨다.

升:오를승　綏:편안할수/끈수　顧:돌아볼고　疾:빠를질　指:손가락질할질

### 문법(文法)적 해석

1) 綏(수):붙잡고 수레에 오르는 끈, 수레의 손잡이 줄.
2) 內顧:안쪽으로 돌아보다, 안을 둘러보다, 두리번거리다.
　- 內(내):안쪽으로/內처럼 방향, 위치를 나타낼 경우, 동사 앞에
　　와서 부사로 쓰인다. 東, 西, 南, 北, 上, 下, 左, 右, 前, 後, 內, 外,
　　遠, 近 등이 있다.
3) 不疾言:빨리 말씀하지 않으셨고,
　- 疾(질):빨리, 신속히/부사.
4) 不親指:친히 손가락질을 하지 않으셨다.
　- 親(친):직접, 친히, 몸소/부사.
　- 指(지):손가락질하다, 가리키다.
5) 주희(朱熹)는 "이 한 장(章)은 공자께서 수레에 오르셨을 때의
　용모를 적은 것이다."라고 하였다.


수레에 오를 때도 예禮가 있었구나.
'바로 서서 끈을 잡고正立執綏, 안으로 두리번거리지 않고不內顧,
빨리 말하지 않으며不疾言, 손가락질을 하지 않았다不親指.'

## 10.鄕黨篇.17章

色斯擧矣, 翔而後集. 曰 "山梁雌雉, 時哉! 時哉!"
子路共之, 三嗅而作.

색사거의, 상이후집. 왈 "산량자치, 시재! 시재!" 자로공지, 삼후이작.

〈꿩이〉 안색을 하면(사람의 안색이 좋지 못한 것을 보면) 날아
올라, 빙빙 돌다가 이후에 내려앉았다. 자왈 "산 교량의 암꿩이
때를 만났구나! 때를 만났구나!" 자로가 그 꿩을(잡아 구워서)
바치자, 세 번 냄새를 맡으시고는 일어나셨다.

翔:날상/빙빙돌아날상 集:모일집/앉을집 梁:다리량/교량량 雌:암컷자 雉:꿩치
共:이바지할공 嗅:맡을후

### 문법(文法)적 해석

1) 色斯擧矣, 翔而後集:〈꿩이〉 안색을 하면(사람의 안색이 좋지
   못한 것을 보면) 날아올라, 빙빙 돌다가 이후에 내려앉았다.
   - 斯(사):~면/가정, 조건의 접속사.
   - 擧(거):날아오르다.
   - 翔(상):빙빙 돌며 날다, 높이 날다.
   - 而後:~이후에/접속사이며, 이후(以後)와 같다.
   - 集(집):(새가) 내려앉다.
2) 雌雉(자치):암꿩, 까투리. 수꿩은 웅치(雄雉), 장끼.
3) 時哉(시재)!:때를 만났구나!, 제철을 만났구나!
4) 子路共之, 三嗅而作:자로가 그 꿩을(잡아 구워서) 바치자,
   세 번 냄새를 맡으시고는 일어나셨다.
   - 共(공):바치다, 이바지하다, 올리다, 供(공)와 같다.
   - 作(작):일어나다, 일어서다.

공자 자신의 처지와 자치雌雉를 비교한 시재時哉! 시재時哉!
눈치 없는 자로子路는 언제나 앞서간다共之.

先進

11.
先
進
篇

25章

## 11.先進篇. 1章

子曰"先進於禮樂, 野人也, 後進於禮樂, 君子也.
如用之, 則吾從先進."

자왈 "선진어례악, 야인야, 후진어례악, 군자야. 여용지, 즉오종선진."

자왈 "옛사람들(선배들)이 예와 음악에서는 야인(평민)이고,
후대의 사람들(후배들)이 예와 음악에서는 군자(사대부)이다.
만약 〈내가〉 그것을(예와 음악을) 쓴다면, 나는 옛사람들
(선배들)을 따르겠다."

野:들야

### 문법(文法)적 해석

1) 先進於禮樂, 野人也:옛사람들(선배들)이 예와 음악에서는
   야인(평민)이고,
   - 先進(선진):옛사람, 선배.
   - 於:~에(서)/처소, 대상의 전치사.
   - 野人(야인):평민, 교외의 백성을 말한다. 형식보다는 질박함을
     특징으로 하는 사람들을 뜻한다.
2) 後進於禮樂, 君子也:후대의 사람들(후배들)이 예와 음악에서는
   군자(사대부)이다.
   - 後進(후진):후대의 사람, 후배.
   - 君子:사대부(士大夫), 예악의 형식미를 갖춘 사람들을 뜻한다.
3) 如用之, 則吾從先進:만약 〈내가〉 그것을(예와 음악을) 쓴다면,
   나는 옛사람들(선배들)을 따르겠다."
   - 如 ~, 則:만약 ~, 면/가정부사(如), 가정접속사(則)

선진先進, 후진後進 중에 누구를 따를까? 항상 이분법적인 선택이
문제로구나. 그냥 선후진先後進, 둘 다 따를 수는 없는 것인가?

子曰 "從我於陳蔡者, 皆不及門也.
德行, 顏淵·閔子騫·冉伯牛·仲弓,
言語, 宰我·子貢, 政事, 冉有·季路,
文學, 子游·子夏."

자왈 "종아어진채자, 개불급문야. 덕행, 안연·민자건·염백우·중궁, 언어, 재아·자공,
정사, 염유·계로, 문학, 자유·자하."

자왈 "진나라와 채나라에서 나를 따르는 사람들이, 모두
문하에 이르지 못했구나(없구나). 덕행에는 안연·민자건·
염백우·중궁이었고, 언어에는 재아·자공이었고, 정사에는
염유·계로이었고, 문학에는 자유·자하이었다."

陳:베풀진/나라이름진  蔡:성씨채/나라이름채  及:미칠급/이를급  顏:얼굴안
淵:못연  閔:성씨민  騫:이지러질건  冉:나아갈염/성염  貢:바칠공  游:헤엄칠유

## 문법(文法)적 해석

1) 從我於陳蔡者:진나라와 채나라에서 나를 따르는 사람들이,
   - 진(陳)나라와 채(蔡)나라에서 어려움을 겪을 때, 함께 했던 제자
     들을 말하며, 이때에 양식이 떨어졌고, 이를 '진채절량(陳蔡絶糧)'
     또는 '액어진채(厄於陳蔡)'라고 한다. 노애공(魯哀公) 6년(BC 489),
     아마도 공자 나이 63세쯤이다.
   - 於:~에서/보어와 목적어 앞에 위치하며, 처소, 장소의 전치사이다.
   - 者:의존명사(불완전명사) 또는 특수 지시대명사로 앞 문장을
     취해서 명사구가 되며, '~하는 사람, ~하는 것'으로 해석한다.
2) 皆不及門也:모두 문하에 이르지 못했구나(없구나).
   - 皆(개):다, 모두/부정칭 인칭(지시) 대명사.
   - 及(급):이르다, 미치다, 함께 하다.
   - 門(문):문하.
3) 德行, 言語, 政事, 文學:제자들이 공자의 말씀에 따라 열 사람을
   사과(四科)로써 나누어 기록했으며, '공문사과(孔門四科)'라 한다.

그리고 이 열 명의 제자들을 '공문십철(孔門十哲)'이라 부른다.
- 德行(덕행):인품과 행동에서 모범이 될 만한 것.
- 言語(언어):말을 잘하고 언변이 뛰어난 것.
- 文學(문학):글과 학문에 뛰어난 것.
4) 주희(朱熹)에 따르면 "정자(程子)는 '사과(四科)는 진(陳)나라와
   채(蔡)나라에서 바로 부자(夫子)를 따르던 자들일 뿐이며,
   그러므로 십철(十哲)은 세속의 말임을 알 수 있다.' "라고 하였다.


공자님과 함께 고생하였던 공문십철孔門十哲.
자고로 스승을 잘 만나야 고생을 하지 않거늘,
공자님과 열 제자十哲들의 고생했던 모습이 눈에 선합니다.

德行 言語 | 孔門四科 | 政事 文學

## 11. 先進篇. 3章

# 子曰 "回也非助我者也. 於吾言無所不說."

자왈 "회야비조아자야. 어오언무소불열."

자왈 "회는 나를 돕는 자가 아니다. 나의 말에 대해 기뻐하지 않는 것이 없구나."

助:도울조

### 문법(文法)적 해석

1) 回也非助我者也:회는 나를 돕는 자가 아니다.
  - 也:~가(이), ~은(는)/주격 후치사.
  - 非:연계동사/뒤에 술어가 오면 부정 보조사로 쓰이지만,
    명사(구/절)이 오면 이를 부정하는 형태로, 연계동사로 주어와
    보어 사이에 놓여 이를 연결하는 역할을 한다.
  - 助(조):돕다, 거들다.
2) 於吾言無所不說:나의 말에 대해 기뻐하지 않는 것이 없구나.
  - 於吾言:보어로 강조하기 위해 문장 앞으로 도치된 것이다.
  - 無:존재동사로써, 뒤 문장 전체 '所不說'을 보어구로 취하며,
    보어구를 주어처럼 해석한다.
  - 所:~바(것)/所+술어가 오며, 불완전명사(의존명사) 또는
    특수 지시대명사이고, 주어는 대체로 所앞에 온다.
3) 주희(朱熹)는 "성인의 말씀에 안자(회)는 묵묵히 알고, 마음으로
  통하여 의심하여 묻는 바가 없었다. 그러므로 부자께서 이렇게
  말씀하신 것이며, 그 말씀이 섭섭함이 있는 것 같으나, 그 실제는
  이에 깊이 기뻐하신 것이다."라고 하였다.


묻고 답하고 서로 성장한다.
교학상장敎學相長이 아니라 문답상장問答相長이구나.

## 11.先進篇. 4章

# 子曰"孝哉, 閔子騫! 人不間於其父母昆弟之言."

자왈 "효재, 민자건! 인불간어기부모곤제지언."

자왈 "효성스럽구나, 민자건이여! 사람들이 그 부모와 형제의 〈칭찬하는〉 말에 흠잡지 않는구나."

**騫**:이지러질건　**間**:흠잡을간/헐뜯을간　**昆**:맏곤

### 문법(文法)적 해석

1) 孝哉, 閔子騫!:효성스럽구나, 민자건이여!
 - 감탄문이며, 그 자체로는 도치가 아닌 본래의 문형이라 볼 수
   있지만 평서문을 기준으로 보면 앞부분의 감탄사와 뒤의 문장이
   도치된 형태, 즉 주어와 술어의 도치 형식으로 볼 수 있다.
   즉 '閔子騫孝哉!'가 도치된 문장이라고 할 수 있다.
 - 閔子騫(민자건):공자보다 15세 아래의 제자로, 성은 민(閔)이고,
   이름은 손(損)이며, 자는 자건(子騫)이다. 노나라 사람이며,
   공자의 제자 중에 덕행(德行)으로 유명하였다.
2) 人不間於其父母昆弟之言:사람들이 그 부모와 형제의 〈칭찬하는〉
   말에 흠잡지 않는구나.
 - 間(간):흠잡다, 헐뜯다, 이간(離間)하다, 헐뜯어 서로 멀어지게 하다.
 - 於:~에(서)/처소, 대상의 전치사.
 - 昆弟(곤제):昆(곤)은 형, 弟(제)는 동생을 나타내므로,
   昆弟(곤제)는 형제를 말한다.
 - 之:~의/관형격 후치사.


효성스러움孝에 남들이 흠 잡지間 않는다?
공문십철孔門十哲 중에 덕행德行으로 유명한 민자건閔子騫,
또한 효제孝悌가 기본이었구나.

## 11.先進篇. 5章

# 南容三復白圭, 孔子以其兄之子妻之.

남용삼복백규, 공자이기형지자처지.

남용이 백규〈의 시구〉를 〈하루에〉 세 번 반복하니(반복하여 외우자), 공자께서 그 형의 딸을 그에게 시집보내셨다.

**復**:반복할복/되풀이할복 **圭**:홀규 **妻**:시집보낼처

## 문법(文法)적 해석

1) 南容三復白圭:남용이 백규〈의 시구〉를 〈하루에〉 세 번 반복하니(반복하여 외우자),
   - 南容(남용):공자의 제자로 성은 남궁(南宮)이고, 이름은 괄(括)이며, 자는 자용(子容)이고, 노나라 사람이다. 시호는 경숙(敬叔)이며, 주희(朱熹)는 맹의자(孟懿子)의 형이라고 하였다. 남용에 대한 공자의 칭찬은 5편, 공야장(公冶長)편, 1장에 있다.
   - 復(복):반복하다, 중복하다, 되풀이하다.
   - 白圭(백규):시경(詩經), 대아(大雅), 억(抑), 제5장의 시 구절로써 '흰 구슬의 흠은 갈아 없앨 수 있지만 말의 흠은 어찌할 수 없느니라' '백규지점(白圭之玷), 상가마야(尙可磨也). 사언지점(斯言之玷), 불가위야(不可爲也)'이다.
2) 孔子以其兄之子妻之:공자께서 그 형의 딸을 그에게 시집 보내셨다.
   - 以其兄之子:그 형의 딸을/'孔子妻之其兄之子'가 도치된 문장으로, 목적어와 술어 사이에 '之나, 是'를 넣어 도치하거나, 목적어 앞에 '以'를 추가하여 도치한다.
   - 其兄:서형(庶兄), 맹피(孟皮)이며, 아마도 이때 죽었기 때문에 중매를 선 것이다.
   - 妻(처):아내, 사위로 삼다, 시집보내다.

말言의 흠玷은 갈아 없앨 수 없고, 한번 뱉은 말은 주워 담을 수가 없거늘, 신중하고 또 신중하자꾸나.

## 11. 先進篇. 6章

## 季康子問 "弟子孰爲好學?" 孔子對曰
## "有顏回者好學, 不幸短命死矣. 今也則亡."

계강자문 "제자숙위호학?" 공자대왈 "유안회자호학, 불행단명사의. 금야즉무."

계강자가 물었다. "제자 중에 누가 배우기를 좋아합니까?"
공자가 대답하셨다. "안회라는 사람이 배우기를 좋아했었는데,
불행히도 명이 짧아서 죽었습니다. 지금은 〈그런 사람이〉 없습니다."

康:편안할강  亡:망할망/없을무

### 문법(文法)적 해석

1) 季康子(계강자):노(魯)나라의 대부인 계손비(季孫肥)로 당시 노나라의
   실권을 쥔 삼환 중에 한 가문의 사람이다. 康(강)은 그의 시호이다.
2) 弟子孰爲好學?:제자 중에 누가 배우기를 좋아합니까?
 - 孰(숙):누가/의문 대명사.
 - 爲:연계동사로 주어와 보어 사이에 놓여 이를 연결하는 역할을
   하며, '好'는 보어이며, 爲好는 '좋아하다'의 뜻을 나타낸다.
 - 好學(호학):배우기를 좋아하다/동사가 연속 이어지는 연동사
   (連動詞)로 앞의 동사가 문장의 본동사이다.
3) 有:불특정한 대상을 지목할 때 붙여주는 관용어로 쓰일 때는
   해석하지 않는다.
4) 今也則亡:지금은 〈그런 사람이〉 없습니다.
 - 則: ~은, ~가/주어 다음에 위치할 경우에 이처럼 해석한다.
 - 亡(무):없다. 무(無)와 같다.
5) 6편, 옹야(雍也)편, 2장에서 노애공(盧哀公)이 똑같이 물었다.

배우기를 좋아하다好學. 공자께서는 제자들이 어떻게 공부를 해야
배우기學를 좋아한다好고 생각하셨을까?

## 11.先進篇. 7章

顔淵死, 顔路請子之車以爲之槨.
子曰 "才不才, 亦各言其子也. 鯉也死,
有棺而無槨. 吾不徒行以爲之槨,
以吾從大夫之後, 不可徒行也."

안연사, 안로청자지거이위지곽. 자왈 "재부재, 역각언기자야.
리야사, 유관이무곽. 오부도행이위지곽, 이오종대부지후, 불가도행야."

안연이 죽자, 〈그의 아버지〉 안로가 공자의 수레로써(수레를
팔아) 그에게 외관을 만들어 줄 것을 청했다. 자왈 "재주가 있든
재주가 없든, 또한 각각 자기 자식을 〈위해〉 말한다. 〈내 아들〉
리가 죽었을 때도, 관이 있고 외관이 없었다. 내가 걸어 다니면서
외관을 만들어 주지 않은 것은, 내가 대부의 뒤를 따르기 때문에,
걸어 다닐 수가 없어서이다."

**槨**:외관곽  **鯉**:잉어리  **棺**:널관  **徒**:무리도/걸어다닐도

### 문법(文法)적 해석

1) 顔路請子之車以爲之槨:〈그의 아버지〉 안로가 공자의 수레로써
   (수레를 팔아) 그에게 외관을 만들어 줄 것을 청했다.
   - 顔路(안로):안연의 부친이며 공자보다 6세 아래의 제자로, 성은 안(顔)
     이고, 이름은 무요(無繇)이며, 자는 로(路)이고, 노나라 사람이다.
   - 請(청):뒤 문장 전체를 목적절로 취한다.
   - 以:~로써/수단, 방법을 나타내는 전치사. '以子之車'가 도치됨.
   - 爲之槨:그에게 외관을 만들어 주다/'爲+명사'는 '~하다'로 해석하며,
     목적어의 성격에 따라 그 뜻을 적절하게 해석할 수 있다.
   - 槨(곽):외관(外棺), 덧널(관을 넣는 궤), 겉널.
2) 鯉也死:〈내 아들〉 리가 죽었을 때도,
   - 鯉(리):공자의 아들 이름이며, 자가 백어(伯魚)이다.
     공자보다 먼저 죽었다.
   - 也:~가(이), ~은(는)/주격 후치사.

3) 吾不徒行以爲之槨:내가 걸어다니면서 외관을 만들어 주지 않은 것은,
 - 不:뒤 문장 전체를 부정한다/부정보조사.
 - 徒行(도행):걸어다니다, 보행(步行)하다.
 - 以:명사절 다음에 이가 오면 '~하면서'의 뜻으로, 접속사로 사용되어
   而(그래서)와 유사하며, 굳이 우리말로 해석할 것도 없다.
4) 以吾從大夫之後:내가 대부의 뒤를 따르기 때문에,
 - 以:~때문에, ~으로 인해/접속사로 동작이나 행위가 발생한
   원인을 나타낸다.
5) 주희(朱熹)는 "어떤 이가 말하길 '군자는 예(禮)를 행함에 자신이
   있고 없음을 볼 뿐으로 여긴다. 무릇 군자가 재물을 씀에 의(義)가
   옳고 그름을 보며, 어찌 유독 있고 없음만을 볼 뿐이겠는가."라고
   하였다.

부모는 각각 자신의 자식子들을 위해 말하고 행동한다.
자식子들도 각각 자신의 부모를 위해 말하고 행동할까?

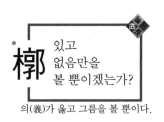

## 11. 先進篇. 8章

# 顏淵死, 子曰 "噫! 天喪予! 天喪予!"

안연사, 자왈 "희! 천상여! 천상여!"

안연이 죽자, 자왈 "아! 하늘이 나를 망하게 하는구나(버리시는
구나)! 하늘이 나를 망하게 하는구나(버리시는구나)!"

**噫**:슬플희/트림식힐희 **喪**·잃을상/망할상/죽을상

## 문법(文法)적 해석

1) 噫(희):감탄사로써, 놀람, 느낌, 부름, 응답을 나타내며,
   독립어로 떨어져 문장 앞에 사용된다. '아'라고 해석하며
   탄식하는 표현이다.
2) 天喪予!:하늘이 나를 망하게 하는구나(버리시는구나)!
   - 喪(상):잃다, 망(亡)하다, 버리다.
   - 予(여):나. 我(아)와 같다/1인칭 대명사.

안연顏淵의 죽음死에 공자님의 슬픔哀은 계속된다.
하늘이 나를 버리시는구나天喪予!

## 11. 先進篇. 9章

顔淵死, 子哭之慟. 從者曰 "子慟矣."
曰 "有慟乎? 非夫人之爲慟而誰爲?"

안연사, 자곡지통. 종자왈 "자통의." 왈 "유통호? 비부인지위통이수위?"

안연이 죽자, 공자께서 곡하시다가 애통해 하셨다. 따르던 자
(모시던 자)가 말했다. "선생님께서 애통해 하셨습니다." 자왈
"애통함이 있었다고? 이 사람을 위하여 애통해 하지 않고 누구를
위해 애통해 하겠는가?"

哭:울곡 慟:애통할통/서러워할통

### 문법(文法)적 해석

1) 子哭之慟:공자께서 곡하시다가 애통해 하셨다.
 - 之:무엇을 꼭 지칭하기 위해 쓰인 것이 아니라, 술어 뒤에 之가
   붙음으로써 그 술어를 술어답게 만들어주는 어감을 얻고, 어세를
   고르게 하기 위해 쓰인다. 해석하지 않아도 되지만 대명사, 목적어로
   본다면 '안연의 죽음'을 의미한다고 할 수 있다.
 - 慟(통):애통(哀痛)하다, 서러워하다, 대단히 슬퍼하다.
2) 非夫人之爲慟而誰爲?:이 사람을 위하여 애통해 하지 않고 누구를
   위해 애통해 하겠는가?
 - 夫:이, 저, 그/지시 대명사, 3인칭 대명사.
 - 夫人之爲:爲는 전치사로써, '~위해, ~위하여'이며, 夫人은 전치사의
   목적어로써 도치된 것이다. 즉 '爲夫人'이며, 之는 도치할 때
   추가한 목적격 후치사이다.
 - 誰爲:의문사가 전치사의 목적어일 경우에 앞으로 도치된다.


안연顔淵은 대단한 제자였지만,
스승보다 먼저 갔기에 또한 불충한 제자였구나?

顏淵死, 門人欲厚葬之, 子曰 "不可." 門人厚葬之,
子曰 "回也, 視予猶父也, 予不得視猶子也.
非我也, 夫二三子也."

안연사, 문인욕후장지, 자왈 "불가." 문인후장지, 자왈 "회야, 시여유부야,
여부득시유자야. 비아야, 부이삼자야."

안연이 죽자, 문인들이 후하게 장사 지내고자 하니,
자왈 "옳지 않다." 〈그런데도〉 문인들이 후하게 장사 지내자,
자왈 "회는 나를 보기(대하기)를 아버지와 같았는데, 나는
〈그를〉 자식과 같이 보지(대하지) 못했다. 내가 〈그렇게 한
것이〉 아니라, 저들(저 제자들)이다."

厚:두터울후  葬:장사지낼장  猶:같을유/오히려유

## 문법(文法)적 해석

1) 子曰 "不可." 門人厚葬之:자왈 "옳지 않다." 〈그런데도〉 문인들이
   후하게 장사지내자,
   - 不可:옳지 않다, 안 된다. 주희(朱熹)는 "상례에 쓰는 물건은
     가산(家產)의 있고 없음에 부합해야 하니, 가난하면서도 후하게
     장사 지내는 것은 이치를 따르지 않는 것이다. 그러므로 夫子께서
     제지하신 것이다."라고 했다.
   - 厚(후):후하게/부사.
   - 葬(장):장사 지내다, 매장하다. 厚葬(후장)은 후하게 장사 지내다.
2) 回也, 視予猶父也:회는 나를 보기(대하기)를 아버지와 같았는데,
   - 視(시):대하다, 대우하다, 대접하다.
   - 也:~가(이), ~은(는)/주격 후치사.
   - 猶(유):~와 같다, ~듯 하다/비교 형용사로 보어 '父'를 취하며,
     '猶父' 또한 문장에서 보어구 역할을 한다.
3) 予不得視猶子也:〈그를〉 자식과 같이 보지(대하지) 못했다.
   - '視'뒤에 목적어 '回'가 생략된 것이다.

- 得(득):~할 수 있다(못하다)/가능 보조사.
4) 非我也, 夫二三子也:내가 〈그렇게 한 것이〉 아니라,
  저들(저 제자들)이다.
 - 非:연계동사/뒤에 술어가 오면 부정 보조사로 쓰이지만,
   명사(구/절)이 오면 이를 부정하는 형태로, 연계동사로써 주어와
   보어 사이에 놓여 이를 연결하는 역할을 한다.
 - 夫(부):이, 저, 그/지시 대명사, 3인칭 대명사.
 - 二三子(이삼자):그대들, 너희들/복수 인칭 대명사.


분수에 맞지 않는 후한 장례식厚葬. 마음과 정성도 중요하지만
분수에 맞는 장례식葬이 중요하구나.

## 11.先進篇.11章

# 季路問事鬼神, 子曰 "未能事人, 焉能事鬼?"
# 曰 "敢問死." 曰 "未知生, 焉知死?"

계로문사귀신, 자왈 "미능사인, 언능사귀?" 왈 "감문사." 왈 "미지생, 언지사?"

계로가 귀신 섬김을 묻자, 자왈 "사람을 〈제대로〉 섬기지
못하는데, 어찌 귀신을 섬길 수 있겠느냐?" "감히 죽음을
묻습니다." 하자, 자왈 "삶도 〈제대로〉 알지 못하는데,
어찌 죽음을 알겠느냐?"

鬼:귀신귀  神:귀신신

## 문법(文法)적 해석

1) 季路(계로):공자의 제자인 자로(子路)의 또 다른 자(字)이다.
2) 未能事人, 焉能事鬼?:사람을 〈제대로〉 섬기지 못하는데, 어찌
   귀신을 섬길 수 있겠느냐?
   - 주희(朱熹)는 "정성과 공경으로 산 사람을 섬길 수 없으면 반드시
     귀신을 섬길 수 없다."라고 하였다.
   - 能(능):~할 수 있다/가능 보조사.
   - 事(사):섬기다, 모시다.
   - 焉:어찌, 어떻게/반어 부사. 반어부사는 의문부사와 함께 쓰인다.
3) 未知生, 焉知死?:삶도 〈제대로〉 알지 못하는데, 어찌 죽음을
   알겠느냐?
   - 주희(朱熹)는 "처음을 근원으로 하여 사는 이유를 알지 못하면
     반드시 마침을 돌이켜 죽는 것(死)을 알지 못한다."라고 하였다.

生생을 모르고 죽음死을 모른다?
生생을 알고 죽음死을 안다? 누가 제대로 알고知 떠나갈까?

## 11.先進篇.12章

閔子侍側, 誾誾如也, 子路, 行行如也,
冉有 · 子貢, 侃侃如也.
子樂. "若由也, 不得其死然."

민자시측, 은은여야, 자로, 항항여야, 염유 · 자공, 간간여야. 자락. "약유야, 부득기사연."

민자건이 〈공자를〉 곁에서 모실 때, 온화하였고, 자로는
굳세었고, 염유와 자공은 강직하였다. 공자께서 즐거워하셨다.
〈그러나 말씀하셨다.〉 "유(자로)와 같은 사람은 그 죽음을
얻지 못할 것이다(제 명대로 살지 못할 것이다)."

侍:모실시 側:곁측 誾:온화할은 行:굳셀항 侃:강직할간

### 문법(文法)적 해석

1) 閔子侍側, 誾誾如也:민자건이 〈공자를〉 곁에서 모실 때, 온화하였고,
   - 閔子(민자):민자건(閔子騫)이며, 공자보다 15세 아래의 제자로,
     성은 민(閔)이고, 이름은 손(損)이며, 자는 자건(子騫)이다.
     노나라 사람이며, 공자의 제자 중에 덕행(德行)으로 유명하였다.
   - 侍(시):모시다, 받들다.
   - 側(측):옆, 곁, 측면/명사.
   - 誾誾(은은):온화(溫和)하다, 화기애애(和氣靄靄)하다.
   - 如(여):모양이나 상태를 나타내는 의태어로써 형용사 접미사.
2) 行行(항항):의지(意志)가 굳세다.
3) 侃侃(간간):강직(剛直)하다, 굳세다.
4) 子樂(자락):주희(朱熹)에 따르면 "홍흥조(洪興祖)가 말하길 '한서
   (漢書)에 이 구절을 인용하였는데, 위에 '曰'字가 있다.'고 했으며,
   '혹자는 윗글의 '樂' 字가 즉, '曰' 字의 잘못이다."라고 하였다.
   다시 말해서 '子樂'이 아니라 '子曰'이란 것이다.
5) 若由也, 不得其死然:유(자로)와 같은 사람은 그 죽음을 얻지 못할
   것이다(제 명대로 살지 못할 것이다).
   - 若(약):~와 같다, ~듯 하다/비교 형용사로써 보어 '由'를 취한다.

- 由(유):子路(자로)의 이름이다.
- 也:~가(이), ~은(는)/주격 후치사.
- 得:얻다, 찾다/타동사이며, '할 수 있다'의 뜻으로 가능 보조사로 자주 쓰이지만, 뒤에 술어가 아닌 목적어(명사/명사구)가 오면 타동사가 된다.
- 其死(기사):그 죽음, 자신의 타고난 명.
- 然(연):서술문의 끝에 위치하는 종결사로, 해석하지 않는다.

공자님과 제자들이 함께 했던 시간!
아마도 가장 행복한樂 시간이 아니었을까?
자로를 염려하면서...

## 11.先進篇.13章

# 魯人爲長府, 閔子騫曰"仍舊貫如之何?
# 何必改作?"子曰"夫人不言, 言必有中."

노인위장부, 민자건왈 "잉구관여지하? 하필개작?" 자왈 "부인불언, 언필유중."

노나라 사람이 장부라는 창고를 짓자, 민자건이 말했다.
"옛일(것)을 〈그대로〉 따르는 것이(쓰면) 어떠한가?
어찌 반드시 고쳐 지어야 하는가?" 자왈 "이 사람은 말을 하지
않는데, 말하면 반드시 〈이치에〉 맞는다."

府:곳집부/마을부  仍:인할잉/그대로 따를잉  貫:꿸관/일관  中:맞을중

### 문법(文法)적 해석

1) 魯人爲長府:노나라 사람이 장부라는 창고를 짓자,
  - 爲:'爲+명사'는 '~하다'로 해석하며, 목적어의 성격에 따라
    그 뜻을 적절하게 해석할 수 있다. ~짓다, ~만들다.
  - 長府(장부):창고의 이름.
2) 仍舊貫如之何?:옛일(것)을 〈그대로〉 따르는 것이(쓰면)
    어떠한가?
  - 仍(잉):인(因)하다, 그대로 따르다, 따르다, 좇다.
  - 貫(관):일(事) 또는 관례(慣例)와 통한다.
  - 如之何:관용어로 술어로는 '어떻게 할 것인가, 어떠하다'이며,
    부사어로 '어찌, 어떻게'로 해석한다.
3) 夫人不言, 言必有中:이 사람은 말을 하지 않는데, 말하면
    반드시 〈이치에〉 맞는다.
  - 의미상, 문맥상 가정문이다.
  - 夫:이, 저, 그/지시 대명사, 3인칭 대명사.
  - 中:맞다, 부합(符合)하다, 일치(一致)하다.

덕행에 민자건, 효성스러울 뿐만 아니라 언필유중言必有中이구나.

## 11.先進篇.14章

子曰 "由之瑟, 奚爲於丘之門?" 門人不敬子路.
子曰 "由也升堂矣, 未入於室也."

자왈 "유지슬, 해위어구지문?" 문인불경자로. 자왈 "유야승당의, 미입어실야."

자왈 "유의 거문고를, 어찌 나의 문 〈앞〉에서 연주하는가?"
하시자, 문인들이 자로를 공경하지 않았다. 〈이를 듣고〉 자왈
"유는 당(대청마루)에는 올랐고, 아직 방에 들어가지 못했구나."

瑟:큰거문고슬  升:오를승

### 문법(文法)적 해석

1) 由之瑟, 奚爲於丘之門?:유의 거문고를, 어찌 나의 문 〈앞〉에서
   연주하는가?
 - 由:공자보다 9세 아래의 제자로, 성은 중(仲)이고, 이름은 유(由)
   이며, 자는 자로(子路) 또는 계로(季路)이고, 노나라 사람으로
   성격이 우직하고 용맹스러우며 정치에 재능이 있었고, 논어에서
   가장 많이 등장하는 제자이다.
 - 瑟(슬):큰 거문고의 한 종류.
 - 奚:어찌/의문 부사.
 - 爲:'爲+명사'는 '~하다'로 해석하며, 목적어의 성격에 따라 그 뜻을
   적절하게 해석할 수 있다. 목적어 '由之瑟'은 강조를 위해 앞으로
   도치되었다고 할 수 있다. ~연주하다.
 - 於:~에(서)/처소, 장소의 전치사.
 - 丘(구):공자의 이름.
2) 由也升堂矣, 未入於室也:유는 당(대청마루)에는 올랐고,
   아직 방에 들어가지 못했구나.
 - 也:~가(이), ~은(는)/주격 후치사.
 - 堂(당):마루, 대청(大廳:방과 방 사이에 있는 큰 마루).
   인격과 학문이 높음을 비유한 것이다.

- 室(실):방, 거실(居室). 인격과 학문이 상당한 경지임을 비유한
  것이다.
- 주희(朱熹)는 "부자(夫子)께서 당에 오르고 방에 들어감은 道에
  들어가는 절차를 비유한 것이다. 자로의 학문이 이미 正大하고
  高明한 경계에 이르렀고, 다만 정미(精微)의 깊이에 심히 들어가지
  못했을 뿐이니, 하나의 일의 실책으로써 갑자기 소홀히 해서는
  안됨을 말씀한 것이다."라고 하였다.


자로는 항상 앞서가다가 꾸중을 들었는데, 이번에는 반대였구나.
아마도 다른 제자들門人까지 자로를 무시不敬하니까
공자께서 나서서 무마하시려고 '당에는 올랐다升堂.'라고 말했던
것이 아닐까?

由 │ 升堂矣
     未入於室也
  子路之學

## 11. 先進篇. 15章

子貢問 "師與商也, 孰賢?"
子曰 "師也過, 商也不及." 曰 "然則師愈與?"
子曰 "過猶不及."

자공문 "사여상야, 숙현?" 자왈 "사야과, 상야불급." 왈 "연즉사유여?" 자왈 "과유불급."

자공이 물었다. "사(자장)와 상(자하)은 누가 〈더〉 현명합니까
(낫습니까)? 자왈 "사는 지나치고, 상은 미치지 못한다."
〈자공이〉 말했다. "그렇다면 사가 낫습니까?" 자왈 "지나친
것은 미치지 못한 것과 같다."

貢:바칠공 商:장사상 賢:어질현/현명할현 愈:나을유 過:지날과

## 문법(文法)적 해석

1) 子貢(자공):위(衛)나라 사람으로 공자의 제자이며, 성은 단목
   (端木), 이름은 사(賜), 자공은 그의 자(字)이고, 공자보다 31세
   아래이다.
2) 師與商也, 孰賢?:사(자장)와 상(자하)은 누가 〈더〉 현명합니까
   (낫습니까)?
   - 師(사):공자보다 48세 아래의 제자로, 성은 전손(顓孫)이고,
     이름은 사(師)이며, 자는 자장(子張)이고 진(陳)나라 사람이다.
   - 與(여): ~와/단어와 단어를 연결하는 일반접속사.
   - 商(상):공자보다 44세 아래의 제자로, 성은 복(卜)이고, 이름은
     상(商)이며, 자는 자하(子夏)이고 위나라 사람이다.
   - 也:~가(이), ~은(는)/주격 후치사.
   - 孰:누가/의문 대명사.
3) 師也過, 商也不及:사는 지나치고, 상은 미치지 못한다.
   - 也:~가(이), ~은(는)/주격 후치사.
   - 過(과):지나치다, 심하다, 과도하다.
   - 及(급):미치다, 이르다.
4) 然則師愈與?:그렇다면 사가 낫습니까?"

- 然則(연즉):그렇다면/순접의 접속사.
- 愈(유):(~보다) 낫다, (~보다) 강하다.
- 與:의문의 어기를 내포한 의문 종결사.
5) 過猶不及:지나친 것은 미치지 못한 것과 같다.
- 猶:~와 같다, ~듯 하다/비교 형용사로써 보어 '不及'를 취한다. 만약 '不及'가 술어이고, '猶'가 부사어라면 '오히려'로 해석할 수 있고, '지나친 것은 오히려 미치지 못한 것이다.'라고 해석할 수 있다.


모자라는 것不及이 문제인 것보다 지나친 것過이 문제일 때가 더 많다.
모자람不及은 동정심을 유발하지만 지나침過은 눈살을 찌푸리게 한다.
과유불급過猶不及이라!
넘치지 않도록 조심愼, 또 조심愼하자구나.

師 過猶不及 商
過          不及

## 11.先進篇.16章

季氏富於周公, 而求也爲之聚斂而附益之.
子曰"非吾徒也. 小子, 鳴鼓而攻之, 可也."

계씨부어주공, 이구야위지취렴이부익지. 자왈 "비오도야. 소자, 명고이공지, 가야."

계씨가 주공보다 부유했는데, 구(求)가 그를 위해 〈세금을〉
거두어 모아서 이익(재산)을 더해 주었다. 자왈 "〈구는〉 나의
무리(제자)가 아니다. 소자들아(너희들은), 북을 울려
공격해도, 괜찮다."

聚:모을취 斂:거둘렴 附:붙을부/더할부 益:더할익/이익익 徒:무리도 鳴:울명
鼓:북고 攻:칠공/공격할공

### 문법(文法)적 해석

1) 季氏富於周公:계씨가 주공보다 부유했는데,
 - 於:~보다, ~와(과)/전치사로 술어가 '富'처럼 형용사일 때 비교를
   나타낸다.
 - 季氏(계씨):노(魯)나라의 대부인 계손씨(季孫氏)로 당시 노나라의
   실권을 쥔 삼환 중에 한 가문의 사람이다.
 - 周公(주공):주나라 문왕(文王)의 아들이며, 무왕(武王)의 동생으로
   성은 희(姬), 이름은 단(旦)이다. 무왕을 도와 주나라를 건설하고,
   무왕이 죽자 어린 성왕(成王)을 도와 주나라의 문물제도를 확립
   했다. 노나라의 시조이고, 공자는 그를 이상적인 인물로 여겼다.
2) 而求也爲之聚斂而附益之:구가 그를 위해 〈세금을〉 거두어
   모아서 이익(재산)을 더해 주었다.
 - 求(구):공자보다 29세 아래의 제자로, 성은 염(冉)이고, 이름은
   구(求)이며, 자는 자유(子有)이고 노나라 사람이다.
   염구가 계씨의 가신이 되어서 그를 위해 세금을 거두어 부(富)를
   더 늘려준 것이다.
 - 也:~가(이), ~은(는)/주격 후치사.
 - 爲:~위해, ~위하여/전치사.

- 聚斂(취렴):거두어 모아서/동사가 연속 이어지는 연동사
  (連動詞)로 앞의 동사가 문장의 본동사이다.
3) 非吾徒也:〈구는〉 나의 무리(제자)가 아니다.
  - 非:연계동사/뒤에 술어가 오면 부정 보조사로 쓰이지만,
    명사(구/절)이 오면 이를 부정하는 형태로, 연계동사로써 주어와
    보어 사이에 놓여 이를 연결하는 역할을 한다.주어는 求이며,
    생략된 것이다.
  - 吾徒(오도):나의 무리, 제자.


염구冉求. 공자께서 제자가 잘못했을 때 내쫓기도 하셨구나.
공문십철孔文十哲 제자 중에 정사政事에 뛰어났던 염구冉求는
이 일로 인해 반성하고 달라졌을까?

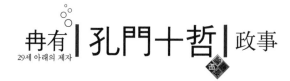

冉有 | 孔門十哲 | 政事
29세 아래의 제자

# 柴也愚, 參也魯, 師也辟, 由也喭.

시야우, 삼야로, 사야벽, 유야언.

시(자고)는 어리석고, 삼(증자)은 노둔하고, 사(자장)는 편벽하고, 유(자로)는 거칠다.

柴:섶시 愚:어리석을우 參:석삼 魯:노둔할로(노) 辟:편벽될벽 喭:거칠언

## 문법(文法)적 해석

1) 柴也愚:시(자고)는 어리석고,
   - 柴(시):공자보다 30세 아래의 제자로, 성은 고(高)이고, 이름은 시(柴)이며, 자는 자고(子羔)이다.
   - 也:~가(이), ~은(는)/주격 후치사.
   - 愚(우):어리석다, 고지식하다.
2) 參也魯:삼(증자)은 노둔하고,
   - 參(삼):공자보다 46세 아래의 제자로, 성은 증이고, 이름은 삼(參)이며, 자는 자여(子輿)이고 대학(大學)을 저술했다고 전해진다.
   - 魯(로):노둔(老鈍)하다, 미련하다.
3) 師也辟:사(자장)는 편벽하고,
   - 師(사):공자보다 48세 아래의 제자로, 성은 전손(顓孫)이고, 이름은 사(師)이며, 자는 자장(子張)이고 진(陳)나라 사람이다.
   - 辟(벽):편벽(偏僻)되다, 치우치다.
4) 由也喭:유(자로)는 거칠다.
   - 由(유):공자보다 9세 아래의 제자로, 성은 중(仲)이고, 이름은 유(由)이며, 자는 자로(子路) 또는 계로(季路)이고 노나라 사람이다.
   - 喭(언):거칠다, 예의 바르지 않다, 조잡하다.

공자께서 제자들에 대한 평가가 솔직하면서도 꾸밈이 없고, 너무나 직설적이었다. 이들 제자들이 자신의 평가에 대해 들었을 때 기분이 어떠했을까?

## 11.先進篇.18章

子曰 "回也其庶乎, 屢空.
賜不受命, 而貨殖焉, 億則屢中."

자왈 "회야기서호, 누공. 사불수명, 이화식언, 억즉누중."

자왈 "회는 아마도 〈道에〉 가까웠고, 자주 〈쌀통이〉 비었다.
사는 천명을 받아들이지 않고, 재물이 늘어났으며, 억측하면
자주 적중했다."

庶:가까울서 屢:여러루(누) 空:빌공 貨:재물화 殖:불릴식/늘어날식
億:억억/억측할억

### 문법(文法)적 해석

1) 回也其庶乎, 屢空:회는 아마도 〈道에〉 가까웠고, 자주 〈쌀통이〉
   비었다.
   - 也:~가(이), ~은(는)/주격 후치사.
   - 其(기):아마(도)/동작이나 행위에 대한 추측을 나타내는 부사.
   - 屢(루):자주, 여러 차례/부사.
   - 空(공):비다, 궁핍하다, 곤궁하다.
2) 賜(사):성은 단목(端木), 이름은 사(賜), 자공은 그의 자(字)이다.
3) 億則屢中:억측하면 자주 적중했다.
   - 億(억):억측하다, 헤아리다, 예측하다.
   - 則:~면/가정, 조건의 접속사.
   - 中(중):맞다, 적중하다, 부합(符合)하다.


자공賜 또한 뛰어난 제자였건만,
안회回에 대한 마음만큼은 미치지 못했구나.
공자님의 안회回에 대한 사랑과 안타까움이 끝이 없구나.

## 11.先進篇.19章

# 子張問善人之道, 子曰 "不踐迹, 亦不入於室."

자장문선인지도, 자왈 "불천적, 역불입어실."

자장이 선인의 도(살아가는 길)를 묻자, 자왈 "〈聖人의〉 자취를
밟지 않으므로(않으면), 또한 방〈높은 경지〉에는 들어가지
못한다."

踐:밟을천  迹:자취적  室:집실/방실

## 문법(文法)적 해석

1) 子張問善人之道:자장이 선인의 도(살아가는 길)를 묻자,
   - 子張(자장):성은 전손(顓孫)이고, 이름은 사(師)이다.
   - 善人(선인):타고난 성품이 선량하고, 자질은 아름답고, 악한 일은
     하지 않으나, 배우지 못한 사람이다.
2) 不踐迹, 亦不入於室:〈聖人의〉 자취를 밟지 않으므로(않으면),
   또한 방〈높은 경지〉에는 들어가지 못한다.
   - 앞 절(조건절) 부정, 뒤 절(결과절) 부정의 형태로, '~ 하지 않으면,
     ~ 하지 않는다.'로 해석한다.
   - 踐迹(천적):자취를 밟다, 즉 성인들의 가르침을 배우고 따르다.
   - 室(실):방, 즉 '높은 성인의 경지'를 말한다.
   - 주희(朱熹)에 따르면 "정자(程子)는 '善人은 비록 반드시 옛 발자취를
     밟지 않더라도 스스로 악한 짓을 하지 않는다. 그러나 또한 성인
     (聖人)의 방에는 들어갈 수 없다.' "라고 하였다.

악한 일을 하지 않는, 사람 좋다는 소리를 듣는 선인善人일지라도
배우지 않으면 안 되는구나.
선인善人일지라도 배우고 때때로 익혀야 하는구나學而時習之.

## 11.先進篇.20章

# 子曰 "論篤是與, 君子者乎? 色莊者乎?"

자왈 "논독시여, 군자자호? 색장자호?"

자왈 "말하는 것이 도타운(독실한) 것(사람)을 허여한다면,
〈이 사람은〉 군자다운 사람인가? 얼굴빛(겉모습)만 장엄한
사람인가?"

篤:도타울독 與:허락할여 莊:장엄할장/씩씩할장

### 문법(文法)적 해석

1) 論篤是與:말하는 것이 도타운(독실한) 것(사람)을 허여한다면,
 - 論篤(논독):말하는 것이 독실하고 조리가 있다.
 - 是:목적어 '論篤'을 강조하기 위해 목적격 후치사 '是'를 목적어와
   술어 사이에 쓴 것이다. 대부분 '之'을 쓴다.
 - 與(여):허여(許與)하다, 허락(許諾)하다, 인정하다.
2) 君子者乎? 色莊者乎?:〈이 사람은〉 군자다운 사람인가?
   얼굴빛(겉모습)만 장엄한 사람인가?
 - 君子:군자답다/명사가 형용사로 전성된 것이다.
 - 者:의존명사(불완전명사) 또는 특수 지시대명사로 앞 문장을
   취해서 명사구가 되며, '~하는 사람, ~하는 것'으로 해석한다.
 - 乎:의문, 반문의 어기를 나타내는 의문 종결사.
 - 色莊(색장):얼굴빛(만) 엄숙하고 장엄하다.


말과 겉모습으로 사람을 판단해서는 안 되는구나.
그러면 무엇으로 사람을 판단해야 하는가?
말과 행동言行一致, 그리고 약간의 시간이 필요하지 않을까?

子路問 "聞斯行諸?" 子曰 "有父兄在,
如之何其聞斯行之?" 冉有問 "聞斯行諸?"
子曰 "聞斯行之." 公西華曰 "由也問 '聞斯行諸?'
子曰 '有父兄在.' 求也問 '聞斯行諸?'
子曰 '聞斯行之.' 赤也惑, 敢問."
子曰 "求也退, 故進之, 由也兼人, 故退之."

자로문 "문사행저?" 자왈 "유부형재, 여지하기문사행지?" 염유문 "문사행저?"
자왈 "문사행지." 공서화왈 "유야문 '문사행저?' 자왈 '유부형재.' 구야문 '문사행저?'
자왈 '문사행지.' 적야혹, 감문." 자왈 "구야퇴, 고진지, 유야겸인, 고퇴지."

자로가 물었다. "〈옳은 것을〉 들으면 행해야 합니까?"
자왈 "아버지가 있고 형이 있는데, 어떻게 들으면 행하겠는가?"
염유가 물었다. "〈옳은 것을〉 들으면 행해야 합니까?"
자왈 "들으면 행해야 한다." 공서화가 말했다. "유가 '들으면
행해야 합니까?'라고 묻자, 선생님께서는 '아버지가 있고 형이
있는데.'라고 하셨고, 구가 '들으면 행해야 합니까?'라고 묻자,
선생님께서는 '들으면 행해야 한다.'라고 해서. 적이 의혹스러워
감히 묻습니다." 자왈 "구는 물러나므로(소극적이므로),
나아가게 한 것이고, 유는 남을 겸하려고 하므로(남보다 나으
므로), 물러가게 한 것이다."

斯:이사  冉:나아갈염  華:빛날화  惑:미혹할혹  兼:겸할겸

## 문법(文法)적 해석

1) 子路(자로):공자보다 9세 아래의 제자로, 성은 중(仲)이고,
   이름은 유(由)이며, 자는 자로(子路) 또는 계로(季路)이다.
2) 聞斯行諸?:〈옳은 것을〉 들으면 행해야 합니까?
   - 斯:~면/가정, 조건의 접속사.
   - 諸(저):대명사를 포함한 의문 종결사로 '之乎'와 같다.

3) 有父兄在:아버지가 있고 형이 있는데,
 - 有가 불특정한 대상을 지목할 때 붙여주는 관용어로 쓰인다면
   有는 해석하지 않고 '부형이 있다'라고 해석할 수 있으며, 有가
   존재동사이라면 '아버지가 있고 형이 있다'라고 할 수 있다.
   옮긴이는 후자의 해석을 따른다.
4) 如之何其聞斯行之?:어떻게 들으면 행하겠는가?
 - 如之何:관용어로 술어로는 '어떻게 할 것인가, 어떠하다'이며,
   부사어로 '어찌, 어떻게'로 해석한다.
 - 其:어기를 완만하게 해주며 해석하지 않는 어기조사, 즉 후치사다.
5) 冉有(염유):공자보다 29세 아래의 제자로, 성은 염(冉)이고,
   이름은 구(求)이며, 자는 자유(子有)이고 노나라 사람이다
6) 公西華(공서화):공자보다 42세 아래의 제자로, 성은 공서(公西),
   이름은 적(赤)이며, 자는 자화(子華)이고 노나라 사람이다.
   성(姓), '公西'와+자(字)의 끝, '華'을 합쳐 '公西華'라고 하며,
   대부분 이와 같이 성(姓)과 자(字)의 끝이 합쳐지지만, 예외도 있다.
7) 求也退, 故進之:구는 물러나므로(소극적이므로), 나아가게
   한 것이고,
 - 也:~가(이), ~은(는)/주격 후치사.
 - 退(퇴):물러나다, 소극적이다.
 - 故(고):그러므로, 따라서/인과 관계, 결과를 나타내는 접속사이다.
 - 進(진):나아가다, 전진하다.
8) 由也兼人, 故退之:유는 남을 겸하려고 하므로(남보다 나으므로),
   물러가게 한 것이다.
 - 兼人(겸인):남보다 낫다(뛰어나다), 남을 겸하다.


공자께서는 똑같은 질문일지라도 사람과 성향과 자질에 따라
가르침이 다르셨다. 제자들의 눈높이에 맞는 맞춤식 교육과 지도법,
그리고 문답에 의해 가르침을 전수하셨구나.

## 11.先進篇.22章

子畏於匡, 顏淵後. 子曰 "吾以女爲死矣."
曰 子在, 回何敢死?"

자외어광, 안연후. 자왈 "오이여위사의." 왈 "자재, 회하감사?"

공자께서 광 땅에서 두려움에 있을 때(위태로운 일을 당했을
때), 안연이 뒤쳐져 왔다. 자왈 "나는 네가 죽었을 것이라고
생각했다." 〈안연이〉 말했다. "선생님이 〈살아〉 계시는데,
제가 어찌 감히 죽겠습니까?"

畏:두려워할외　匡:바를광

### 문법(文法)적 해석

1) 子畏於匡:공자께서 광 땅에서 두려움에 있을 때(위태로운 일을
   당했을 때),
   - 畏(외):두려워하다, 두려움에 빠지다, 위태로운 일을 당하다.
   - 於:~에(서)/처소, 장소의 전치사.
   - 匡(광):주희(朱熹)에 따르면 "지명(地名)이며, 사기(史記)에
     이르기를 '양호(陽虎)가 일찍이 광 땅에서 난폭한 짓을 했었는데,
     공자의 모습이 양호(陽虎)와 비슷했으므로 광 땅의 사람들이 에워
     쌌다."고 하였다.
2) 後(후):뒤쳐지다, 뒤떨어지다, 뒤늦다.
3) 吾以女爲死矣:나는 네가 죽었을 것이라고 생각했다.
   - 以 ~爲 ~:~을(가) ~라고 여기다, ~을(가) ~라고 생각하다,
     ~을 ~로 삼다.
   - 矣(의):서술, 단정 종결사로 '확신'을 나타낸다.

공자께서 안연이 보이지 않자 죽었다死고 생각했다?
세상 일은 모르는 것, 혹시라도 피했다고(도망갔다고)避 생각하지는
않았을까?

季子然問 "仲由·冉求, 可謂大臣與?"
子曰 "吾以子爲異之問, 曾由與求之問.
所謂大臣者, 以道事君, 不可則止.
今由與求也, 可謂具臣矣." 曰 "然則從之者與?"
子曰 "弑父與君, 亦不從也."

계자연문 "중유·염구, 가위대신여?" 자왈 "오이자위이지문, 증유여구지문.
소위대신자, 이도사군, 불가즉지. 금유여구야, 가위구신의." 왈 "연즉종지자여?"
자왈 "시부여군, 역부종야."

계자연이 물었다. 중유와 염구는 큰 신하라고 이를 수 있습니까?'
자왈 "나는 당신이 기이한 것을 물을 것이라 생각했는데, 의외로
유와 구를 묻는군요. 이른바 큰 신하라는 것은 도로써 군주를
섬기고, 할 수 없으면 그만둡니다. 지금 유와 구는 자리만 채우는
신하라고 이를 수 있습니다." 〈계자연이〉 물었다. "그렇다면
따르는 자들입니까?" 자왈 "아버지와 군주를 시해하는 것은
또한 따르지 않을 것입니다."

異:다를이/기이할이  曾:일찍증  具:갖출구  弑:죽일시

## 문법(文法)적 해석

1) 季子然(계자연):노나라의 세도가 가운데 하나인 계손씨의
   자제이다.
2) 仲由·冉求, 可謂大臣與?:중유와 염구는 큰 신하라고 이를 수
   있습니까?
   - 중유(仲由)와 염구(冉求)가 계손씨의 가신을 지낸 적이 있었으며,
     주희(朱熹)에 따르면 "그의 집안에서 두 사람을 얻은 것을 스스로
     중히 여겼고, 그러므로 물은 것이다."라고 하였다.
   - 與:의문의 어기를 내포한 의문 종결사.
3) 吾以子爲異之問:나는 당신이 기이한 것을 물을 것이라 생각했는데,
   - 以 ~爲 ~:~을(이) ~라고 여기다, ~을(이) ~라고 생각하다,

~을 ~로 삼다.

- 異之問:'問異'가 도치된 문장이다. 목적어를 강조하기 위해 앞으로 도치시키고 목적격 후치사 '之'를 목적어와 술어 사이에 쓴 것이다.

4) 曾由與求之問:의외로 유와 구를 묻는군요.

- 曾(증):의외로, 뜻밖에, 곧, 이에/부사로 동작이나 행위가 뜻밖에 발생하는 것을 나타낸다.
- 由與求之問:강조를 위해 '問由與求'가 도치된 문장이다.

5) 所謂大臣者, 以道事君, 不可則止:이른바 큰 신하라는 것은 도로써 군주를 섬기고, 할 수 없으면 그만둡니다.

- 所謂(소위):이른바, 소위/관용어.
- 者:의존명사(불완전명사) 또는 특수 지시대명사로 앞 문장을 취해서 명사구가 되며, '~하는 사람, ~하는 것'으로 해석한다.
- 以:~로써/수단, 방법을 나타내는 전치사.
- 則:~면/가정, 조건의 접속사.

5) 可謂具臣矣:자리만 채우는 신하라고 이를 수 있습니다.

- 具臣(구신):자리를 갖추어 숫자만 채우고 있는 신하/관용어.

6) 然則從之者與?:그렇다면 따르는 자들입니까?

- 然則:그렇다면/순접의 접속사.
- 之:동사+之+명사는 '~한, ~하는 , ~는(은)'으로 해석하며 관형격 후치사이다.
- 與:의문의 어기를 내포한 의문 종결사.


공자께서 어떤 제자일지라도 평가謂가 솔직하면서도
꾸밈이 없었고, 너무나 직설적이었다.
자리나 채운다具.
아마도 이 얘기를 자로와 염구도 들었을 것인데,
기분이 어떠했을까? 자리만 채우는 신하具臣라!

子路使子羔爲費宰, 子曰"賊夫人之子."
子路曰"有民人焉, 有社稷焉, 何必讀書
然後爲學?"子曰"是故惡夫佞者."

자로사자고위비재, 자왈 "적부인지자." 자로왈 "유민인언, 유사직언, 하필독서연후위학?"
자왈 "시고오부녕자."

자로가 자고로 하여금 비읍의 읍재를 시키자, 자왈 "저 남의
자식을 해치는구나." 자로가 말했다. "백성이 있고, 사직이
있는데, 어찌 반드시 책을 읽은 연후에 배움을 하겠습니까?"
자왈 "이러한 까닭으로 저 말 잘하는 사람을 미워하는 것이다."

羔:염소고 費:쓸비 賊:해칠적/도둑적 社:토지신사 稷:곡신직 佞:말잘할녕(영)/아첨할녕(영)

## 문법(文法)적 해석

1) 子路使子羔爲費宰:자로가 자고로 하여금 비읍의 읍재를 시키자,
  - 子羔(자고):공자보다 30세 아래의 제자로, 성은 고(高)이고,
    이름은 시(柴)이며, 자는 자고(子羔)이다.
  - 使:~하여금 ~하게 하다(시키다)/사동 보조사.
  - 爲:~이 되다/자동사.
2) 賊夫人之子:저 남의 자식을 해치는구나.
  - 夫:이, 저, 그/지시 대명사.
  - 人:남/부정칭 대명사.
3) 是故惡夫佞者:이러한 까닭으로 저 말 잘하는 사람을 미워하는 것이다.
  - 是故(시고):이러한 까닭으로/인과 관계를 나타내는 접속사.
  - 惡(오):미워하다, 싫어하다.

자로는 항상 나서다가 좋은 소리를 듣지 못한다.
"어찌 반드시 책을 읽은 연후에 배움을 하겠습니까何必讀書然後爲學?"
이번에도 말을 잘 했지만 공자님의 꾸지람을 듣는구나.

子路·曾晳·冉有·公西華侍坐,
子曰"以吾一日長乎爾, 毋吾以也.
居則曰'不吾知也', 如或知爾, 則何以哉?"
子路率爾而對曰"千乘之國, 攝乎大國之間,
加之以師旅, 因之以饑饉, 由也爲之,
比及三年, 可使有勇, 且知方也."夫子哂之.
"求, 爾何如?"對曰"方六七十如五六十, 求也爲之,
比及三年, 可使足民. 如其禮樂, 以俟君子."
"赤, 爾何如?"對曰"非曰能之, 願學焉.
宗廟之事如會同, 端章甫, 願爲小相焉."
"點, 爾何如?"鼓瑟希, 鏗爾舍瑟而作,
對曰"異乎三子者之撰."子曰"何傷乎?
亦各言其志也."曰"莫春者, 春服旣成,
冠者五六人, 童子六七人, 浴乎沂, 風乎舞雩,
詠而歸."夫子喟然嘆曰"吾與點也"
三子者出, 曾晳後. 曾晳曰"夫三子者之言何如?"
子曰"亦各言其志也已矣."曰"夫子何哂由也?"
曰"爲國以禮, 其言不讓, 是故哂之."
"唯求則非邦也與?""安見方六七十如五六十,
而非邦也者?""唯赤則非邦也與?""宗廟, 會同,
非諸侯而何? 赤也爲之小, 孰能爲之大?"

자로 · 증석 · 염유 · 공서화시좌, 자왈 "이오일일장호이, 무오이야. 거즉왈 '불오지야', 여혹지이,
즉하이재?" 자로솔이이대왈 "천승지국, 섭호대국지간, 가지이사려, 인지이기근, 유야위지,
비급삼년, 가사유용, 차지방야." 부자신지. "구, 이하여?" 대왈 "방육칠십여오육십, 구야위지,
비급삼년, 가사족민. 여기예악, 이사군자." "적, 이하여?" 대왈 "비왈능지, 원학언. 종묘지사여회동,

단장보, 원위소상언." "점, 이하여?" 고슬희, 갱이사슬이작, 대왈 "이호삼자자지찬."
자왈 "하상호? 역각언기지야." 왈 "모춘자, 춘복기성, 관자오육인, 동자육칠인, 욕호기, 풍호무우,
영이귀." 부자위연탄왈 "오여점야." 삼자자출, 증석후. 증석왈 "부삼자자지언하여?"
자왈 "역각언기지야이의." 왈 "부자하신유야?" 왈 "위국이례, 기언불양, 시고신지."
"유구즉비방야여?" "안견방육칠십여오육십이비방야자?"
"유적즉비방야여?" "종묘, 회동, 비제후이하? 적야위지소, 숙능위지대?"

자로·증석·염유·공서화가 〈공자를〉 모시고 앉아 있을 때,
자왈 "내가 너희들보다 〈나이가〉 다소 많기 때문에, 나를
〈어려워〉 하지 말라. 평소에 '나를 알아주지 않는다'라고
말하는데, 만약에 어떤 사람이 너희들을 알아준다면, 무엇을
하겠는가?" 자로가 경솔히 대답하였다. 천승(제후)의 나라가
큰 나라 사이에 끼여 있어 군대로써 가해지고(침략을 당하고),
기근으로써 이어져도, 제가 다스리면, 삼 년에 이르면, 〈백성
들을〉 용맹함이 있게 할 수 있으며, 또 도리를 알게 할 수
있습니다." 선생님께서 〈빙긋이〉 웃으셨다. "구야, 너는 어떠냐?"
〈염유가〉 대답하였다. "사방 육칠십 리 또는 오육십 리 되는
지역을 제가 다스리면, 삼 년에 이르면, 백성들을 풍족하게 할
수 있습니다. 그 예법과 음악과 같은 것은 군자를 기다리겠습니다."
"적아, 너는 어떠냐?" 〈공서화가〉 대답하였다. "할 수 있다고
말하는 것이 아니라, 배우기를 원합니다. 종묘의 일 또는 제후
들이 천자를 알현할 때, 검은 예복과 예관을 갖추고, 조금이나마
돕는 사람이 되기를 원합니다." "점아, 너는 어떠냐?"〈증석이〉 거문고
타기를 드물게 하더니, 뎅그렁하며 거문고를 놓고 일어나 대답
하였다. "세 사람이 갖고 있는 것(이야기한 것)과는 다릅니다."
자왈 "무엇을 근심하는가? 또한 각각 자기의 뜻을 말한 것이다."
〈증석이〉 말하였다. "늦은 봄에, 봄옷이 이미 이루어지고, 갓을
쓴 어른 다섯 여섯 명, 어린아이 여섯 일곱 명과 함께 기수에서
세수(목욕)을 하고, 무우에서 바람을 쐬고서 노래를 읊조리며
돌아오겠습니다." 선생님께서 한숨을 쉬며 탄식(감탄)하면서
"나는 점과 함께 하겠다(점을 허여한다)."라고 하셨다. 세 사람이
나가자, 증석이 뒤에 남았다. 증석이 말하였다. "저 세 사람의
말이 어떻습니까?" 자왈 "또한 각각 자기 뜻을 말했을 뿐이다."

〈증석이〉말했다. "선생님께서 어째서 유에게 웃으셨습니까?"
자왈 "예로써 나라를 다스려야 하는데, 그의 말이 겸손하지 않았다.
이런 까닭으로 웃었다." 〈증석이〉 "구는(구가 말한 것은) 나라를
다스리는 것이 아닙니까?"라고 묻자, 〈자왈〉 "어찌 사방 육칠십 리
또는 오육십 리가 나라가 아니라고 보는 것이냐?" 〈증석이〉 "적은
(적이 말한 것은) 나라를 다스리는 것이 아닙니까?"라고 묻자,
〈자왈〉 "종묘의 일과 천자를 알현하는 일이 제후의 일이 아니고
무엇이겠느냐? 적이(적의 일이) 그 작은 것(相)이 된다면 누가
(누구의 일이) 그 큰 것(相)이 될 수 있겠느냐?"

晳:밝을석 侍:모실시 居:평소거 率:경솔할솔 攝:낄섭/다스릴섭 師:군대사
旅:군대려 饑:흉년들기/주릴기 饉:굶주릴근 哂:웃을신 俟:기다릴사 願:원할원
端:끝단/예복단 甫:클보/갓보 點:점점 瑟:큰거문고슬 希:드물희/바랄희
鏗:쇠소리갱/금옥소리갱 舍:놓을사/집사 撰:가질선/지을찬 莫:저물모 浴:목욕할목
沂:물이름기 風:(바람을)쐴풍 雩:기우제우 詠:읊을영 喟:한숨쉴위 嘆:탄식할탄
讓:사양할양/겸손할양

## 문법(文法)적 해석

1) 曾晳(증석):증삼(曾參)의 아버지이며, 이름이 점(點)이고, 晳(석)은
   그의 자이며, 노나라 사람이고 공자의 제자였다.
2) 以吾一日長乎爾:내가 너희들보다 〈나이가〉다소 많기 때문에,
   - 以:~때문에, ~으로 인해/접속사로 동작이나 행위가 발생한
     원인을 나타낸다.
   - 一日:다소, 조금/부사어.
   - 乎:~보다, ~와(과)/전치사로 술어가 '長'처럼 형용사일 때
     비교를 나타낸다.
3) 毋吾以也:나를 〈어려워〉하지 말라.
   - 毋(무):~말라/금지 보조사.
   - 吾以:부정문에서 대명사가 동사의 목적어이므로 '以吾'가 도치된
     것이다. 以는 '~ 하다'로 해석.
4) 居則曰 '不吾知也':평소에 '나를 알아주지 않는다'고 말하는데,
   - 居(거):평상시, 평소/부사.
   - 吾知:부정문에서 대명사가 목적어이므로 '知吾'가 도치된 것이다.

5) 如或知爾, 則何以哉:만약에 어떤 사람이 너희들을 알아준다면,
  무엇을 하겠는가?
  - 如 ~, 則:만약 ~, 면/가정부사(如), 가정접속사(則)
  - 何以:의문사가 동사의 목적어일 경우에 동사 앞으로 도치된다.
    以는 '~ 하다'로 해석.
6) 子路率爾而對曰:자로가 경솔히 대답하였다.
  - 率爾(솔이):경솔히/爾는 모양이나 상태를 나타내는 의태어로
    형용사 접미사.
7) 加之以師旅, 因之以饑饉:군대로써 가해지고(침략을 당하고),
  기근으로써 이어져도,
  - 加(가):가하다, 더하다, 침략을 당하다.
  - 以:~로써/수단, 방법을 나타내는 전치사.
  - 師旅(사려):군사 500명을 1려(旅)라 하고, 군사 2,500명은 1사(師)라
    하며, 12,500명을 1軍이라 한다. 큰 제후국은 3군을 둘 수 있었다.
  - 因(인):이어지다, 이어받다, 인하다.
8) 比及三年:삼 년에 이르면,
  - 比及(비급):~에 이르러, ~할 때/시간이나 장소에 이르렀음을
    나타내며, 전치사이다.
9) 方六七十如五六十:사방 육칠십 리 또는 오육십 리 되는 지역을,
  - 六七十, 五六十:육칠십 리, 오육십 리/근접한 두 숫자를 연용해서
    약수를 표시.
  - 如:또는, 혹은/선택 관계를 나타내는 접속사.
10) 如其禮樂, 以俟君子:그 예법과 음악과 같은 것은 군자를
  기다리겠습니다.
  - 如:~와 같다, ~듯 하다/비교 형용사
  - 以:명사절 다음에 이가 오면 '~하면서'의 뜻으로, 접속사로 사용되어
    而(그래서)와 유사하며, 굳이 우리말로 해석할 것도 없다.
11) 宗廟之事如會同, 端章甫, 願爲小相焉:종묘의 일 또는 제후들이
  천자를 알현할 때, 검은 예복과 예관을 갖추고, 조금이나마 돕는
  사람이 되기를 원합니다.
  - 會同(회동):제후가 천자를 알현하는 일을 말하며, 제후가 때때로
    뵙는 것을 회(會)라 하고, 여러 제후가 함께 뵙는 것을 동(同)이라 한다.
  - 端章甫(단장보):단(端)은 제후가 입는 검은색의 예복, 즉 현단복

(玄端服)이며, 장보(章甫)는 예관(禮冠)이므로, 단장보(端章甫)란
'예복을 갖춰 입는다'라는 뜻이다.
- 小相(소상):조금 돕는 사람, 相은 임금의 예(禮)를 돕는 자이다.

12) 鼓瑟希, 鏗爾舍瑟而作:거문고 타기를 드물게 하더니, 뎅그렁하며
거문고를 놓고 일어나 대답하였다.
- 鼓(고):연주하다, 북.
- 希(희):드물다, 잦아들다. 희(稀)와 같다.
- 鏗爾(갱이):뎅그렁하며, 爾는 형용사 접미사.
- 舍(사): ~ 놓나/사(捨)와 같다. 舍瑟(사슬)은 거문고를 놓다.
- 作(작):일어나다.

13) 異乎三子者之撰:세 사람이 갖고 있는 것(이야기한 것)과는
다릅니다.
- 乎:~보다, ~와(과)/비교를 나타내는 전치사.
- 者:의존명사(불완전명사) 또는 특수 지시대명사로 앞 문장을
취해서 명사구가 되며, '~하는 사람, ~하는 것'으로 해석한다.
- 之:~가(이), ~은(는)/주격 후치사.
- 撰(찬):지니고 있다.

14) 何傷乎:무엇을 근심하는가?
- 何傷:의문사가 동사의 목적어일 경우에 동사 앞으로 도치된다.
- 傷(상):근심하다, 상하다, 다치다.

15) 莫春者, 春服旣成:늦은 봄에, 봄옷이 이미 이루어지고,
- 莫春(모춘):늦은 봄/莫는 暮(모)와 같다.
- 者:~(때)에/시간을 나타내는 말 뒤에 쓰이는 의존명사(불완전
명사) 또는 특수 지시대명사이다.
- 春服旣成:봄옷이 이미 이루어지고(차려 입고, 지어 입고)

16) 冠者五六人, 童子六七人:갓을 쓴 어른 다섯, 여섯 명, 어린아이
여섯, 일곱 명과 함께
- 冠者(관자):관을 쓴 사람, 어른을 말한다.
- 五六人, 六七人:다섯 여섯 명, 여섯 일곱 명, 근접한 두 숫자를
연용해서 약수를 표시.

17) 浴乎沂, 風乎舞雩:기수에서 세수(목욕)을 하고,
무우에서 바람을 쐬고서
- 浴(욕):세수하고 씻는 것이다.

- 乎:~에(서)/처소, 장소의 전치사.
- 沂(기):강 이름이고, 노(魯)나라 도성 남쪽에 있었다.
- 風(풍):바람을 쐬다, 바람을 쏘이다/동사.
- 舞雩(무우):하늘에 제사하고, 기우제를 지내는 곳이다.

18) 夫子喟然嘆曰 "吾與點也":선생님께서 한숨을 쉬며 탄식(감탄)
하면서 "나는 점과 함께 하겠다(점을 허여한다)."라고 하셨다.
- 喟然嘆(위연탄):'와' 하고 한숨 쉬면서 탄식(감탄)하는 모양이다.
然은 모양이나 상태를 나타내는 의태어로 형용사 접미사.
- 與(여):함께 하다, 허여(許與)하다, 허락(許諾)하다.

19) 唯求則非邦也與?:구는(구가 말한 것은) 나라를 다스리는 것이
아닙니까?
- 唯(유):조사(후치사)로 문장의 앞이나 중간에 쓰일 때는 대체로
해석하지 않는다.
- 則: ~은, ~가/주어 다음에 위치할 경우에 이처럼 해석한다.

20) 安見方六七十如五六十, 而非邦也者?:어찌 사방 육칠십 리 또는
오륙십 리가 나라가 아니라고 보는 것이냐?
- 安(안):어찌, 어떻게/의문 부사.
- 見:뒤 문장 전체를 목적절로 취한다.
- 也者(야자):~인가, 하겠는가/문장의 끝에 쓰여 의문 또는 반문의
어기를 나타내는 종결사이다.

21) 赤也爲之小, 孰能爲之大?:적이(적의 일이) 그 작은 것(相)이
된다면 누가(누구의 일이) 그 큰 것(相)이 될 수 있겠느냐?
- ~면:의미상, 문맥상 가정문이다.
- 也:~는(은), ~이(가)/주격 후치사.
- 爲之小:그 작은 것(相)이 되다, 즉 그 조금 돕는 사람이 되다.
爲는 ~이 되다/자동사.


논어에서 제일 긴 문장이다. 유由와 점點과 구求와 적赤의 대화.
공자께서 증삼曾參의 아버지인 증석曾晳의 말 "기수에서 세수(목욕)을
하고, 무우에서 바람을 쐬고서 노래를 읊조리며 돌아오겠습니다.
浴乎沂, 風乎舞雩, 詠而歸"을 듣고 '점點과 함께 하겠다.'는 말씀에
이 문장 "도가 행해지지 않아서, 뗏목을 타고 바다로 떠다니고자
한다.道不行, 乘桴浮于海"이 생각나는구나.

爲國 [ 子路
冉有
公西華

나라를 다스리다.

孔子與曾晳

浴乎沂, 風乎舞雩, 詠而歸

下권

으로
이어집니다.